W0172988

Robert Holden

Sei doch einfach glücklich!

Die Kunst, sich ganz schnell gut zu fühlen

Aus dem Englischen von Maximilian Knauer

L·E·O

L.E.O. Verlag ist ein Imprint der Scorpio Verlag GmbH & Co. KG,
herausgegeben von Michael Görden

Die Originalausgabe ist erstmals 2007 bei Hay House Inc.
erschienen. Titel der amerikanischen Originalausgabe:
Happiness Now! - Timeless Wisdom for Feeling Good Fast
© 1998 by Robert Holden, revised copyright 2007
© der deutschen Ausgabe 2014: L · E · O Verlag in der
Scorpio Verlag GmbH & Co.KG, München
Lektorat: Daniela Graf
Umschlaggestaltung: Torge Niemann, WRAGE
Satz: BuchHaus Robert Gigler, München
Druck und Bindung: Druckerei C. H. Beck, Nördlingen
ISBN 978-3-95736-014-4
Alle Rechte vorbehalten.

Mehr über unsere Bücher

www.leoverlag.de

Denen gewidmet, die sich trauen,
Freundlichkeit zu säen,
Liebe auszustrahlen und Freude zu verbreiten.

»Niemand darf hier eintreten, der nicht noch ein wenig Hoffnung hat, eine Illusion, die er nicht abtun kann oder einen Traum, dass es etwas außerhalb seiner selbst gibt, das ihm Glück und Frieden bringen kann. Wenn er alles in sich hat, kann dies nicht geschehen. Und so leugnet er durch sein Kommen die Wahrheit über sich selbst, und sucht nach etwas mehr als nach allem anderem, als ob ein Teil abgetrennt wäre und könnte dort gefunden werden, wo der Rest nicht ist. Das ist der Zweck, den er seinem Körper auferlegt, der nach dem sucht, was ihm mangelt und dem er das gibt, was ihn ganz machen soll. Und so wandert er ziellos umher, auf der Suche nach etwas, was er nicht finden kann, im Glauben, etwas zu sein, was er nicht ist.« – Ein Kurs in Wundern

Inhalt

Hinweis vom Autor:
Jede Geschichte in diesem Buch erscheint mit der
Einwilligung der beteiligten Personen.
Namen wurden auf Wunsch geändert.

KAPITEL 1

Längst glücklich!

Stellen Sie sich folgende Szene vor:

Ich bin im Haus meiner Freundin Jane. Es ist Nachmittag und wir trinken Tee. Jane und ich sind in ein tiefes, bedeutungsvolles Gespräch verwickelt, als plötzlich ihre zwei Söhne in den Raum rennen. Sie sind jung, voller Energie, lebhaft und laut. Tom ist vier Jahre alt, Ben ist drei. Ben folgt Tom überall hin.

Jane und ich reden weiter, aber bald verstehen wir unser eigenes Wort nicht mehr, weil die Jungen einen Disput haben.

»Wo ist das Problem?«, fragt Jane.

Tom wirft Ben von sich runter, holt tief Luft und sagt: »Ich bin an der Reihe, auf *meinem* Rad zu spielen, aber Ben lässt mich nicht in Ruhe und er ist heute schon mal auf *meinem* Rad gefahren.« Es wird noch einiges hinzugefügt, aber es kommt zu keiner Einigung.

»Geht raus und einigt euch. Robert und ich reden«, sagt Jane. Die Jungen werden hinausgeschickt.

Aber bereits nach ein oder zwei Minuten rennen die Jungen wieder ins Zimmer ... mit dem Rad! Bevor Jane sie dafür ermahnen kann, es ins Haus gebracht zu haben, sagt Tom: »Wir haben uns geeinigt.«

»Gut«, sagen wir beide.

Tom fährt fort: »Heute gehört das Rad den ganzen Tag mir und morgen gehört es den ganzen Tag Ben.« Beide nicken enthusiastisch mit dem Kopf.

»Und ihr beiden seid euch wirklich einig?«, fragt Jane, wobei sie recht überrascht klingt.

»Ja«, sagen beide.

»Gut, dann auf jetzt, geht spielen!«, sagt Jane.

Die Jungen drehen sich um, um zu gehen und gerade bevor sie zur Tür raus sind, quietscht Ben so laut er kann: »Jetzt weiß ich – tun wir so, als wäre morgen!«

Die Geschichte von Tom und Ben zeigt perfekt, wie Kinder das Denken mit Möglichkeiten nutzen, um jetzt im Moment glücklich zu sein. Ich bin – entgegen der beliebten Meinung – der Überzeugung, dass das Lieblingsspielzeug eines Babys nicht irgendein Ding ist, sondern ein Moment – ein Moment namens *Jetzt*. Kinder werden mit einem Bewusstsein geboren, das nur den jetzigen Moment umfasst – Zukunft und Vergangenheit sind zunächst noch bedeutungslos. Anfangs ist das Jetzt die ganze Welt eines Kindes, ihr gesamter Spielplatz. Die Faszination, ja die Ehrfurcht vor dem *Jetzt* ist völlig natürlich, weder erlernt noch fingiert.

Kinder wie Tom und Ben sind völlig unbeeindruckt von der Vorstellung eines »zukünftigen Glücks« – vor allem anderen wollen sie *jetzt* glücklich sein. Jene, die erst noch vollends von dem bedeutungslosen »Gesetz der Zeit« indoktriniert und konditioniert werden müssen, wissen gar nicht, wie man auf Glück warten soll. Warum auf den Himmel warten, wenn die Möglichkeit des Himmels gerade hier und jetzt vor unseren Augen liegt?

Ich glaube, dass Sie als Kind ebenfalls lebendig und offen für die unendlichen Möglichkeiten des gegenwärtigen Moments waren. Wie andere Kinder auch waren Sie voller Staunen, Vorstellungskraft, Ehrfurcht und Wertschätzung für den Wert der Gegenwart. *Sie haben so viel vom »Jetzt« gekriegt, weil sie sich ihm so hingegeben haben* – und die ganze Zeit waren Sie mit der Gegenwart beschäftigt, Sie waren es zufrieden, die Zukunft und die Vergangenheit zu lassen, wo sie waren. Das *Jetzt* war Ihre Schatzinsel und Sie haben aus ganzem Herzen geglaubt, dass das Glück hier und jetzt zu finden war, und darauf wartete, gesehen zu werden. Je mehr Sie daran glaubten, desto mehr hielten Sie danach Ausschau und desto mehr Glück fanden Sie. Hierin liegt ein wichtiger Schlüssel zum Glück.

Das »heilige Jetzt« melken

Die Welt hat sich in letzter Zeit stark verändert, um unserer Sehnsucht nach Glück genau jetzt Rechnung zu tragen. Alles hat sich beschleunigt. Wir leben unser Leben schnell – schneller als jemals zuvor. Schnelle Technologie, schnelles Reisen, schnelle Karrieren, schnelle Beziehungen und schnelle Ergebnisse sind groß in Mode in unserer »Ich will es *jetzt*«-Welt. Tatsächlich wird die Welt nach und nach zum einem riesigen Gemischtwarenladen, wo man alles in null-komma-nichts bekommen kann – Instantkaffee, Mikrowellenessen, Essen in einer Minute, Filmentwicklung in einer halben Stunde, 24-Stunden-Banking, Drive-Through-Beerdigungen, Schnellscheidungen, Verkaufsfernsehen, Heimlieferservice für alles und natürlich Sofortkredit. Wir rennen Zeichen hinterher, auf denen »keine Schlangen« steht, »warten unnötig«, »alles auf einmal«, »ganztägig geöffnet« und »kauf jetzt, bezahl später«.[1]

Eine Möglichkeit, unsere »Ich will's jetzt«-Welt zu betrachten, ist, sie als höchst egoistisches, selbstsüchtiges Streben nach Glück zu betrachten, das von Ungeduld, Gewalt und Gier angetrieben wird und das von Anfang an dazu verdammt ist, »in Tränen zu enden«. Tatsächlich bringen viele Leute ihre Besorgnis darüber zum Ausdruck »wo es mit der Welt hingeht«, glauben, dass traditionelle Werte und Moralvorstellungen schnell zersetzt und durch die Jagd nach dem Glück genau jetzt vernichtet werden.

Eine andere Möglichkeit, unsere »Ich will es jetzt«-Welt zu betrachten, ist, dass dieses Geschrei nach Glück *jetzt* eine instinktive Weisheit widerspiegelt, eine große spirituelle Wahrheit, die besagt, dass

alles, absolut alles, Ihnen *jetzt* zur Verfügung steht.

Es gibt eine berühmte Geschichte aus der Zen-Tradition die von einer Begegnung zwischen einem jungen, eifrigen Schüler und einem respektierten Zen-Meister berichtet, der besonders für seine ständige Anmut und sein Glücklichsein bekannt war:

»Meister, ich träume von immerwährendem Glück. Was ist die höchste Weisheit, die Ihr mich lehren könnt?«, fragte der Schüler.

Der Meister lächelte. Er nahm sich einen Pinsel und schrieb, als ob es das erste Mal wäre: »Aufmerksamkeit.«

»Wunderbar«, sagte der Schüler. »Und was kommt als nächstes, nach der Aufmerksamkeit?«

Der Meister lächelte. Er nahm seinen Pinsel und schrieb, als ob es das erste Mal wäre: »Aufmerksamkeit. Aufmerksamkeit.«

»Ja«, nickte der Schüler, völlig perplex. »Noch etwas?«

Der Meister lächelte. Er nahm seinen Pinsel und schrieb, als ob es das erste Mal wäre: »Aufmerksamkeit. Aufmerksamkeit. Aufmerksamkeit.«

»Ok, aber was bedeutet ‚Aufmerksamkeit‘«, fragte der Schüler, unfähig zu verstehen.

Der Meister sprach: »Aufmerksamkeit bedeutet Aufmerksamkeit.«

»Ist das alles?«, fragte der Schüler, offenbar entmutigt.

»Aufmerksamkeit ist alles«, sagte der Meister. »Ohne Aufmerksamkeit ist das Glück nirgends; *mit* Aufmerksamkeit ist das Glück genau hier, jetzt. Aufmerksamkeit ist die Freiheit von allem. Aufmerksamkeit bietet alles.«

Jede authentische Schule der Weisheit und Spiritualität lehrt einen, dass das *Jetzt* der reichste Moment des Lebens ist. Die Bibeln der Welt, sei es das alte Testament oder das neue, der Koran oder die Bhagavad Gita, das Dhammapada oder das Tao Te King – wirklich jeder spirituelle Text – alle sind sich darüber einig, dass das *Jetzt* eine ewige Schatzkiste ist, die mit wunderschönen, ewigwährenden Geschenken des Friedens, des Glücks, der

Liebe und Freude überquillt und die jedem offensteht, und zwar auf einer 24-Stunden-»Zahl nicht jetzt, zahl nicht später«-Basis.[2]

Das Jetzt ist heilig! Das ist es, was der Zenmeister dem eifrigen jungen Schüler in der obigen Geschichte zu sagen versucht. Und in der Tat, egal mit welchem spirituellen Lehrer oder Guru, der seine Mantras wert ist, sozusagen, Sie auch reden, diese Person wird Ihnen immer sagen, dass das *Jetzt* heilig ist. Aber warum und wie ist das *Jetzt* immer heilig, werden Sie vielleicht fragen. Wie ist es, wenn man Sie bei einem Date versetzt hat oder Sie gerade eine Rechnung geöffnet haben oder sie sich einen Zahn angeschlagen haben oder Ihre Mannschaft schon wieder verloren hat – wie heilig ist das?!

Ein Ansatz, wenn es darum geht, das *heilige Jetzt* zu melken, ist, seine Aufmerksamkeit auf das zu richten, was genau in diesem Moment um einen her geschieht und zu versuchen, es wertzuschätzen, zu respektieren und ihm so sehr Wert beizumessen, wie es Ihnen nur irgendwie möglich ist. Das können Sie genau jetzt machen. Bevor Sie weiterlesen, sehen Sie sich um, würdigen Sie ganz und gar das, was Ihre Sinne jetzt aufnehmen. Wenn Sie das tun, werden Sie aus erster Hand erfahren, wie angenehm Wertschätzung sein kann. Die Ereignisse lassen diese Übung manchmal schwierig erscheinen, aber dies lässt sich mit der entsprechenden Bereitwilligkeit überwinden.

In meinen Workshops im Happiness Project zeige ich oft ein Dia, auf dem Folgendes steht:

HAPPINESSISNOWHERE

Wenn ich den Leuten dann sage, dass sie das herausrufen sollen, was sie sehen können, bekomme ich immer zwei unterschiedliche Antworten, die eine davon *happiness is nowhere* (Glück ist nirgends), die andere *happiness is now here* (das Glück ist jetzt da). Oft gilt also

Der Unterschied zwischen »happiness is nowhere« und »happiness is now here« hat zwar ein wenig mit dem Ereignis zu tun, aber alles hängt daran, wie Sie das Ereignis *sehen*. Ihre Wahrnehmung ist der Schlüssel.

Das echte Geheimnis dabei, das *heilige Jetzt* zu melken, ist, ihre Aufmerksamkeit nicht auf die Welt um Sie her zu richten, sondern auf Sie selbst – ihr Inneres, unkonditioniertes *Selbst*. In Wahrheit ist das *heilige Jetzt* ein inneres Potenzial. Es ist ewig und unerschöpflich. Seine Geographie ist spirituell, nicht physisch. Mit anderen Worten, das *heilige Jetzt* repräsentiert ein permanentes Potenzial in Ihnen, Liebe, Freiheit und Freude zu erfahren, egal zu welcher Zeit, an welchem Ort oder unter welchen Umständen.

Das Geschenk des Glücks befindet sich verpackt in Ihrem Herzen, nicht in der Welt. Daher wird Ihnen Ihr Glück niemals zugeschickt. Und es kann auch nie auf dem Postweg verlorengehen. Tatsächlich ist Ihr Glück längst geliefert worden und wartet in Ihrem inneren Briefkasten – Ihrem Herzen – darauf, dass Sie es öffnen. Das ist es, worum es beim *heiligen Jetzt* eigentlich geht. Letztlich sind Sie also der Schlüssel zu Ihrem Glück. Ihre Gedanken, Wahrnehmungen, Glaubenssätze und Ihre allgemeine Reaktion sind viel essenzieller als das, was Ihnen geschieht; Ihr Selbst, Ihr ursprüngliches Selbst, ist der Schlüssel.

Der wahre Grund, warum das *Jetzt* so ganz im Überfluss vorhanden ist, ist, dass wenn Sie es sich erlauben, sich nicht mehr von Ihrer Furcht und Ihren Sorgen einschränken und begrenzen zu lassen, *Sie* es sind, der so natürlich, ursprünglich und unerschöpflich ist. Dann gilt wirklich ...

> Das Jetzt *hat genug Weisheit für alle Zeit,*
> *denn in Ihnen, genau jetzt, ist all die*
> *Weisheit, wegen derer Sie anderen zuhören.*

> Im Jetzt *ist genug Liebe für Ihr ganzes Leben,*
> *denn in Ihnen, genau jetzt, ist all die*
> *Liebe nach der Sie die ganze Zeit schreien.*

> Im Jetzt *ist genug Frieden für die ganze Ewigkeit,*
> *denn in Ihnen, genau jetzt, ist der*
> *geistige Friede höchstens einen Gedanken entfernt.*

> *Und* das Jetzt *hat genug Freude, um die Welt zu*
> *überdauern, denn in Ihnen, genau jetzt, ist die Freude,*
> *der Sie nachjagen, nicht in den Dingen, sondern in*
> *Ihnen.*

Das Problem mit unserer »Ich will es jetzt«-Gesellschaft ist nicht, dass wir das Glück *jetzt* wollen, sondern, dass wir nicht mehr wissen, wie wir es jetzt erfahren sollen.

Ganz besonders sagen wir »Ich will es *jetzt*«, aber wir bezweifeln, dass »es *jetzt* hier ist«, wir können das nicht wirklich glauben. Wir haben den Glauben an das *Jetzt* verloren und all unseren Glauben an eine imaginäre Zukunft gehängt. Ganz ähnlich haben wir den Glauben an unser *Selbst* verloren und alle unsere Aufmerksamkeit auf die äußere Arbeit gerichtet. Nun ist es die Welt, so scheint es, die uns »glücklich machen muss« – *und darin liegt die Quelle all unseres Unglücks.*

Solange Sie glauben, dass die Welt Sie glücklich machen muss, lassen Sie viel Platz für Enttäuschungen und viel Traurigkeit. Warum? Weil Sie, solange Sie sich weigern, Ihr inneres Potenzial zum Glücklichsein zu sehen, es auch nicht in der Welt erkennen werden. *Wie kann ein Spiegel etwas an Ihrem Aussehen ändern?* Denken Sie mal darüber nach, die Welt ist nämlich nichts als ein Spiegel. Sie werden in der Welt nur das sehen, was Sie bereit sind, auch in sich selbst zu sehen – nichts mehr und nichts weniger.

Wissen Sie daher, dass die Reise zu wahrem Glück und zu Glücklichsein *jetzt* keine physischer Distanzen oder zeitlicher Distanzen ist; es ist eine der persönlichen »Selbst-Erholung«, auf der wir uns unseres inneren Freudenpotenzials – des verlorenen Paradieses – erinnern und uns wieder mit ihm verbinden, ein Paradies, das nur darauf wartet, gefunden zu werden. Im einen Moment schauen wir in uns hinein und sehen *happiness nowhere*, im nächsten Moment schauen wir nach innen und diesmal sehen wir *happiness now here*. Das ist eine Revolution. Das ist Erleuchtung. Das ist Freude!

Je schneller wir der Welt und der Zukunft nachjagen,

desto schneller scheinen wir die Möglichkeit zu übersehen, dass das Glück schon da ist. Jeden Morgen wenn wir aufwachen, singt der Wecker *jetzt* und von diesem Moment an widmen wir dem *Jetzt* keinen Gedanken mehr, da wir so verzweifelt unserer Zukunft nachjagen. Aber sind Sie sich sicher, dass das Glück nicht schon *jetzt* bei Ihnen ist? Haben Sie sich wirklich umgesehen? Ich meine *wirklich* umgesehen?

Das *heilige Jetzt* zu melken ist Ausgrabungsarbeit. Es geht darum, ein inneres Potenzial für ursprüngliche Freude wiederzuentdecken – ein Potenzial, das bereits existiert, aber unter haufenweise Ängsten, Zweifeln, Schuld, Konditionierungen und Geschichte begraben worden ist. Sehen Sie dieses Potenzial für ursprüngliche Freude nicht als etwas, bei dem Sie ankommen müssen, sondern etwas, das Sie überallhin mitbringen. Es ist unsere Aufgabe, dieses Potenzial wieder zu kultivieren, und die Aufgabe beginnt mit der Einsicht, dass

**Freude darauf wartet,
willkommengeheißen zu werden,
nicht auf einen Zeitpunkt.**[3]

Tauchen nach den Schätzen der Seele

Die Schule der Psychologie hat mich viel über unser Potenzial gelehrt – ganz besonders über unser Potenzial für Unglück, Schmerz, Schwäche und Verzweiflung! Wir haben jeden Kummer studiert, jede Neurose, jede nur erdenkliche Krankheit, die zum damaligen Zeitpunkt bekannt war. Kurz zusammengefasst bestand mein Psychologiestudium aus: *Jahr 1*, eine Einführung ins grundlegende Leiden, *Jahr 2*, das Studium fortgeschrittenen Leidens und *Jahr 3* eine Qualifikation zu inspiriertem Leiden.

Der Fokus lag ausschließlich auf unserem inneren Potenzial, unser Leben durcheinanderzubringen. Mein Stundenplan war das A–Z des Leidens von Angst bis Zoophilie, darunter Stress, Depression, Angst, Neurosen, Psychosen, neurotische Psychosen und psychotische Neurosen, Hysterie, Schizophrenie, obsessive Zwangsstörungen, Phobien, Minderwertigkeitskomplexe, Kleptomanie, Suizid, Wahnsinn und Verblendung. Unser Potenzial für Freude, Liebe oder Seelenfrieden wurde gar nicht erwähnt. Im Endeffekt studierte ich dafür, einen Doktor im Unglücklichsein zu machen!

Dieses Vollzeitstudium des Leidens hatte einen großen Einfluss auf mein Denken. Ich habe einmal gelesen, dass es in der Geschichte keinerlei Hinweise darauf gibt, dass es mal einen glücklichen Psychologen gab. Jetzt weiß ich auch, warum. Nach einer Weile konnte ich mir ausrechnen, wie down ich an einem bestimmten Wochentag sein würde, einfach nur indem ich auf meinen Stundenplan schaute. Als wir beispielsweise eine Woche lang Depressionen studiert hatten, fühlte sich die ganze Klasse am Ende der Woche total niedergeschlagen. Dasselbe galt für sämtliche Komplexe, Krankheiten, Störungen und Fixierungen. Es half mir überhaupt nicht, dass ich eine unerwartet schlechte Note für meinen Paranoia-Aufsatz bekam!

Erinnern Sie sich noch, als man Ihnen in der Vorschule oder Grundschule einen Vortrag über die Wichtigkeit von Körperhygiene und die Gefahr von Kopfläusen gehalten hat? Und erinnern Sie sich noch, wie Sie 20 Minuten, nachdem diese Frau Ihnen riesige, aufgeblähte Bilder von Kopfläusen in Vergrößerung mit fünfzehn Zentimeter langen Zähnen gezeigt hatte, überzeugt waren, dass sich ein ganzes Nest der Viecher in Ihrem Haar befand? Nun, so war das in meinen Psychologie-Vorlesungen. Ärzte, die noch in der Ausbildung sind, werden Ihnen sagen, dass sie genau dieselbe Erfahrung machen.

Ich habe in diesen Jahren eine sehr wichtige Lektion über Wahrnehmung und Fokus gelernt, nämlich

**Seien Sie vorsichtig mit dem, wonach Sie suchen,
denn Sie *werden* es finden.**

Ich vertiefte mich gründlich in das Studium des Leidens. Ich bekam so ziemlich für jede Studie, die ich anstrengte, Auszeichnungen. Als ich meinen Fokus erweiterte, stellte ich fest, dass es nicht nur einen Typ von Depression gab, sondern 100. Außerdem gab es nicht nur *eine* Art von Schizophrenie, sondern 30, 40 oder mehr. Alles, worauf Sie sich fokussieren, weitet sich aus. Jeden Tag hoffte ich, wir würden nach Perlen tauchen, aber stattdessen sammelten wir nur Krabben!

Nach sechs vollen Jahren Studium hatte ich noch immer keine einzige Vorlesung über unser Potenzial für Freude, Frieden, Einheit, Ganzheit und Erfolg gehört. Psychologie, ursprünglich definiert als *das Studium der Seele*, war auf das Studium von Krankheit und neurotischen Verhaltens reduziert worden. Freud und der Behaviourismus im Besonderen reduzierten menschliche Wesen auf nicht mehr als einen erbärmlichen Beutel von Blut und Knochen, der einen Geist voller neurotischer Verteidigungsanlagen und endlosen psychotischen Potenzials für Aggression und sexuelle Fixierungen beherbergte. Es gab keinerlei Erwähnung der Seele, des Geistes, Gottes oder der Liebe.

Meine Ausbildung in Psychologie mit fast exklusivem Fokus auf Schmerz ist eine relativ verbreitete Geschichte. Darin spiegelt sich auch die Tendenz unserer Gesellschaft wieder, sich auf Negatives zu konzentrieren. Ärzte, bspw., studieren Krankheit, nicht Gesundheit. Geschäftsleute analysieren Versagen, nicht Erfolg. Wirtschaftswissenschaftler studieren Kosten, keine Werte. Philosophen diskutieren größtenteils über die Erbsünde, nicht den Erb-Segen. Christen reden endlos über die Kreuzigung, nicht über die Auferstehung. Organisationen für geistige Gesundheit publizieren Bücher mit Titeln wie »Depression Verstehen«, »Stress verstehen«, »Verlust verstehen«, aber nichts wie »Freude verstehen« oder »Liebe verstehen«. Die Medien sind voll von Journalisten, die an dem suchtartigen, anti-sozialen, obsessiv-zwanghaften Bedürfnis erkrankt sind, schlechte Neuigkeiten zu kommunizieren und zu erfinden. Literatur und Kunst sind voller depressiver Poeten und Maler – können Sie drei glückliche Dichter aufzählen?

Das, worauf Sie sich am Öftesten fokussieren, wird vertraut, und was vertraut ist, fühlt sich real für Sie an. In unserer Gesellschaft fokussieren wir uns auf den Schmerz, er kommt vor der Freude, die Tränen kommen vor dem Lachen, Angst vor der Liebe, so dass wir nach und nach blind werden für unser inneres, stets gegenwärtiges Potenzial zum Glücklichsein. Ich erinnere mich noch gut daran, wie meine Dozenten über Glück die Stirn runzelten. Was sie mir beibrachten war im Wesentlichen Folgendes: »Wenn Sie Glück erleben, dann keine Sorge, Sie belügen sich nur und der Schmerz kehrt bald zurück!«

Glück schien keinen Wert zu haben, davon abgesehen, dass es eine zeitweilige Verschnaufpause zwischen Perioden von Schmerz und Trauma darstellte. Es wurde schlicht als Abwesenheit von Schmerz definiert. Andere Botschaften, die bei mir ankamen, waren: »Glück ist oberflächlich, Schmerz ist tief«, »Lachen ist ein verbreitetes Symptom für manische Depression«, »Wenn man viel lächelt, bedeutet das, dass man einen verborgenen Schmerz unterdrückt«, »Optimismus ist oft unrealistisch und verblendet« und »Wenn man mit Gott redet, ist das das erste Anzeichen für einen Nervenzusammenbruch.«

Was mich jedoch deutlich besorgter stimmt, ist die Menge der Leute in der Psychologie, die vertreten, dass Glück angesichts all des Leidens in der Welt ein irgendwie disfunktionales Verhalten ist. Der Gedanke lautet: »Wenn Sie in unserer geplagten Welt einen normalen Blutdruck haben, dann nehmen Sie die Sache nicht ernst genug.« Es gibt mehrere aktuelle Studien, die darauf hinauswollten, dass Glück nur ein Vermeiden echter Probleme ist, eine egoistische Bewältigungsstrategie oder eine oberflächliche Form der Flucht. Diese Art zu denken berücksichtigt nicht, dass Ihr Glück eine Inspiration ist, ein Geschenk an andere und ein Weg aus dem Leiden.[4]

Wenn ich meine Dozenten fragte, warum wir nicht Glück studierten, forderten sie mich üblicherweise dazu auf, mir meinen Widerstand anzuschauen, meinen Schmerz noch vollständiger zu umarmen. Die häufigste Erklärung jedoch, die ich dafür bekam, dass Glück, Liebe, Frieden und Gott nicht von Psychologen studiert werden, war, dass sie sich nicht so leicht messen lassen wie Furcht oder Schmerz, mit anderen Worten, es sind innere Potenziale, die nicht auf den Laborapparaten auftauchen, die dazu entwickelt wurden, externe Dinge aufzuzeichnen.[5]

Nur weil sich die Psychologen entschieden haben, sich nicht auf Freude zu konzentrieren, heißt das jedoch noch lange nicht, dass Freude nicht existiert. Wir können uns beispielsweise weigern, auf die Sonne zu schauen, aber das lässt sie nicht verschwinden. Ein Problem, wenn man sich nicht direkt auf das Glück konzentriert, ist jedoch, dass das, was an die Stelle der Wahrheit getreten ist, ein Mythos ist, der Glück zu einem vergessenen Potenzial hat werden lassen, das von Wolken eines fehlerhaften Verständnisses verhüllt wird, von Aberglaube, Zweifel und Zynismus.

Die Oase in der Wüste

Es war in der Zeit, als ich Kommunikation studierte, da mir ein Mann in meinem Kurs begegnete, der mein Leben für immer verändern sollte. Er hieß Avanti Kumar. Avanti war Asiate, ein reifer Student, etwa 24 Jahre alt und das Ebenbild des Schauspielers Danny DeVito – kleinwüchsig, stämmig, haarlos am Scheitel aber mit lockigen Büscheln an beiden Seiten des Kopfes, große, bronzene Wangen, ein tolles Lächeln und ein wunderschönes, strahlendes Licht in den Augen.

Avanti saß immer hinten im Klassenzimmer, er war immer der Letzte, der kam und der Erste, der ging. »Wer ist das nur?«, fragten wir uns alle. Alles, was wir über ihn wussten, war, dass er still war und immer lächelte. Tatsächlich kam es niemals vor, dass er *nicht* lächelte. Es war, als gäbe es einen Insiderwitz, der die ganze Zeit in seinem Kopf ablief.

Vom ersten Moment an, da ich ihn zu Gesicht bekam, war ich von Avanti zutiefst fasziniert. Es war, als würde ich ihn schon kennen. Ich fühlte eine Vertrautheit mit ihm, die ich mir nicht erklären konnte. Ich erinnere mich noch, dass ich mich mit ihm unterhalten wollte, aber, was ungewöhnlich für mich war, zu nervös war, um mich ihm zu nähern.

Unser erstes Gespräch werde ich nie vergessen. Ich fragte ihn, warum er sich diesen Kurs zum Studieren rausgesucht hatte. Seine Antwort war: »Um dich zu treffen, natürlich.« Sein Lächeln war ansteckend.

Danach sorgte ich dafür, dass wir jeden Tag zusammen Kaffee tranken. Ich stellte ihm Fragen und er gab mir kryptische Hinweise. Ich weiß noch, wie ich ihn eines Tages fragte: »Was bist du?«

»Ein Yogi«, antwortete er.

»Ein was?«, fragte ich?

»Ein Student des Yoga«, sagte er.

»Oh! Du meinst wie Jane Fonda!« Glücklicherweise mochten wir den Humor des jeweils anderen. Bald gesellte sich ein weiterer Student, Phil, zu unseren Kaffee-Sessions. Wir wurden unzentrennlich. Wir wurden eins.

Es war, als wäre Avanti gerade aus irgendeiner Höhle im Himalaya oder einem esoterischen Kloster gekommen, wo er, so stellte ich es mir vor, seit Jahrhunderten in verzückter Meditation gesessen hatte. Es war meine erste Erfahrung mit jemandem, der direkt mit unserem inneren Freudenpotenzial verbunden ist und sich dessen auch bewusst war – immer, überall. Während der nächsten paar Monate machte er Phil und mich liebevoll wieder mit dieser inneren Achtsamkeit vertraut, während wir über Yoga, Metaphysik, spirituelle Weisheit und die erleuchteteren Schulen der Psychologie sprachen.

»Bisher ist alles, worüber ihr gelernt habt, eine Psychologie des Ego oder des niederen Selbst«, erklärte Avanti. »Dieses ist verstrickt in Trennung, Angst und Leiden. Wenn ihr wollt, bringe ich euch etwas über eine andere Psychologie bei, eine Psychologie der Ganzheit und des höheren Selbst, die einen lehrt, zuzulassen, dass die innere Freude wieder in der Welt ausstrahlt.«

Es war damals in der Zeit mit Avanti, als ich anfing, mich direkt auf das Glück zu konzentrieren. Es war Avanti, der mich zuerst lehrte, dass Glück nicht nur die Abwesenheit von Schmerz ist, sondern dass …

**wahres Glück eine innere Kraft ist –
natürlich, heilend,
unerschöpflich und stets erreichbar.**

Wie alle großen Lehrer liebte Avanti es, Geschichten zu erzählen. Eines Tages brachte er mir die Geschichte von den zwei Vögeln nahe, die das erste Mal in einem alten Hindu-Text namens *Mundaya Upanishad* auftaucht.[6] Sie geht so:

> *Zwei Vögel*
> *unzertrennliche Gefährten,*
> *sitzen auf demselben Baum.*
> *Einer isst Früchte,*
> *der andere sieht zu.*
>
> *Der erste Vogel ist unser individuelles Selbst,*
> *das sich von den Vergnügungen und*
> *Schmerzen der Welt ernährt;*
> *Der andere ist unser universelles Selbst,*
> *das bei all dem still zusieht.*

»Stell dir diese zwei Vögel als zwei Gedanken vor, die am Himmel deines Geistes herumfliegen«, sagte Avanti. »Der erste Vogel, *das individuelle Selbst,* ist dein Ego. Es ›sehnt‹ sich nach Glück, und sagt dir, dass du in der Welt danach suchen musst. Der zweite Vogel, *das universale Selbst,* ist dein Geist. Er ›weiß‹, dass du bereits glücklich bist, dass du schon glücklich geschaffen wurdest, dass alles Glück, von dem du jemals geträumt hast, im Zentrum deines wirklichen *Selbst* liegt, und zwar genau jetzt.

Wie eine Oase in der Wüste ist das *universale Selbst* ganz und gar von Freude erfüllt, gänzlich unerschöpflich und völlig friedlich«, sagte Avanti. »Es ist die Heimat des *heiligen Jetzt,* deines inneren Potenzials für sofortigen Frieden und Freude, wann auch immer, wo auch immer.«

Unter Avantis Führung vertiefte ich mich in östliche und westliche Literatur um die Konzepte des *individuellen Selbst* und des *universalen Selbst* besser zu verstehen. Es gibt viele Namen für diese beiden Selbste, von denen ich einige in Tabelle A aufgelistet habe.

Konditioniertes Selbst: erlerntes Selbst	Unkonditioniertes Selbst ursprüngliches Selbst
falsches Selbst	reales Selbst
ängstliches Selbst	liebendes Selbst
kritisches Selbst	kreatives Selbst
niederes Selbst	höheres Selbst
dissoziiertes Selbst	einheitliches Selbst
Ego	heiliger Geist
geteiltes Selbst	ganzes Selbst
Körper / Geist	Geist / Seele
Rolle	Atman
Fleisch	Christus
nichts	»Ich bin«
Sünde	Quelle
Hölle	Himmel
gefallenes Selbst	göttliches Selbst

Heute, viele Jahre später sehe ich das universelle Selbst als das unkonditionierte Selbst – das Selbst das hinter der Maske Ihrer persönlichen Geschichte, Ihrer Konditionierung, Ihrer erlernten Beschränkungen, den Rollen, die sie spielen, Ihrer Maske, Ihren Verteidigungsstrategien und Ihren Ängsten existiert. Dieses unkonditionierte Selbst ist das ursprüngliche »Sie«, unberührt von der

Welt, vollständig sicher und ganz. Es ist, wer Sie wirklich sind, nicht, wer Sie zu sein gelernt haben, sei es von Eltern, Lehrern, Freunden, Liebhabern, wem auch immer und vor allem Ihnen selbst.

Ihr unkonditioniertes Selbst ist die Gegenwart des Friedens. Drei Worte sind besonders gut geeignet, das unkonditionierte Selbst zu beschreiben, und diese sind: (1) *Ganzheit*, (2) *Liebe*, (3) *Freude*. Die Mystiker des Orients nannten dieses unkonditionierte Selbst den »unbehauenen Block«. Andere Namen dafür sind u. a. der Zenbegriff »das ursprüngliche Gesicht«, der buddhistische Ausdruck »die heilige Freude«, der nordamerikanische Begriff »freier Geist«, das taoistische »innere Lächeln« und das »innere Eden« der christlichen Mystiker.

E. G. O. – alles Gute ist außerhalb

Folgende Geschichte ist hilfreich, um die Mühsal des Ego, des konditionierten Selbst aufzuzeigen:

Bruder Daniel war jeden Morgen im Kloster der Erste, der um vier Uhr aufstand. Er tat das aus freiem Willen und war stolz darauf. Während sein Lehrer und seine Mitbrüder alle noch friedlich schliefen, wandte sich Bruder Daniel mit großem Eifer seinen Gebeten, Studien und Meditationsübungen zu. Sein Ziel war die Erleuchtung.

Jeden Tag betete Bruder Daniel länger und lauter um die Erleuchtung. Er arbeitete hart daran, seine physische Haltung bei der Meditation zu verbessern und vor allem strengte er sich an, alle alten spirituellen Texte des Klosters auswendig zu lernen. Bruder Daniel rastete, schlief oder aß nur selten, wenn überhaupt, denn er wollte die Erleuchtung erreichen und zwar schnell. Bruder Daniel betete und meditierte gern, aber vor allem vertiefte er sich in Schrifttexte. Er saß gerne ruhig und still da, aber er hatte selten Zeit dafür, es gab immer zu viel zu tun. Er mochte die Stille, aber hörte meistens seinem Lehrer zu, wie er über die Stille sprach.

Bruder Daniels Lehrer, ein sanfter, friedlicher Mann, der immer lächelte, ermahnte Bruder Daniel, langsamer zu machen, die Sonne zu genießen und dem Gras beim Wachsen zuzusehen. Aber er war zu eifrig und zu beschäftigt, um dem Rat zu folgen.

»Warum beeilst du dich so, bist immer gehetzt und auf Trab?«, fragte sein Lehrer.

»Ich strebe nach der Erleuchtung«, sagte Bruder Daniel.

Sein Lehrer lächelte. »Wann wirst du sie erreichen?«

»Oh, vielleicht noch ein Gebet, hoffentlich in der nächsten Meditation oder in einem Akt des Dienens«, antwortete Bruder Daniel.

»Warum bist du dir so sicher, dass die Erleuchtung vor dir herläuft«, fragte sein Lehrer. »Vielleicht würdest du feststellen, dass wenn du eine Zeit stillstehst, die Erleuchtung gerade jetzt da ist – aber du zu beschäftigt bist, vor ihr davonzulaufen.«

In dieser Geschichte ist das Kloster ein Symbol für Ihren Geist; der Lehrer ist ein Symbol für Ihr unkonditioniertes Selbst oder Ihren Geist, der immer lächelt; und Bruder Daniel ist ein Symbol für Ihr konditioniertes Selbst oder Ego. Das unkonditionierte Selbst erfährt Ganzheit, während das konditionierte Selbst danach sucht.

Es ist schon viel über das konditionierte Selbst oder Ego geschrieben worden. Der Begriff Ego kann irreführend sein, denn wenn wir ihn benutzen, klingt es, als sprächen wir über eine Person, ein Kind, etwas Reales. Im Wesentlichen ist das Ego eine »kleine Vorstellung« über Ihr individuelles Selbst. Und die Idee ist: Everything Good is Outside. Wir sind von diesem furchteinflößenden Gedanken so konditioniert und überzeugt, dass wir der Welt nachjagen, so wie Bruder Daniel. Und wir wagen es nicht, in unserem Inneren nachzusehen, denn was ist, wenn wir da nichts finden oder – noch schlimmer – etwas Faules?

Ich erinnere mich, dass ich einmal gelesen habe, obwohl ich mir gerade nicht mehr sicher bin, wo, dass das Wort Ego auch für Edging God Out (Gott verdrängen) steht. Das ist ein ähnliches Konzept wie »Alles Gute ist draußen«. Ihr konditioniertes Selbst handelt aufgrund einer Informationen, dass es Ihnen an etwas mangelt und dass Sie außerhalb Ihrer selbst suchen müssen, um es zu finden. Dieser Gedanke des Mangels, des *Ungenügens*, ist äußerst furchteinflößend; und er macht uns bedürftig, orientierungslos und lässt uns Phantomen nachjagen.

Das Ego ist die Angst. Es ist ebenfalls die Leugnung des inneren Glücks. Das Gebet des Ego ist daher stets: »Sieh dich vor!«

»Sieh dich vor, sieh dich vor!«, ruft das Ego, aber das Ego ist blind, denn ihm fehlt es an Glauben. Es hält Ausschau, findet jedoch nie. Es fragt, aber es bekommt nichts. Letztlich …

ist das Ego ein durstiger Fisch – es ist verwirrt.

Stellen Sie sich einen durstigen Fisch vor – ein Fisch, der vor Durst stirbt, der aber im Wasser geboren wurde und von Wasser umgeben ist! Nur weil der Fisch sich zu trinken weigert, heißt das nicht, dass es das Wasser *nicht gibt*. Eine weitere Analogie ist, dass man sich vorstellt, das Ego sei ein Vogel am Himmel, der hoch fliegt und versucht, den Himmel zu erreichen, dabei aber schon am Himmel *ist*. Eine letzte Analogie wäre, dass das Ego das Glitzern an einem Diamanten ist, aber darauf beharrt, dass es keinen Diamanten gibt.

Das Ego ist ein Zweifel, dass Sie ganz sind – d.h. Ihr konditioniertes Selbst bezweifelt, dass es ein unkonditioniertes Selbst auch nur *gibt*. Das unkonditionierte Selbst erklärt: »Ich bin ganz«, aber das konditionierte Selbst fragt: »Bin ich ganz?« wie ich es in Figur 1 darstelle. Dieser Zweifel an Ihrer essenziellen Gutheit, Ihrer essenziellen Schönheit und essenziellen Ganzheit ist der Ursprung all Ihrer Schmerzen und Leiden.

Unkonditioniertes Selbst

Konditioniertes Selbst

Unser unkonditioniertes Selbst ist vergessen, aber nicht völlig verloren, während wir so durch die Welt streifen. Immer wieder begegnen wir seinem Duft, seiner Melodie, seinem Geschmack. In der Kindheit bekommen wir Geschichten erzählt, deren Bedeutsamkeit uns erst viel später aufgeht.[7] Beispielsweise ist Hans Christian Andersens Geschichte vom hässlichen Entlein eine wunderbare Beschreibung des Ego (Entlein) und des Geistes (Schwan). Was ist das Ego anderes als eine verwechselte Identität?

> **Ganz wie das hässliche Entlein,**
> **fürchten wir uns,**
> **nicht gut genug zu sein,**
> **falsch, schlecht, nichtswürdig;**
> **und ganz wie das hässliche Entlein**
> **werden wir schließlich feststellen,**
> **dass das nicht wahr ist.**

»Dornröschen« ist eine Geschichte, die uns dazu ermutigt, zu unserer inneren Schönheit zu erwachen – d. h., unserem unkonditionierten Selbst. »Die Schöne und das Biest« zeigt uns wie Liebe (die Schöne) uns helfen kann, unser ego-gesteuertes Denken (Biest) zu überwinden. »Peter Pan« soll uns an unsere Vorstellungskraft erinnern, daran, wieder frei zu fliegen. Egal, welche Kindergeschichte Sie nehmen – »Aladdin«, »Der König der Löwen« oder »Pinocchio« beispielsweise, jedesmal bekommen Sie von einer spirituellen Geschichte erzählt, die vom Ego zum Selbst führt, von der Angst zur Liebe und vom Schmerz zur Freude.

Ein letzter Gedanke zu unserer Konditionierung: *Es ist alles nur erfunden!* Es ist eine Erfindung und hat keine Wahrheit. Was Sie über sich selbst denken und was andere Leute über Sie erzählt haben, ist lediglich eine Meinung, keine Tatsache. Es ist daher hilfreich, sich zu erinnern, dass das Ego nur ein Gedanke ist, ein begrenzender Gedanke, der *nicht wahr ist*. Das letzte Verdikt zum Ego ist, dass es sich dabei um einen Fehler handelt. Es bietet uns ein kleines, armseliges, langweiliges, beschränktes Abbild – ein schlechter Schnappschuss, der ihrem wahren Selbst nicht gerecht wird. Mit anderen Worten – *das Ego ist nicht real.*

Michelangelo, Gott und Wunder

Als der berühmte italienische Künstler Michelangelo von einem großen Bewunderer gefragt wurde: »Wie machen Sie nur diese wunderbaren Skulpturen?«, gab er eine Antwort, die berühmt wurde und bis heute auf der ganzen Welt überliefert wird. Er sagte: »Die Schönheit ist schon da, mein Freund. Ich erschaffe keine Schönheit; Gott erschafft Schönheit. Ich haue nur den Marmor weg, der sie umgibt. Die Schönheit ist schon drinnen. Sie ist schon genau am richtigen Ort.«

Der umgebende Marmor, von dem Michelangelo spricht, ist wie unsere Konditionierung; und die Schönheit, die bereits im Marmor ist, ist wie unser wahres, unkonditioniertes Selbst.

Mein Freund Avanti ermutigte mich dazu, Poesie zu lesen, wann ich nur konnte, besonders von metaphysischen Dichtern wie William Wordsworth, William Blake und Robert Browning; auch den indischen Dichter Rabindranath Tagore und den Sufi-Barden Rumi, um nur einige zu nennen.[8]

In einem der Werke von Robert Browning geht es um unseren »Glanz in Gefangenschaft«, ganz ähnlich wie Michelangelo von der Schönheit spricht, die schon im Marmor verborgen ist. Er schreibt:

Wahrheit ist in uns, sie wird größer nicht
von äußeren Dingen, was immer du glaubst.
In uns allen ist eine innere Mitte,
wo Wahrheit herrscht, und herum
Wand um Wand des Körpers, die sie einschließt.
Die perfekte, klare Wahrnehmung,
die Wahrheit ist –
sie wird gehemmt von einem körperlichen Sein,
das alles bindet und verwirrt. Aber zu wissen heißt
den Weg zu finden, der das Eingeschlossene freisetzt.
So kann ein Licht erhellen,
dass wir im Außen suchen.

Neben der Schulung durch Avanti begann ich auch, mich mit Schulen der Psychologie und Psychotherapie zu beschäftigen, die vom Lehrplan der Universitäten nicht so gut abgedeckt werden. Meine Nachforschungen zeigten mir, dass seit dem Ende des 2. Weltkriegs besonders viele neue Schulen entstanden waren, die in ihren Definitionen, was es heißt, menschlich zu sein, weit über Freud und den Behaviourismus hinausgingen. Freud behauptete insbesondere, dass Menschen zwei wesentliche Triebe haben, Sex und Aggression, und dass es unser Ziel im

Leben ist, so sexuell aktiv und aggressiv wie im Rahmen der Höflichkeit möglich zu sein.

Die Vorstellung von einem höheren, spirituellen, unkonditionierten Selbst taucht jetzt langsam wieder auf. Immer mehr Schulen der Psychologie erkennen heute, dass es bei einer Heilung darum geht, sein beschränktes Selbst-Konzept des Ego loszulassen und sein wahres Selbst zu umarmen, das Selbst, das auf keinerlei Weise von der Welt verändert oder konditioniert worden ist (siehe Tabelle B). Die Terminologie variiert von Schule zu Schule, aber die grundlegenden Prinzipien und Auffassungen sind sehr ähnlich.

Psychologe	Schule	Ego	Geist
Alfred Adler	Individual-psychologie	Leitfiktion	Kreatives Selbst
Carl Jung	Analytische Psychologie	Maske	Selbst
Fritz Perls	Gestalt-Therapie	Selbstbild	Selbst
Roberto Assagioli	Psycho-synthesis	Unterpersön-lichkeiten	Ich
R. D. Laing	Primal Therapy Integration	Falsches Selbst	Reales Selbst
Arthur Janov	Primal Integration Therapy	Irreales Selbst	Reales Selbst
Eric Berne	Transaktionale Analyse	Angepasstes Kind	Freies Kind
Dr. J. L. Moreno	Psychodrama	Rollen-konserve	Spontaneität

Eine wachsende Anzahl von Psychologen ändert ihre Einstellung zu den beschränkten Modellen und Konzepten, die das menschliche Verstehen regiert haben. Es ist auch nicht uninteressant, sich klarzumachen, dass Sigmund Freud gegen Ende seines Lebens seine Meinung bezüglich vieler seiner Ideen geändert hat. In einem meiner Bücher, *Stress Busters,* zitiere ich Freud, der kurz vor seinem Tod schrieb: »In letzter Analyse müssen wir lieben, um nicht krank zu werden.«[10] Die Psychologie ist dabei, wieder einmal ihre Seele zu entdecken. Alles, was noch fehlt, so scheint es, ist, dass wir unsere Meinung über uns selbst ändern.

Ich ließ mich auch von der östlichen Philosophie absorbieren, mit ihrer reichen, dynamischen und poetischen Vision. Obwohl viele dieser Autoren das unkonditionierte Selbst unter Verwendung mystischer Bilder beschreiben und zutiefst spirituelle Metaphern verwenden, bemühen sie sich aufs Stärkste, darauf hinzuweisen, dass die Erfahrung des gesamten Selbst eine natürliche, normale, gewöhnliche und alltägliche Möglichkeit ist. Der buddhistische Begriff *satori,* bspw., bezieht sich auf die plötzliche Erleuchtung, *erreichbar für alle.*

Ich entdeckte die Werke von Sri Ramakrishna, eines Mystikers aus dem 19. Jh., und fand sie besonders faszinierend. Jedes Wort von ihm kam mir auf merkwürdige Art vertraut vor. Er schrieb ausführlich über das unkonditionierte Selbst, das er als göttliches Selbst bezeichnete. In einer Passage erklärt er folgendes:

»*Erkenne dich selbst, dann wirst du auch das Nicht-Selbst erkennen und den Herrn aller Dinge.*

*Was ist mein Ego? Ist es meine Hand, oder mein
Fuß, mein Fleisch oder Blut, meine Muskeln oder
meine Sehnen? Sinne tief über dies nach und du
sollst erkennen, dass es kein Ich gibt. So, wie man
nach und nach die Häute der Zwiebel abzieht, so
wird man durch die Analyse des Ego erkennen,
dass es keine reale Entität gibt, die dem Ego entspricht. Das letzte Ergebnis all solcher Analysen
ist Gott. Wenn der Egoismus verschwindet, mani-
festiert sich das Göttliche.«*[11]

Auf meiner Suche nach einem höheren Verständnis hatte
ich das Gefühl, ich würde von einem goldenen Faden von
Lehren gezogen, der die Verbindung zwischen dem unkonditionierten Selbst und dem Gott im Inneren herstell-
te. »Suche nicht an weit entfernten Himmeln, Gott wohnt
im Herzen des Menschen«, sagte ein japanischer Text. In
der Bibel der Sikhs, dem Granth, steht geschrieben: »Gott
ist in deinem Herzen, und dennoch suchst du nach ihm in
der Wildnis.« In den Psalmen heißt es: »Auch ihr seid
Götter, Söhne des Höchsten, ihr alle.« Jesus sagt uns in
der Bibel: »Ihr seid göttlich.« Der Islam lehrt: »Wer sich
selbst kennt, kennt Gott.« Und im Buddhismus steht geschrieben: »Schau nach innen, du bist der Buddha.«[12]

Der Gott, von dem ich zuerst als Kind hörte, war wie
ein riesiges, aufgeblasenes Ego, das im Himmel lebte. Er
war äußerst eifersüchtig, hatte einen langen Bart, war
mittleren Alters, hatte ein Wut-Problem und war ziemlich abgehoben. Dieser Gott segnete Bomben, brachte
Fußballspiele in Ordnung, half einem, einen Parkplatz
zu finden und die Lotterie zu gewinnen. Es war ein be-

sonderer Gott, der einige Leute mehr als andere liebte oder hasste.

Dieser Gott auf Ego-Größe braucht und genießt offenbar Opfergaben von lebenden Tieren und kleinen Babies; und er hat eine Schwäche für Tabak, Drogen und Bier. Er ist offenbar ein Gott der Angst; und daher ein Gott der Strafen, Angriffe, der Rache und Verurteilungen. Ganz klar ...

entsteht großes Unglück durch unsere falsche Wahrnehmung unserer selbst und Gottes.

Langsam aber sicher, mit Hilfe Avantis und vieler anderer Lehrer und Mentoren, denen ich auf meinem spirituellen Pfad begegnet bin, begann ich meine falschen Wahrnehmungen meiner selbst und Gottes zu heilen.[13] Schicht für Schicht ließ ich meine Konditionierung los. Es mag an dieser Stelle genügen, wenn ich sage, dass ich heute Gott als reine, bedingungslose Liebe erfahre und dass ich mittlerweile keinen Unterschied mehr zwischen bedingungsloser Liebe und dem unkonditionierten Selbst sehe.

Es war ungefähr neun Jahre nach meiner Begegnung mit Avanti, als ich mich zusammen mit meiner ersten Ehefrau, Miranda, hinsetzte, um ein Buch mit dem Titel *Ein Kurs in Wundern* zu lesen, das mein Leben für immer verändern sollte. Es ist ein bemerkenswertes Werk, das einem Training in spiritueller Psychologie bietet, da es unsere angsterfüllten Gedanken in liebevolle Gedanken verwandelt und uns anleitet, unser Ego zugunsten unseres wahren, bedingungslosen Selbst aufzugeben.[14]

Zuerst konnte ich mit dem Buch nicht viel anfangen. Es war so dick – dicker als *Krieg und Frieden,* mehr als 1200 Seiten stark und voller religiöser Metaphern. Um die Wahrheit zu sagen, Miranda und ich hatten das Buch lange vor unserer Begegnung gekauft und es hatte fünf Jahre lang auf unseren Bücherregalen herumgestanden! Jedes Mal wenn ich versuchte, es zu lesen, wurden meine Augen glasig und ich schlief ein, egal wie oft am Tag ich es auch versuchte.

Aber von der Tatsache abgesehen, dass es ein tolles Heilmittel gegen Schlaflosigkeit war, stellte ich fest, dass der *Kurs* noch weiteren Nutzen hatte. Es war beispielsweise ein toller Türstopper, ein großartiger Briefbeschwerer und – last but not least – es sah wirklich beeindruckend im Bücherregal aus. Eines Tages wandten Miranda und ich uns dann wieder dem Kurs zu, öffneten aufs Geratewohl eine Seite und begannen zu lesen.

Die Worte, die wir lasen, waren: »Das Selbst, das du erschaffen hast [das Ego], ist nicht der Sohn Gottes [Ihr unkonditioniertes Selbst].« Diese Botschaft wird viele, viele Male im Verlauf des Buches wiederholt. Später kommt eine Meditation, die folgendermaßen lautet:

Meine wahre Identität ist so sicher, so erhaben, sündenlos, herrlich und groß, so gänzlich mildtätig und frei von Schuld, dass der Himmel sich an sie wendet, damit sie ihm Licht gebe. Sie erhellt ebenso die Welt. Sie ist die Gabe, die mir mein Vater gab, und auch diejenige, die ich der Welt gebe. Es gibt keine andere Gabe als diese, die ge-

geben oder empfangen werden könnte. Dies ist die
Wirklichkeit, und nur Dies. Dies ist das Ende der
Illusion. Sie ist die Wahrheit.
Mein Name ist Dir immer noch bekannt, o Vater.
Ich habe ihn vergessen und erkenne nicht, wohin
ich gehe, wer ich bin oder was ich tue. Erinnere
mich jetzt, Vater, denn ich bin der Welt müde, die
ich sehe. Offenbare, was Du möchtest, dass ich
stattdessen sehen soll.

Ein Kurs in Wundern ist eine beständige Affirmation, dass Sie durch einen bedingungslosen Gedanken der Liebe geschaffen wurden, der sich in einer Welt der Furcht verloren zu haben scheint. Freiheit, Freude und Geistesfrieden gehören wieder Ihnen, sobald Sie sich daran erinnern, sich mit Ihrem unkonditionierten Selbst zu verbinden. Oder wie es im Buch heißt: Zur Erlösung bedarf es nur der Annahme eines einzigen Gedankens: »Sie sind, zu was Gott Sie gemacht hat, nicht, wozu Sie selbst sich gemacht haben.«

Erinnern oder Vergessen?

In jedem Augenblick erinnern Sie sich entweder Ihres unkonditionierten Selbst, Ihrer wahren spirituellen Identität, oder Sie vergessen es. Sonst geschieht eigentlich nichts. Wenn Sie sich erinnern, dass Sie frei sind, dann fühlen Sie sich glücklich, hoffnungsfroh, vertrauensvoll, großzügig, liebevoll, und vor allem sicher. Wenn Sie jedoch zweifeln und die Wahrheit über sich selbst vergessen, werden Sie ängstlich, isoliert und verzweifelt; Sie versuchen, allein vorzugehen; Sie schützen und verteidigen sich, Sie kämpfen und greifen an.

Vielleicht kennen Sie diese berühmte Passage von William Wordsworth:

Geburt, das ist nur Schlaf und ein Vergessen:
Die Seele, die mit uns aufgeht, die unsres Lebens Stern,
ein anderes Zuhaus hat sie besessen
und kommt daher von fern:
Nicht alles sie vergessen hat,
nicht gleicht sie unbeschriebnem Blatt:
Nach uns ziehend Wolkenglanz und Glorienschein,
von Gott wir kommen, er ist unser Heim:
Der Himmel uns umgibt in Kindertagen!
Die Schatten des Gefängnisses sich langsam schließen,
sobald der Junge wächst heran,
noch nimmt er wahr das Licht und sieht's vom Ursprung
fließen
in seiner Freude Überschwang.
Dem jungen Mann von Osten täglich länger wird die
Spur,
noch ist er Priester der Natur
und jene visionäre Kraft
begleitet seine Wanderschaft.
Wie schwach und schwächer sie ihm wird, der Mann
noch spürt,
bis sich der Glanz im Licht des Alltags ganz verliert.[15]

Unglücklichsein ist ein Symptom von Vergesslichkeit, so wie Freude ein Symptom für Erinnerung ist. Wenn wir unglücklich sind, ist es um unser Gleichgewicht geschehen, die Perspektive bricht in sich zusammen, der Glaube wird wankend, mit der Kommunikation ist es auch oft vorbei, Panik macht sich breit und um uns her sind plötzlich tausend verschiedene Symptome. Die Disharmonie, die wir erleben, ist im Letzten eines Disharmonie mit uns selbst. Wir sind aus unserem Zentrum herausgetreten; und »wir verlieren den Mut«, unser Geist wird schwach und so verlieren wir uns letztlich selbst.

Heilung ist Erinnerung. Sie ist das, was die Autorin Marianne Williamson die »Rückkehr zur Liebe«[16] nennt. Ein Großteil der therapeutischen Arbeit mit Klienten besteht daher darin, den Leuten dabei zu helfen, ihren »Wolkenglanz und Glorienschein« wiederzuentdecken. Wir reden, wir meditieren, wir lachen, wir weinen, wir beten, wir singen, wir tanzen … wir tun, was notwendig ist, um uns an die Wahrheit zu erinnern und den Schmerz loszulassen.

Auf meinen Seminaren, die von The Happiness Project veranstaltet werden, sage ich den Leuten manchmal ein Gedicht von mir auf, das mir hilft, mich zu erinnern, worum es bei meiner eigenen Heilung und meiner eigenen Arbeit geht. Es geht so:

Es gab einmal einen Moment,
einen wahnsinnigen Moment des Vergessens,
der aus der Ewigkeit in die Zeit hinüberglitt,
und in diesem wahnsinnigen Moment des
Vergessens, wurde plötzlich eine ganze Welt,
getrennt von Gott, erträumt.
Und obschon es nur ein Moment war,

fühlte es sich wie eine Ewigkeit an.
Und obwohl es nur ein Traum war,
fühlte es sich so real an.
In dieser wahnsinnigen Welt des Vergessens,
betete der Ozean zu Gott
»Gib mir Wasser. Ich will Wasser.«
Die Sonne, strahlend hell, betete:
»Lieber Gott, füll mich mit Licht.«
Und der mächtige, starke, freie Wind
flehte: »Mach mich frei, mach mich frei.«
Ganz plötzlich, ich weiß gar nicht warum,
fing die Stille an zu reden:
»Gott, gib mir Frieden, gib mir Frieden.«
Dann fiel der Frieden selbst auf die Knie
»Lieber Gott, bitte, was kann ich tun,
um friedlicher zu werden?«
Das Jetzt sah recht verwirrt drein und betete:
»Lieber Gott, was kommt als nächstes.«
Sogar die Ewigkeit begann zu beten:
»Ich will für immer weitergehen und weitergehen«
Die Unendlichkeit fühlte sich klein.
»Lieber Gott, hilf mir zu wachsen.
Und das Leben selbst begann zu rufen:
»Ich will niemals sterben!«
Und Sie und ich, die wir die Essenz der Liebe sind,
wir schrieen nach Liebe.
»Gott, bitte liebe mich«, beteten wir,
»Gott, schenke mir Liebe.«
Wahnsinnig und voll von Vergessen wie dieser
Moment war,
dieser Moment rutschte in der Zeit bald aus,

fiel hin und glitt zurück in die Ewigkeit.
Es ist jetzt alles vorbei, bis auf die Erinnerung-
eine wahnsinnige, vergessliche Erinnerung,
die bereit ist für die Ewigkeit.

In einer buddhistischen Schrift, dem Dhammapada, ist vom berühmten »achtfachen Pfad« die Rede, bei dem es um die spirituellen Freiheiten geht, von denen eine das *rechte Erinnern* oder die rechte Achtsamkeit ist.[17] Man ruft den Schülern des Buddhismus zu: »Steht auf! Haltet Wache. Erinnert euch und vergesst nicht!« In ähnlicher Weise hat Jesus uns aufgefordert: »Wacht und betet.«

Um glücklich zu sein, ist es gut, darauf zu achten, dass man weiß, was einem hilft, sich an die Wahrheit zu erinnern. Was ist es, was Ihnen hilft, zu lieben, authentisch zu sein, frei zu sein? Was ist es, das Ihnen hilft, aus dem Schlummer Ihrer Konditionierung zu erwachen? Ich persönlich liebe die Geräusche von Lachen und Freundschaft. Ich liebe es, mir den Sternenhimmel anzuschauen, in der Natur spazierenzugehen, dem Klang der Flüsse zu lauschen, den himmlischen Geruch von Stargazer-Lilien einzuatmen, mir ein prasselndes Feuer anzuschauen, seine Wärme zu spüren und sein Licht zu sehen. Ich liebe es, still zu sein, zu meditieren und zu beten. Wie ist es mit Ihnen?

Es ist wichtig, sich klarzumachen, was einem hilft, sich zu erinnern! Denn ich garantiere Ihnen, das nächste Mal, wenn Sie krank oder unglücklich sind, werden Sie den Kontakt zu dem verlieren, was Sie stärkt, unterstützt und inspiriert. Tatsächlich haben Sie in so einem Fall ja schon den Kontakt verloren oder Sie wären gar nicht erst unglücklich. Ist es nicht seltsam, dass wir unsere größte

Kraftquelle ignorieren, wenn wir gestresst sind oder uns Herausforderungen gegenübersehen? Wir sagen uns: »Erst muss ich meine Probleme lösen« und erst dann bitten wir um Hilfe.

**Der Schlüssel liegt darin,
uns an das Jetzt zu erinnern.**

Ich habe vier Jahre lang als Berater und Executive Coach mit dem BBC zusammengearbeitet. Gegenüber dem Hauptgebäude war eine Kirche, die ein gut sichtbares Schild draußen aufgestellt hatte, das sich in der gesamten Zeit, als ich dort war, nie änderte. Auf dem Schild stand: OH GOTT, ZEIG MIR, WAS MIT MIR NICHT STIMMT. Das war wohl, denke ich, ein Aufruf, Gott zu ehren. Ich dachte oft, diese Kirche bräuchte einen neuen Marketing-Chef!

Man hat mir einmal ein wunderbares Gebet beigebracht, das genaue Gegenteil des Schildes von dieser Kirche, das, wie ich finde, ein perfektes Beispiel dafür darstellt, wie wir uns an unser wahres, unkonditioniertes Wesen erinnern und uns wieder damit verbinden können. Das Gebet stammt von einer Frau namens Macrina Wiederkehr und geht folgendermaßen:

*Oh Gott, hilf mir, die Wahrheit
über mich zu glauben, egal wie schön sie ist.
Amen.*[18]

Das ist wahres Gebet. Versuchen Sie es. Geben Sie sich sieben Tage. Sprechen Sie jeden Tag dieses Gebet, gleich in der Früh, und setzen Sie sich dann hin und hören Sie, welche Führung Sie bekommen. Dieses Gebet bietet einem eine wundervolle Geisteshaltung, um sich an sein unkonditioniertes Selbst zu erinnern und sich mit ihm zu verbinden. Wenn Sie mit Hoffnung in die Stille gehen, werden Sie sicherlich Hoffnung aus dieser Stille ziehen können. Probieren Sie dieses Gebet ein Woche lang aus und Sie werden sehen, was ich meine.

Das Licht sehen

Erst glauben Sie, dann sehen Sie das Licht.
Als Nächstes gehen Sie auf das Licht zu.
Schon bald sind Sie *im* Licht.
Jetzt *sind* Sie das Licht.

Paul war ein Multimillionär, der es aus eigener Kraft nach oben geschafft hatte. Er sagte mir das, als wir uns das erste Mal trafen. Er redete und ich hörte zu. Er erzählte mir von seiner Frau, seinem Leben, seiner Arbeit und vor allem seinen Kindern. »Ich habe drei Kinder und liebe sie mehr als irgendwas auf der Welt«, sagte er. »Ich will ihnen alles geben, was ich nicht hatte, als ich aufgewachsen bin. Ich sage ihnen immer, dass sie werden können, was sie wollen. Ich ermutige sie dazu, vorwärts zu streben, hart zu arbeiten, sich bei allem wirklich Mühe zu geben und ihr Bestes zu tun. Ich erinnere sie stets daran, dass sie es besser machen, mehr geben, mehr sein können, dass es keine Grenzen gibt.«

Ich hörte Paul fast 30 Minuten zu, wie er über seine Kinder redete. Schließlich fragte ich ihn: »Paul, was versuchst du mir zu sagen?«

Er hielt einen Moment inne und neigte den Kopf. Sein bulliges Selbstvertrauen und seine optimistische Stimmung verschwanden. Ich meine, ich habe sogar eine Träne gesehen. »Das Problem ist«, sagte er, »meine Kinder hassen mich. Ich habe ihnen alles gegeben und sie hassen mich.«

»Hast du ihnen jemals gesagt, dass sie wunderbar sind, gerade jetzt, ganz so wie sie sind?«, fragte ich ihn. Offensichtlich hatte er das nicht getan. »Paul, deine Kinder brauchen nicht gesagt bekommen, wie großartig sie sein *werden*; was sie wirklich brauchen, ist, dass man ihnen sagt, wie sehr man sie liebt und wie toll sie *jetzt* sind«, sagte ich. Ich deutete auch an, dass es eine weise Investition für die Zukunft wäre, wenn er seinen Kindern sagte, wie großartig er sie gerade *jetzt* fand.

Paul hatte nur einen Zweifel: »Was, wenn ich ihnen sage, dass sie vollständig und ganz sind, so wie du sagst, und sie dann behäbig werden?« Wir gingen dieser verbreiteten Angst für eine Weile nach.

»Wärst du behäbig geworden, wenn dein Vater dir gesagt hätte, dass er dich liebt?«, fragte ich.

»Bestimmt nicht«, antwortete Paul.

»Nun, da hast du deine Antwort. Sieh das Licht in deinen Kindern *jetzt*, Paul. Sieh das Licht in ihnen, um ihretwillen und um deiner selbst willen. Vertrau ihrem Licht, um ihretwillen und um deiner selbst willen. *Sieh ihr Licht*«, sagte ich.

Als Psychologe bin ich ursprünglich dazu ausgebildet worden, jemand zu sein, der Probleme erkennt. Tatsächlich war ich anfangs richtig stolz darauf, wie gut ich darin war, die Schwächen der Leute zu erkennen, ihre Neurosen, Ängste und Ticks. Sehen Sie, ich wollte ein wirklich guter Psychologe sein; und wie Sie vielleicht wissen, ist ein wirklich guter Psychologe jemand, der immer noch mehr finden kann, was mit Ihnen nicht stimmt, als ein durchschnittlicher Psychologe!

Meine ursprüngliche Ausbildung beinhaltete daher: (1) Das Problem, das Sie hatten und von dem Sie mir erzählen würden, zu erkennen; (2) das Problem zu erkennen, von dem Sie mir nicht erzählen würden und (3) das Problem zu erkennen, das Sie hatten und von dem Sie noch nicht mal wussten. Ja, so kreativ kann Psychologie sein – sie kommen mit ein paar kleinen Problemen daher und gehen mit ein paar großen!

Mit der Zeit begann meine Einstellung sich zu ändern. Ich begann zu realisieren, dass die großartigste Psychotherapie für die Leute nicht ist, auf ihre Probleme und ihr Versagen hinzuweisen, sondern den Leuten den Weg zum Licht zu zeigen. Sehen Sie, heute bin ich wirklich der Überzeugung, dass …

**ein wahrer Heiler Ihnen hilft, sich bewusst
an Ihr inneres Licht zu erinnern und sich mit ihm
zu verbinden.**

Mit »Licht« meine ich Ihr angeborenes, bedingungsloses Potenzial, glücklich, liebevoll, frei von Angst und kreativ über alles hinaus zu sein, was Sie sich hätten vorstellen können. Sie können Ihr Licht niemals wirklich verlieren, denn Ihr Licht sind *Sie* – Ihr unkonditioniertes Selbst – aber Sie können das natürlich vergessen. Dieses Licht fühlt sich so real an, wenn Sie glücklich sind und so irreal, wenn Sie unglücklich sind. Daher kommt der Schmerz, die Angst, die Einsamkeit, der Kummer und das Unglück. Wenn wir in der Dunkelheit sitzen, fragen wir uns, ob wir jemals wieder das Licht sehen werden.

Ich erinnere mich noch genau an den Tag, als mir aufging, wie absolut notwendig es ist, das Licht des unkonditionierten Selbst zu sehen, um Heilung zu finden. Ich war in meiner Stress Busters Klinik, eine Klinik, die über den National Health Service in West-Birmingham lief und die ich seit ein paar Jahren leitete.[19] Ich sah mich einem Meer von Leuten gegenüber, die zu einer weiteren zweistündigen Session zusammengekommen waren. Diesmal sah ich jedoch keine Leute. Alles, was ich sah, war eine Gruppe von Alkoholikern, Depressiven, Herzschlag-Patienten, Krebspatienten, Drogensüchtigen, AIDS-Opfern, Leuten, die unter Phobien litten und einen Schizophrenen.

Zuerst fühlte ich eine Welle absoluter Hoffnungslosigkeit. Ich erinnere mich noch, dass ich dachte: *Wie kann ich all diesen Leuten helfen – ihre Probleme sind so groß und so unterschiedlich?!* Es kam mir, als ob ich eigentlich eine individuelle Klinik für jede Krankheit aufmachen müsste – eine Klinik für Depression, für Angst und so weiter. Bevor ich wirklich in Panik geraten konnte, sprach ich instinktiv ein schnelles Gebet: »*Lieber Gott, hilf mir, das anders zu sehen.*« Dann nahm ich – guter Brite, der ich bin – einen Schluck Tee. Als ich dann den Mund aufmachte, um zu sprechen, machte ich ihn schnell wieder zu, bevor irgendwelche Worte herauskommen konnten. Mein Geist arbeitete an etwas. Eine neue Idee war dabei, sich zu formulieren, kam rein wie ein Fax oder eine E-Mail. Ich trank noch einen Schluck Tee, während der Download-Prozess weiterging.

Es dämmerte mir, dass die Krankheiten der Leute, obwohl sie sich sehr unterschiedlich ausnahmen, in der Tat alle Symptome einer einzigen Krankheit waren. Im Wesentlichen waren diese Leute krank, weil sie unglücklich waren. Jeder von ihnen war irgendwie aus dem Glück seines *unkonditionierten Selbst* entwurzelt worden. Und so erkannte ich, dass sie nicht nur in die Klinik gekommen waren, um ihren Stress abzubauen, sondern um sich an ihr Glück zu erinnern und sich wieder mit ihm zu verbinden. Sie waren gekommen, um das Licht zu sehen.

Jahre vorher hatte ich die Worte des griechischen Philosophen Pythagoras gelesen, der gesagt hatte: »Es gibt keine Krankheit, nur Unwissenheit.«[20] Nun begann ich endlich zu erkennen, dass die Unwissenheit, von der er sprach, das Vergessen des Lichts unseres unkonditionierten Selbst und die Trennung davon war. Ich begann auch zu erkennen, dass meine Arbeit bei Stress Busters, ganz wie der Turm von Pisa, ein wenig in Schieflage war.

Bis zu diesem Zeitpunkt war das Augenmerk meiner Arbeit, wie in meiner psychologischen Ausbildung auch, problemorientiert gewesen. Ich hatte Tage damit verbracht, jede Krankheit und jedes stressgebundene Problem, das ich finden konnte, zu studieren. Und ich hatte noch nie einen Workshop zum Thema Glücklichsein gegeben, obwohl ich es oft erwähnt hatte. Dasselbe galt für Liebe, Geistesruhe, für Erfolg und für Freude. Nun kam es mir so vor, dass diese Leute, wenn sie sich nur daran erinnern könnten, wie es wäre, wieder glücklich zu sein, sich vielleicht weniger krank fühlen und ihre Probleme auf viel gesündere und weisere Art angehen würden.

Etwas später schrieb ich einige Worte in mein Tagebuch, aus denen ich bis zum heutigen Tag Inspiration ziehe. Sie lauten folgendermaßen:

Kenne die Liebe, nicht die Furcht;
Kenne die Freude, nicht den Schmerz;
Kenne das Licht, nicht die Dunkelheit;
Kenne die Ganzheit, nicht die Krankheit;
Kenne das Jetzt, nicht die Vergangenheit;
Kenne die Wahrheit, nicht die Lügen;
Kenne Gott, nicht die Trennung;
Kenne dich selbst, nicht die anderen.

Echte Heiler stellen sich jeder Art von Dunkelheit, aber ihre echte Aufgabe ist es, das Licht in ihren Klienten zu sehen, um ihnen zu helfen, sich an ihr eigenes inneres Licht zu erinnern und sich wieder bewusst damit zu verbinden. Auf diese Art werden Heiler und Klient zusammen geheilt. Das ultimative Geschenk von Eltern an ein Kind ist es, sich um das innere Licht ihrer Kinder zu kümmern, bis sie sich selbst darum kümmern können. Wahre Freunde sind die, die durch dick und dünn an Sie glauben. Sie sehen das Licht auch noch dann in Ihnen, wenn Ihre Stimmung und Ihr Verhalten getrübt sind und Sie Tiefpunkte erleben. Mentoren, Manager, Anführer, Visionäre, Friedensstifter und jeder, der wahrhaft dient ... sie alle sehen das Licht.

KAPITEL 2

Die Suche aufgeben

Eines Tages, zu Beginn einer neuen Session in der Stress Busters Klinik, entschied ich mich, eine komplett neue Taktik auszuprobieren. Der Raum war voll. Etwa dreißig Leute unterhielten sich, tranken Tee und warteten darauf, dass ich anfing.

»Willkommen alle zusammen bei Stress Busters. Hattet ihr eine gute Woche, seitdem wir uns das letzte Mal getroffen haben?«, fragte ich.

»Nicht schlecht«, sagte jemand.

»Nicht so übel, danke«, sagt ein anderer.

»Oh, kann nicht klagen«, sagte eine Stimme von hinten.

Diese Eröffnung war nicht meine neue Taktik, nebenbei bemerkt. Die kam als Nächstes.

»Ich würde euch bitten, allen von eurer guten Woche zu erzählen«, sagte ich. Ich bat dann die ganze Gruppe, aufzustehen und ich erklärte ihnen, dass ich wollte, dass sie sich gegenseitig paarweise kennenlernten und ein paar gute Neuigkeiten austauschten, von irgendeiner glücklichen Begebenheit erzählten, die ihnen in den letzten sieben Tagen widerfahren war. Die einzige Regel war, dass sie eine unterschiedliche gute Nachricht für jede Person, die sie kennenlernten, wählen mussten.

Mir fiel auf, dass die meisten Leute den Atem anhielten, als ich der Gruppe das Spiel erklärte. Der Raum war voller Anspannung, nervösen Gelächters, defensiver Körperhaltungen und Stoßgebete wie »Oh Gott«, »Jesus!«, »Gütiger Gott« und »Himmel hilf!«

»Was? Sie meinen zwanzig gute Neuigkeiten innerhalb der letzten Woche?«, fragte jemand.

»Ja, zwanzig oder mehr Sachen, die Sie zum Lächeln gebracht haben, Ihnen geholfen haben, sich gut zu fühlen und für die Sie dankbar waren«, erklärte ich.

»Aber was, wenn mir nichts einfällt?«, fragte jemand.

»Fangen wir einfach an zu suchen, dann sehen wir schon«, sagte ich.

Was ich die Gruppe zu tun gebeten hatte, war sehr einfach, doch höchst bezeichnend. Die meisten vorherigen Sessions in der Klinik schienen automatisch in eine Zusammenfassung schlechter Nachrichten, Rückschläge und neuer Probleme abzugleiten. Es kam niemals ein Bericht über gute Nachrichten und persönliche Durchbrüche. Und doch wusste ich, dass die Leute von unserer gemeinsamen Zeit profitierten. Tatsächlich hatte die Stress Busters Klinik in den letzten Jahren landesweit einen Ruf für die Effizienz ihrer Unterstützung und Fürsorge erworben.

Auf eine traurige, makabere Art schien es jedoch, als versuchten wir, unseren persönlichen Wert dadurch unter Beweis zu stellen, dass wir davon berichteten, wie viel Leid wir zu ertragen hatten. In unserem Geist hatte sich unterwegs ein inoffzielles Punktesystem entwickelt – da hieß es dann 5 Punkte für Kopfschmerzen, 10 Punkte für Migräne, Depressionen 15 Punkte, Angst nur 7 Punkte, aber Angst plus eine Panikattacke gab 20 Punkte. Je mehr Punkte, desto mehr Selbstwert, plus mehr Redezeit in der Gruppe.

In aller Fairness muss ich sagen, dass ich glaube, dass wir nur das taten, was wir für richtig hielten, nämlich über Probleme reden, darum geht es in der Psychologie doch schließlich, oder nicht? Es gab einen starken allgemeinen Widerstand dagegen, Glück zu diskutieren. Die stillschweigend angenommene Regel in der Klinik war: *Wenn du ein Problem hast, rede; wenn du glücklich bist, sei still.* Glück schien keinen Wert zu haben. Niemand hatte jemals ausgesprochen, dass Glück erlaubt war.

Jetzt redeten zum ersten Mal alle über gute Neuigkeiten. Am Ende dieses Spiels, das ich heute »Segnungen« nenne, hatte sich die Energie der Gruppe verwandelt. Jeder sah aus wie der reine Sonnenschein und strahlte einen Geist von Wärme und Freude aus, der den Raum erfüllte. Eine oder zwei Personen hatten die Übung fast unmöglich gefunden, aber die meisten waren wirklich erstaunt, festzustellen, wie viele gute Neuigkeiten es in ihrem Leben gab.

Das Feedback zu dem Spiel mit den »Segnungen« war spontan. »Das war wunderbar«, sagte jemand.

»Danke«, sagte jemand anderes.

»Großartig«, kam es von einem dritten.

Eine Frau stand auf und sagte: »All die guten Nachrichten haben mir geholfen, mich an die guten Nachrichten zu erinnern, die ich vergessen oder übersehen hatte.

Eine andere Frau meinte: »Meine Woche war viel besser als mir klar war.«

Es gab eine natürliche Pause, dann sagte ein alter Mann namens Graham, der bei allen in der Klinik für seine schlichte Weisheit bekannt war: »Es kommt mir so vor, als wären wir alle viel glücklicher und gesegneter, als uns klar ist.«

Nicht am Glück verzweifeln

Glück wird stets das Beste in Ihnen zum Vorschein bringen. Sie wurden dafür geboren, glücklich zu sein. Glück ist natürlich. Es steht Ihnen perfekt. Sie sehen gut aus und fühlen sich gut an, wenn Sie das Glück aus sich heraussickern lassen. Ihr Gang ist leicht, Ihr Geist ist frei, Ihr Geist fliegt, wenn Sie das Glück *geschehen lassen.* Die ganze Welt reagiert gut auf Sie.

Wenn Sie wirklich glücklich sind, strahlen Sie und sind voll funktionstüchtig. Vor allem sind Sie liebevoll, denn die Essenz des Glücks ist die Liebe. Sie sind auch ganz von selbst gütig, großzügig, offen, warm und freundlich. Das liegt daran, dass da, wo echtes Glück ist, kein Platz ist für Furcht, Zweifel und Angst. Sie sind unbeschränkt und unbegrenzt. Sie sind voll präsent im Hier und Jetzt und nicht in irgendeiner Zukunft oder Vergangenheit verloren.

Wenn Sie wirklich glücklich sind, sind Sie an der Spitze, genau da, wo Sie hingehören. Sie sind auch äußerst real. Es ist immerhin unmöglich, glücklich zu sein, und sein Licht unter den Scheffel zu stellen, glücklich zu sein und sich zu verstecken, glücklich und nicht authentisch oder glücklich und defensiv zu sein. Tatsächlich ist der wahre Grund, warum sich Glück so gut anfühlt, schlicht die Tatsache, dass Sie, wenn Sie glücklich sind, *Sie selbst sind – Ihr ursprüngliches, unkonditioniertes Selbst.*

**Wie der Duft einer Blume ist wahres Glück
ein Ausdruck Ihres unkonditionierten Selbst –
des wirklichen *Sie*.**

Echtes Glück ist unter anderem daher sehr attraktiv, weil es tolle Dinge anzieht. Glücklichsein ermutigt wesentlich zu Vertrauen, Spontaneität, Optimismus und Enthusiasmus – von denen alle große Gaben mit sich bringen. Ganz besonders werden Sie feststellen, dass Sie, wenn Sie sich trauen, glücklich zu sein, feststellen werden, dass es die Leute instinktiv zu Ihnen zieht und man Sie mag, auch wenn Sie vielleicht gar nicht verstehen, warum. Vielleicht liegt es an Ihrem Lächeln. Was auch immer der Grund sein mag, Ihr Glück ist eine Inspiration und ein Geschenk für alle. *Jeder profitiert von wahrem Glück ... jeder profitiert von <u>Ihrem</u> Glück.*

Es ist also kaum überraschend, dass es uns so wichtig ist, glücklich zu sein. Es ist, zusammen mit der Liebe, das Ziel unseres Lebens. Jeder will glücklich sein. Können Sie sich irgendjemand in Ihrem Leben vorstellen, der ein Angebot zu wahrem Glück ausschlagen würde? Nein! Die Frage ist also, ob Glück, wenn es das allgemeine Ziel ist, in unserer Welt so ungewöhnlich ist? Hände nach oben – wer kennt mehr als drei wirklich glückliche Leute? Wenn ich die Frage in einem Raum mit tausend Leuten stelle, sehe ich höchstens fünf oder sechs Hände nach oben gehen.

Niemand spricht über Glück; das Thema wird aus den meisten Konversationen gestrichen. In meinen Workshops bitte ich die Teilnehmer oft, sich Konversationen mit ihren Eltern ins Gedächtnis zu rufen, bei denen es spezifisch ums Glücklichsein ging. Üblicherweise ist tiefe Stille die Folge. Alle Eltern wollen, dass ihre Kinder glücklich sind, aber so wenige Eltern reden darüber.

Wenn ich meine tagtäglichen Konversationen mit Freunden, Familienmitgliedern und Kollegen als Grundlage nehme, dann hat es den Anschein, dass niemand glücklich ist.

»Wie geht's?«, fragen wir, wenn wir einander treffen.

Die Antworten kommen dicht und schnell – »nicht schlecht«, »nicht übel« und »nicht so schlecht«. Etwas kreativere Leute sagen:

»Könnte besser sein.«

»Könnte schlimmer sein.«

»Ich halte durch.«

»So lala.«

»Geht so.«

»Ich pack's schon.«

»Überlebe.«

»Kann mich nicht beklagen.«

»Okay.«

»Ich lebe noch.«

»Frag nicht.«

»Man schlägt sich so durch.«

»Lass mich nicht unterkriegen.«

»Es hängt am seidenen Faden.«
»Keine Neuigkeiten sind gute Neuigkeiten.«
»Noch nicht tot.«

Was sagt man dazu! Ich nenne diese Art hirnloser Konversation das »Nicht-so-schlecht«-Syndrom. Es ist so etwas wie eine »Nah-Lebens-Erfahrung« im Gegensatz zur »Nahtoderfahrung, insofern es kein Glück gibt, keine Traurigkeit, keine Hingabe, kein Garnichts. In unserer schnellen, wilden Welt, in der niemand die Zeit zu haben scheint, sinnvolle Gespräche zu führen, wird »nicht schlecht« zu einer angelernten Reaktion, einer Art sozialer Stenographie. Es ist schnell, es ist leicht und wir haben keine Ahnung, wovon die Rede ist.

Der Punkt ist jedoch, dass wir immer noch mit »nicht schlecht« antworten, selbst wenn wir Zeit *haben*, wenn es gute Neuigkeiten gibt oder wir uns wirklich glücklich fühlen. Wir haben es aufgegeben, über Glück zu sprechen. Ja mehr noch, wir haben uns daran gewöhnt, unser Glück zu verstecken, als ob wir uns fürchten würden. Aber wovor, um Himmels willen, haben wir so große Angst? Was ist es mit dem Glück, was uns solche Angst macht?

Diese Angst vor dem Glück ging mir das erste Mal in einem Einzelgespräch in meiner Privatpraxis auf, als ich die Erfahrung machte, dass sich bei den Klienten bestimmte Muster wiederholten – Muster, auf die mein Training mich überhaupt nicht vorbereitet hatte.

Beim ersten Muster half ich den Klienten, eine bestimmte Angst oder ein Problem so anzugehen, dass sie es loslassen konnten. Dann, wenn ich sicher war, dass sie nun bereit wären, ihren Schmerz loszulassen und glücklich zu sein, hörten sie plötzlich auf, zu mir zu kommen. Sie verschwanden ohne Vorwarnung. All meine Telefonanrufe blieben unbeantwortet. Wenn es mir einmal gelang, den Kontakt herzustellen, sagte man mir meistens: »Ich bin zu beschäftigt, um zu kommen« oder »Ich habe kein Geld.« Das Angebot, später zu bezahlen, wurde stets abgelehnt. Manchmal sagten meine Klienten »Ich bin einfach nicht bereit.«

Das zweite Muster nenne ich: »Das bekannte Übel«, abgeleitet von dem verbreiteten Sprichwort: »Von zwei Übeln wählt man besser das bekannte.« Bei diesem Muster kam ein Klient an den Punkt, wo er oder sie bereit zum Loslassen war und etwas Schmerzhaftes und Destruktives hinter sich zu lassen, nur um sich dann in letzter Minute zu entscheiden, auf der Stelle stehenzubleiben. Ein Klient, Jonathan, kam nach einer Herzattacke zu mir, als er noch in einem äußerst anspruchsvollen, aber sehr unangenehmen Job arbeitete. Er sprach oft davon, sich nach einer erfüllenderen Karriere umsehen zu wollen, etwas, das besser zu ihm passte, sobald er gesund genug sei, um wieder zu arbeiten. Als er wieder gesund war, kehrte er direkt zu seinem alten Job zurück. »Das ist alles, was ich kann«, sagte er mir.

Der Fall meiner Klientin Susan illustriert perfekt das dritte sich wiederholende Muster. Sie war Single, Ende Zwanzig und lebte mit einem Freund zusammen, der sie beständig emotional wie physisch misshandelte. »Ich komme zu Ihnen, um die Stärke zu finden, meinen Freund zu verlassen«, erzählte sie mir bei unserem ersten Treffen. Susan verließ ihren Freund schließlich tatsächlich, trotz der großen Schmerzen und der Angst, die sie sich damit einhandelte. Ihre Freunde hatten kaum die Party dazu auf den Weg gebracht, als Susan bei einem *neuen* Freund einzog, der ebenfalls anfing, sie zu misshandeln.

Indem ich Zeuge dieser drei Muster wurde, wurde mir klar, dass es nicht dasselbe ist, Leuten zu helfen, ein Problem zu lösen, wie ihnen dabei zu helfen, persönliches Glück zu erfahren. Ein offensichtlicher Grund dafür ist, dass Glück ganz klar wesentlich mehr ist als nur die Abwesenheit von Schmerz oder Problemen. Mehr noch, es begann mir aufzugehen, dass man, bis man eine gesunde, bewusste, kreative und bedingungslose Beziehung mit dem Glück entwickelt hat, stets Unglück und Krankheit erfahren wird.

Der »Happychondrie« ins Gesicht sehen lernen

Glück fühlt sich für uns so normal und natürlich an, und doch verhalten wir uns oft so, als wäre Glück etwas Besonderes, Seltsames, ein Glücksfall, ein Bonus oder ein Gewinn. Statt das Glück mit offenen Armen zu begrüßen, wie wir es mit einem teuren und vertrauten Freund machen würden, scheuen wir vor ihm zurück ... unsere Gedanken sind voller Verdacht, Zweifel, Zynismus und Angst – »wir warten auf den Haken«.

Klar, wir *wollen* das Glück, aber wir *vertrauen* ihm nicht. Sicher, wir erlauben uns hin und wieder kleine Rinnsale der Freude, aber wenn die Erfahrung des Glücks lebhafter, realer und langfristiger ausfällt, plagen uns oft Selbstzweifel, und wir werden von unseren Ängsten herumgeworfen. Wir zweifeln am Glück genau so sehr, wie wir an uns selbst zweifeln.

Kurz gesagt:
Wir haben Angst vor dem Glück.

Die größte Ironie dabei ist, dass wir tatsächlich Angst vor allem haben, was wir mögen. Beispielsweise wird uns Erfolg, wenn wir auf unsere Angst hören, verderben, Geld ist die Wurzel allen Übels, Ruhm wird uns ruinieren, Liebe macht blind, Glück ist egoistisch und die Pensionierung bringt einen um. So seltsam es klingt, *aber das, wonach wir uns am meisten sehnen, macht uns am meisten Angst.*

»Happychondrie« ist der Begriff, den ich benutze, um unsere Angst vor dem Glück zu beschreiben, besonders den völlig morbiden Aberglauben, mit dem wir das Glück umgeben. Für unser unkonditioniertes Selbst ist Glück so natürlich, aber unsere Konditionierung hat uns irgendwie beigebracht, unsere Wahrnehmung des Glücks in endlose Wolken von Fehlkonzeptionen, Angstvorstellungen, falschen Bedingungen und unnötigen Dogmen zu hüllen.

Das nächste Mal, wenn Sie echtes Glück erfahren, beobachten Sie mal eine Weile Ihre Gedanken und sehen Sie, wie bedingungslos Sie es annehmen können. Achten Sie beispielsweise darauf, wie Ihr unkonditioniertes Selbst dieses Glück aus vollem Herzen begrüßt, voller Liebe und tiefer Dankbarkeit. Halten Sie aber auch Ausschau, wie Ihr konditioniertes Selbst versucht ist, Ihr Glück in Frage zu stellen, es irgendwie zu kontrollieren, auf Armeslänge zu halten oder seinen Griff zu festigen, alles aus der Angst, das Glück könnte sich davonstehlen.

Ist Ihnen je aufgefallen, dass Sie, wenn Sie glücklich sind, stark konditionierte Gedanken denken, wie z. B. »halt Ausschau nach dem Fall«, »was hab ich getan, um das zu verdienen?« und »das ist zu gut, um wahr zu sein«. Wenn Sie weiter Ausschau halten, dann bemerken Sie vielleicht auch andere Ängste wie »Was hab ich vergessen?«, »das ist sicher nicht von Dauer«, »was ist der Haken?«, »vielleicht hab ich den Herd angelassen«, »dafür werde ich bezahlen müssen«, »unglaublich«, »hab ich die Hintertür abgesperrt?«, »alles hat ein Ende«, »bis einer weint« und so weiter. Nehmen Sie sich einen Moment Zeit, bevor Sie weiterlesen und setzen Sie die Liste fort, wenn Sie können. Achtsamkeit auf diese angsterfüllten, beschränkenden Gedanken (plus ein großes Lächeln) ist ein wichtiger Schritt dabei, sie aufzulösen und über sie hinauszuwachsen.

Wenn Sie glücklich sind, erfahren wir eine Mischung aus großer Dankbarkeit und nagendem Selbstzweifel. Der Rat der Furcht ist: *Wenn du glücklich bist, versteck es.* Wir fürchten uns davor, unser Glück zu zeigen, weil wir Angst davor haben, dass man uns für eingebildet, egoistisch, kindisch, einen unverantwortlichen Luftikus oder ähnliches hält. Wir haben besondere Angst davor, dass zu viel Glück unseren Status im Berufsleben gefährden könnte. Viele Menschen arbeiten in zuhöchst angsterfüllten, unkreativen Kulturen, in denen es definitiv nicht gut für die Karriere ist, wenn man ein oder zweimal die Woche glücklich wirkt.

Es ist irgendwie mit unserem konditionierten Denken verdrahtet, dass *Glück Blasphemie ist*. Wir haben Angst, dass wenn wir zu glücklich sind, das irgendwie andere gegen uns aufbringen wird, dass man uns beneiden wird, uns ablehnen wird. Wir glauben, dass wir in dem Moment, indem wir aus dem »Nicht-Schlecht-Syndrom« ausbrechen, für unser Glück gehasst und verfolgt werden werden.

Nicht nur haben wir es gelernt, Angst zu haben, wenn wir glücklich sind, sondern wir haben es auch noch gelernt, uns richtig schuldig zu fühlen. Zu viel Glück – weit davon entfernt, als Geschenk für jedermann betrachtet zu werden – wird wie ein Feind aufs Korn genommen, der zu Hedonismus, einem Mangel moralischer Zurückhaltung, dem Zusammenbruch aller Werte, einer Abwesenheit von Ordnung und Kontrolle und dem Tod unserer Welt führen wird. Es ist, als hätten wir gelernt, zu glauben, dass Glück einen faulen Kern offenbart, statt als unsere natürliche, unkonditionierte Gutheit wahrgenommen zu werden. Des Weiteren spielt noch eine Furcht mit hinein, dass die Welt nicht mehr so funktioniert, wie sie es tut, wenn es zu wenig Leiden gibt.

Man hat uns beigebracht zu glauben, dass während die Götter gelegentliches Glück tolerieren, alles, was über eine halbe Stunde hinausgeht, mindestens einen hohen Preis mit sich bringen wird, wenn nicht schlimmstenfalls ihren schlimmen Zorn! Das Schicksal ist ein richtiger Spielverderber, hat es den Anschein. Daher kreuzen wir die Finger, wenn wir glücklich sind, halten den Atem an, vermeiden es, unter Leitern durchzugehen und halten nach schwarzen Katzen Ausschau.

Sei doch einfach glücklich!

Die Angst vor dem Glück ist von Generation zu Generation weitergegeben worden, wobei jede sorgfältig die Mythen weiterentwickelt hat, den Aberglauben und die Tricks, die ihr vorausgegangen waren. Wir haben ebenfalls unseren Part gespielt, sodass jetzt, wenn man der Happychondrie glaubt, Glück nicht länger Glück erzeugt, sondern nur künftiges Leiden ankündigt. Kein Wunder also, dass wir uns vor dem Glück fürchten.

Vor einigen Jahren hatte ich das Vergnügen, einem Priester namens Harold zu begegnen, mit dem ich dann auch arbeitete. Er war zu dem Zeitpunkt etwa 65 Jahre alt, mittelgroß und von durchschnittlichem Körperbau und etwas gebeugten Schultern, so als würde er irgendeine Art Last tragen. Harold hatte große, buschige Augenbrauen, ein Halblächeln und ein Gesicht voller ausdrucksstarker Linien. Ihn umgab eine Aura von Traurigkeit.

»Ich bin zu Ihnen gekommen, Robert, weil ich unglücklich bin, und das schon lange.« Harold hatte eine 15 Jahre jüngere Frau, die er als »lieblich, lebhaft und aktiv« beschrieb.

»In letzter Zeit scheint es, dass wir uns einander entfremden«, sagte er mir. In Wahrheit hatte Harold sich von der Welt abgeschnitten. Er fühlte sich zunehmend isoliert, unfähig, aus irgendetwas Sinn zu ziehen und sehr traurig.

»Rede mit mir über Glücklichsein, Harold«, sagte ich eines Tages.

Es ist zu lange her, als dass ich mich noch an Harolds genaue Antwort erinnern könnte, aber ich erinnere mich, dass er sagte: »Glück ist etwas, das ich meiner Erwartung nach durch die Gegenwart Gottes im Leben nach dem Tod erfahren werde.«

Ich fragte: »Wie ist es mit vorher? Ist es für dich akzeptabel, glücklich zu sein, bevor du stirbst?«

Harold schaute immer auf den Boden, wenn wir miteinander redeten. Ich konnte sehen, dass er verwirrt war. »Ich weiß nicht«, murmelte er.

Da Harold ein Christ war, erinnerte ich ihn daran, dass das Evangelium von Jesus eine Frohbotschaft ist. Ich ermutigte Harold dazu, nochmals zu lesen, wie das neue Testament von der »Freude an deinem Herrn« spricht und wie es Freude als eine der »Früchte des heiligen Geistes« bezeichnet und den Himmel als »Reich der Freude«.

Meine Herausforderung an Harold war, dass der Himmel kein Ort über uns ist, sondern vielmehr eine Entscheidung, ein Bewusstsein, das ihm jetzt offenstand. »Du kannst den Himmel *jetzt* haben, wenn du ihn willst, Harold, denn der Himmel, wie die Liebe und das Glück auch, wartet darauf, dass wir ihn willkommenheißen, nicht auf einen bestimmten Zeitpunkt.

Harold und ich trafen uns ein paar Mal und er war ein perfekter Gentleman. Er brachte stets seine Dankbarkeit für unsere gemeinsame Zeit zum Ausdruck und nickte immer eifrig, um seine Zustimmung zu dem, was ich sagte, zum Ausdruck zu bringen. Zumindest intellektuell konnte er mit diesen »neuen Ideen«, wie er sie nannte, etwas anfangen. Ich versuchte, ihn davon zu überzeugen, dass diese Ideen gar nicht so neu seien.

Ich erinnere mich noch, dass Harold bei einem unserer letzten gemeinsamen Termine sagte: »Ich weiß nicht,

Robert. Vielleicht bin ich es einfach nicht wert, glücklich zu sein.« Hier, so meinte ich, war die Crux.

Ich weiß nicht, wie sehr ich Harold helfen konnte. Ich denke aber oft an ihn. Er hat mich so viel gelehrt. Auf jeden Fall hat er mir beigebracht, dass wenn wir nicht glauben, dass wir es wirklich wert sind, glücklich zu sein, wir das Glück nicht voll annehmen können, denn wir werden immer versuchen, es in Frage zu stellen, zu kontrollieren und es schließlich von uns zu schieben. Im Wesentlichen ist Glück vielleicht die größte Herausforderung von allen, denn

**das Glück fordert uns dazu heraus,
Frieden in uns selbst herzustellen.**

Die Verwirrung auflösen

Wir sind uns sicher, dass wir das Glück wollen, aber sind uns im Unklaren darüber, was Glück ist.

Wie oft haben Sie nicht schon etwas gekauft, was wie ein Ticket zum sicheren Glück aussah, nur um später festzustellen, dass das Ticket ungültig war? Wie oft sind Sie einer Sache nachgelaufen – einer Karriere, einer Beziehung, einer Sache – absolut davon überzeugt, dass das Glück dort sein muss, nur um festzustellen, dass es abreiste, bald nachdem Sie ankamen? Das ganze Leben *arbeiten wir hart daran, glücklich zu werden, ohne jemals herauszufinden, was Glück ist.*

Ein sehr sprechendes Maß, das zeigt, welche Verwirrung über den Glücksbegriff herrscht, ist die Sprache, die wir benutzen, um unsere Freude auszudrücken. Unsere

Sprache verrät, wie wir denken und unser Denken ist offenkundig ziemlich verwirrt, oder wir würden nicht *die Sprache des Schmerzes benutzen, um unsere Freude zu beschreiben.* Schauen Sie sich beispielsweise folgende Ausdrücke an:

»Ich hatte eine verdammt gute Zeit!«
»Es war scheißgut.«
»Hat echt reingehauen.«
»Bombenstimmung.«
»Zum Sterben.«
»Es war verrückt.«
»Wild!«
»Echt hart!«
»Ich bin fast gestorben.«
»Hat mich umgehauen.«
»So gut, dass es schon wehtut.«
»Hauen wir uns weg!«
»Unglaublich!«

Unsere Verwirrung ist mit unserem Wort *des-illusioniert* vermischt. Unsere gegenwärtige Wahrnehmung von Glück ist verschleiert und umnebelt von dem ganzen unaufgelösten Schmerz und den Enttäuschungen aus unserer Vergangenheit. So träumen wir immer noch vom Glücklichsein, aber wir sind gleichzeitig ängstlich und zynisch geworden. Die Verwirrung hält das Zepter. Sie kennt keine Grenzen. Der Komiker Woody Allen hat das ganze Ausmaß unserer erlernten Neurosen enthüllt, als sein Charakter in dem Film von 1975 *Love and Death* Folgendes zu einer Frau sagt:

Lieben heißt leiden. Um das Leiden zu vermeiden, darf man nicht lieben, aber dann leidet man darunter, dass man nicht liebt. Daher gilt: Lieben heißt leiden, nicht lieben heißt leiden, leiden heißt leiden.

Glücklich sein bedeutet zu lieben. Glücklich zu sein bedeutet also zu leiden. Aber Leiden macht einen unglücklich. Man muss also, um unglücklich zu sein, lieben oder es lieben zu leiden. Oder unter zu viel Glück leiden.

Wir scheinen irgendwie unseren Anker in dem Glück verloren zu haben, das unser unkonditioniertes Selbst ist. Ganz ähnlich, wie sich die Menschheit von Mutter Natur geschieden hat, scheinen wir uns von unserem inneren Glück bis zu dem Punkt distanziert zu haben, dass wir nicht länger wirklich sicher sind, was Glück ist. Tatsächlich fühlen wir uns so distanziert, dass wir sogar die Existenz *inneren Glücks* in Frage stellen, weil es sich so fremd, unwirklich und unwahr anfühlt.

Unsere Verwirrung ist konditioniert. Sie ist erlernt. Sie ist ein Ausdruck von Vergesslichkeit. Sie ist unserem unkonditionierten Selbst keineswegs inhärent. Für den unkonditionierten Geist ist das Glück natürlich; für das Ego oder den konditionierten Geist ist Glück etwas Besonderes. Für den unkonditionierten Geist ist Glück im Inneren zu finden; für das Ego ist alles Gute draußen. Für den unkonditionierten Geist ist das Glück beständig; für das Ego ist das Glück nie von Dauer. Für den unkonditionierten Geist ist das Glück umsonst; für das Ego macht Glück Leiden und Opfer erforderlich, es hat seinen Preis.

Kurz gesagt, hat unsere Konditionierung uns verwirrt, ein konditionierter Geist ist ein verwirrter Geist. Daher ist Ihr konditioniertes Selbst nicht nur in Verwirrung in Sachen Glück, sondern über *alles*, darunter die Liebe, das Leben, Gott, Ziele und Ihre wahre Identität. Diese erlernte Verwirrung kann drei Routen nehmen, wie sie in Darstellung 2 aufgeführt sind:

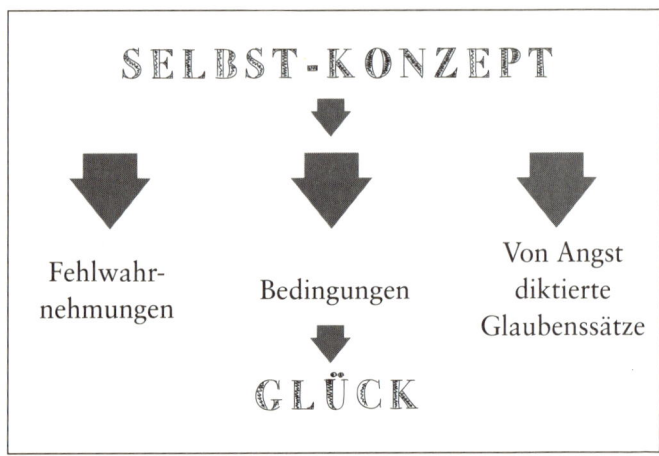

Bei Route 1 geht es um unsere Fehlwahrnehmungen bei der Frage, was Glück wirklich ist. Was ist Glück? Ist es physisches Vergnügen, ein weltliches Streben, eine kognitive Entscheidung, spirituelle Freude oder etwas anderes? Bei Route 2 geht es um die unnötigen Bedingungen und Voraussetzungen, die wir erzeugt haben und die erst »verdient« und »erarbeitet« werden müssen. Route 3 sind die Glaubenssätze der Angst, die wir bezüglich Glück hegen – d. h. unsere »Happychondrie.«

Ihre gesamte Konditionierung in Sachen Glück ist sowohl erlernt als auch irreal. Tatsächlich

steht nichts Reales zwischen Ihnen und Ihrem Glück, nur Illusionen und Ihre eigene Verwirrung.

Ich weiß, dass Sie sich schon oft gefühlt haben, als sei Ihnen das Glück so fern, irgendwo auf der anderen Seite der Welt vielleicht oder sogar auf einem anderen Planeten. Ich habe oft genau dasselbe erfahren. Auch wenn sich diese schmerzhaften Momente sehr real anfühlen, ist es wichtig, sich klarzumachen, dass das nicht die Wahrheit ist. Dieser Schmerz ist illusorisch (d. h. er ist nicht die Wahrheit, was Sie betrifft). Tatsächlich kommt aller Schmerz davon, *dass man sich an die Illusionen über sein Selbst klammert.*

Nachdem ich mehrere Jahre dem Studium des Glücks gewidmet habe, weiß ich, dass es in Wahrheit keine Distanz zwischen uns und unserem Glück gibt. Ich glaube daher, dass die Reise zur Heilung gar keine echte, physische Reise ist. Es ist vielmehr eine Reise des Bewusstseins, der Wahrheit, die sich aus der Illusion befreit, des Lichts, das in der Finsternis dämmert, der Liebe, die an die Stelle der Furcht tritt. Um glücklich zu sein, müssen Sie also zunächst willens sein, Ihre Fehlwahrnehmungen aufzulösen und abzulegen, genau wie Ihre falschen Konditionierungen und Angst-Dogmen.

Ich habe zwei Freunde, Eddie und Debbie Shapiro, beides wunderbare, erleuchtete Heiler, die diesen Auflösungsprozess mit dem Wort »Undoism« beschreiben. Ich erinnere mich noch sehr gut an das erste Mal, als ich zu einer ihrer Versammlungen im Herzen Englands kam. Ganz vorne im Saal proklamierte Eddie: »Ich habe eine neue Religion für Euch – »Undoism«, das Verlernen Eurer Angst vor der Freude!«[1]

Noch auf dem Weg!

Mein Klient Michael war ein perfektes Beispiel dafür, was Psychologen manchmal als »erfolgreiche Unzufriedene« bezeichnen. Er war reich, berühmt, mächtig, mittleren Alters und sehr unglücklich. Sein ganzes Leben lang war er »auf dem Weg dazu« gewesen, hatte es aber nie »ganz erreicht«. Deswegen war er zu mir gekommen. Wir trafen uns vielleicht ein Dutzend Mal und machten schnell Fortschritte.

Es war während einer unserer letzten Sitzungen, als ich Michael fragte: »Was ist die wichtigste Lektion, die du über Glück gelernt hast?«

Michael hielt inne. Er sprach ganze zwei Minuten lang nicht. Dann lächelte er: »Als ich in meinen 20ern war, hab ich so verdammt hart gearbeitet, dass ich gehofft habe, ich würde in meinen 30ern glücklich sein. In meinen 30ern habe ich jeden Tag gekämpft und gehofft, ich würde in meinen 40ern glücklich sein, in meinen 40ern opferte ich alles, um in meinen 50ern glücklich zu sein. Jetzt, wo ich 50 bin, will ich nicht mehr warten, bis ich 60 bin. Mein ganzes Leben hab ich gekämpft und nach Glück gesucht, anstatt einfach glücklich zu sein. Ich bin bereit, die Suche aufzugeben und *jetzt* glücklich zu sein.«

Die Suche nach dem Glück
hat viel Unglück mit sich gebracht.

Seit Anbeginn der Zeit haben wir die Welt nach dem Glück abgesucht. Über die Jahrhunderte haben wir uns zahllose Geschichten über den heiligen Gral, den Stein der Weisen, Excalibur, das goldene Vlies, die Bundeslade, die geheimen Manuskripte der Wahrheit, verborgene heilige Tempel, Universalelixire, Seelengefährten, Alchemie und Magie, Goldtöpfe am Ende des Regenbogens, goldene Straßen und so weiter angehört.

Wir sind so überzeugt davon, dass die Welt das Glück für uns bereithält, dass wir die Erde durchstreifen und allem nachjagen, das wie Glück aussieht. Wir streben, kämpfen, wir leiden mehr als unsere Nachbarn, unsere Eltern, mehr als alle, die wir kennen, um weiterzukommen. Je weiter wir kommen, desto mehr verlieren wir in dem Prozess den Kern des Glücks. Mit anderen Worten: *Je mehr wir dem Glück nachjagen, desto mehr vergessen wir, glücklich zu sein.*

Mit unserem fast ausschließlichen Fokus auf die Welt wird Selbsterkenntnis von dem Bedürfnis nach Anerkennung durch die Welt überschattet; authentischer Selbstausdruck wird durch das Bedürfnis nach Anerkennung und Beliebtheit gehemmt; Selbstverwirklichung wird dem Versuch geopfert, die Welt sehen zu lassen, wie sehr wir das Glück verdienen. Gern verkaufen wir unsere Seele der Welt, da wir meinen, dass die Seele nichts zu bieten hat und die Welt alles.

Wir sind so süchtig nach dem Streben nach Glück, dass wir jedes Mittel, es »zu erreichen« rechtfertigen.

Wir betrügen, lügen, stehlen und morden sogar. Bald ist das Streben nach Glück unser Ziel und nicht mehr das Glück selbst. Es ist eine weitere Ironie, dass

wir, je süchtiger wir nach dem Streben nach Glück werden, um so unvorbereiteter auf das Glück sind, wenn es kommt.

Schauen Sie sich die Gesellschaft und den Lebensstil an, den wir erzeugt haben. Wir sind zu beschäftigt, um *jetzt* glücklich zu sein. Wir haben es zu eilig, um *jetzt* glücklich zu sein. Wir konzentrieren uns zu sehr auf unsere strahlende Zukunft, um *jetzt* glücklich zu sein. Wir haben nicht genug Zeit, um *jetzt* glücklich zu sein. Unser Zeitplan erlaubt es uns nicht, aus dem Rennen auszuscheiden und *jetzt* glücklich zu sein. Wir sind zu beschäftigt damit, »hinzukommen«, doch je mehr wir dem Glück nachjagen, desto mehr flieht es uns.

Das Streben nach Glück ist unser größter Fehler.[2] Es ist eine Fabrikation, eine Illusion, eine Lüge, eine Erfindung des Ego oder des konditionierten Selbst, das glaubt, dass alles Gute außerhalb seiner liegt. Die Welt birgt Ihr Glück nicht; *Sie selbst* bergen Ihr Glück. Sicher, Ereignisse, Erfahrungen und Menschen können Ihnen dabei helfen, Ihr Glück wiederzuerlangen, wenn Sie sie lassen, aber Sie können Ihnen nicht das geben, was Sie sich in sich selbst zu sehen weigern.

Das Streben nach Glück ist im Wesentlichen eine Leugnung des Glücks. Und letztlich

muss das Streben nach Glück stets scheitern,
weil es auf einer Lüge basiert – das Glück ist *nicht*
außerhalb Ihrer.

Bis Sie den Glauben, dass *das Glück woanders ist,* aufgeben, werden Sie immer nur ein Leben erfahren, wo Sie immer versuchen, »hinzukommen«, aber niemals ganz »da« sind. Sie werden immer streben, aber nie ankommen. Sie werden immer beschäftigt sein, aber nie Ruhe finden. Wie könnten Sie sich Ruhe gönnen, wenn Sie auf dem Glauben bestehen, dass der Frieden noch nicht in Ihnen ist?

Noch ein weiterer Gedanke: Ist es Ihnen jemals in den Sinn gekommen, dass das Streben nach Glück von ganz tief drinnen aus einem Mangel an Selbst-Annahme kommt? Mit anderen Worten: Egal, wonach Sie streben, sei es Frieden, Glück, Liebe, Gott, es ist immer das, was Sie momentan nicht annehmen können. Sie streben also nach Glück, weil Sie es zum Einen gerade für sich selbst nicht annehmen können. Und zweitens können Sie die Tatsache nicht annehmen, dass es schon in Ihnen sein könnte, in Ihrem unkonditionierten Selbst.

Es ist ironisch, dass die einzige Freude, die Sie je erleben, wenn Sie nach Glück streben, die ist, die in gelegentlichen Phasen der Entspannung eintritt, dann, wenn Sie aufhören, dem Glück nachzujagen. Denken Sie nur, was für Freude Sie erleben könnten, wenn Sie sich trauen würden, das Streben nach Glück ganz aufzugeben. Denken Sie, wie furchtlos Sie wären, wie kreativ und friedlich und welche Freiheit Sie hätten, die Welt voller zu genießen, wenn Sie aufhören würden, nach Glück zu streben und es einfach annehmen würden, ihm erlauben würden, einfach zu passieren.

Nur eins noch!
Das Glück ist nicht in den Dingen; es ist in *Ihnen*.

Die bedeutsamste Erziehungserfahrung meiner Kindheit hatte nichts mit der Schule zu tun. Die Schule war akademisch. Es war meine Familie, die mir die wertvollsten Lektionen des Lebens beibrachte ... besonders meine Großeltern.

Die Ehe meiner Eltern hätte es, vielen Leuten zufolge, nicht geben sollen. Es war eine Ehe von »Arm und Reich«, nebenbei nicht zu verwechseln mit *Krieg und Frieden*! Meine Mutter war ein Kind der englischen Aristokratie, des Landadels, einer Familie des British Empire. Sie war jung und schön und mein Vater war nicht das, was ihre Familie sich unter einem zukünftigen Ehemann für ihre Tochter vorgestellt hatte. Es fing damit an, dass er für seinen Lebensunterhalt arbeitete. Seine Familie gehörte durch und durch zur Arbeiterklasse.

Jeder hatte eine Theorie zur Ehe meiner Eltern: Sie war unbedacht, gesegnet, falsch, wahre Liebe, von Anfang an zum Scheitern verurteilt, ein Akt der Rebellion seitens meiner Mutter, Opportunismus seitens meines Vaters und so weiter. Mit der Eheschließung wurde meine Mutter mit sofortiger Wirkung von ihrem finanziellen Erbe abgeschnitten, sowohl zur Strafe wie aus Vorsicht, schätze ich. Geldmangel war ein wiederkehrendes Thema meiner Kindheit. Drei Erinnerungen stechen besonders hervor – einmal eine Reihe gemieteter Unterkünfte, darunter eine erbärmliche Ein-Bett-Wohnung in einem Block, der schwer unter Vandalismus zu leiden hatte und der neben einer vielbefahrenen Eisenbahnstrecke lag; die zweite ist, wie mich meine Eltern am Abend meines elften Geburtstags zur Teilnahme an einem Notfall-Familienbudget-Treffen einluden; und die dritte ist, das riesige, zerfetzte, braune, dreckige Ledersofa, das wir bei einer Auktion für 50 Pence ersteigert hatten (etwa ein US-Dollar in heutiger Währung). Das Sofa war unser Stolz und unsere Freude.

Beide Großelternpaare zu besuchen war eine verwirrende Erfahrung. Die Eltern meines Vaters lebten an der Südküste Englands, in einem Städtchen names Seaford, in der Nähe von Brighton. Sie lebten in einer Mietwohnung über einem Fish & Chips-Lokal. Ich erinnere mich noch besonders an drei Gerüche: (1) Zigaretten – meine Großeltern rauchten wie Kaminschlote; (2) Guinness – mein Großvater liebte es; und (3) der ranzige Geruch alten Öls aus dem Lokal unten. Wir verbrachten die meisten unserer Sommerurlaube bei den Eltern meines Vaters.

Die Eltern meiner Mutter lebten im Herzen Englands, in Twyford in der Nähe von Winchester. Wir besuchten sie viel regelmäßiger, fast jedes Wochenende, da wir nur ein paar Meilen weit entfernt wohnten. Großmama und Großpapa lebten in einer riesigen Villa mit hektarweise Gärten, Farmland ringsum, einem wunderschönen Fluss, einem exotischen Küchengarten voller Pfirsiche, Nektarinen, Erdbeeren, Himbeeren, Stachelbeeren und mehr. Die Gärten waren so schön, dass sie oft für die Öffentlichkeit zur Schau gestellt wurden. Meine Mutter hatte zwei ältere Schwestern und einen älteren Bruder, die in ebenso schönen und stattlichen Häusern lebten und die wir hin und wieder besuchten. Der Unterschied zwischen »uns« und »ihnen« war wirklich verblüffend und schockierend.

Die eine Hälfte meiner Familie schien alles zu besitzen, was die Welt zu bieten hatte, und die andere Seite schien wirklich wenig zu haben. Und trotzdem schwöre ich, Hand aufs Herz, *dass ich in diesen riesigen Villen nicht glücklicher war als in der kleinen Wohnung über dem Fish & Chips-Laden*. Im Gegenteil, das Lachen, an das ich mich am meisten erinnere, hallte von den Wänden der Wohnung wider, nicht von denen der Villa.

Bitte verstehen Sie, dass ich hier nicht andeuten will, wie es manche Leute ja behaupten, dass Geld einen unglücklich macht. Ich trage kein »Geld ist die Wurzel allen Übels«-Banner vor mir her. Im Gegenteil, ich weiß Geld wirklich zu schätzen. Was ich jedoch schon in sehr jungem Alter gelernt habe, ist, dass einen auch noch so viel Geld nicht glücklich machen kann. Genauer gesagt würde ich formulieren, dass einen Geld *ermutigen* kann, glücklich zu sein, einen aber nicht glücklich *machen* kann.[3]

Das führt uns zu einem weiteren, äußerst wichtigen Glücksprinzip, das ein zentraler Teil meiner Lehre im Happiness Project ist.

**Nichts in der Welt kann dich glücklich *machen*;
alles in der Welt kann dich *ermutigen*,
glücklich zu sein.**

Wir leben unser Leben in der Hoffnung, dass *nur eines noch* fehlt, um unser Glück vollkommen zu machen. Der konditionierte Gedanke des Ego ist, dass *etwas fehlt*. Und so halten wir Ausschau nach diesem fehlenden Puzzlestück, um unsere Erlösung damit herbeizuführen. Und doch, egal wie viele Dinge wir kaufen, zusammentragen und sammeln, wir haben immer noch das Gefühl, dass etwas fehlt. Und tatsächlich, es fehlt etwas – das uneingeschränkte Bewusstsein, dass *nichts* fehlt. Wir sind in Wahrheit schon komplett und vollständig.

Nichts kann Sie glücklich machen, wenn Sie es nicht akzeptieren, dass das Glück schon in Ihnen ist. Sehen Sie ...

Ich kenne Leute mit tollen Geschirrspülmaschinen, die nicht glücklich sind.

Ich kenne Leute mit hervorragenden Stereo-Sound-Fernsehern mit Fernbedienungen, die absolut unglücklich sind.

Ich kenne Männer, die Armani tragen und sich immer noch unterlegen fühlen.

Ich kenne Frauen, die es sich leisten können, ein Dutzend Gucci-Uhren zu kaufen, aber immer noch keine Zeit für sich selbst haben.

Ich habe Freunde, die verheiratet und glücklich, und Freunde, die verheiratet und unglücklich sind.

Ich habe Freunde, die berühmt sind und von Millionen Leuten geliebt werden und es trotzdem nicht schaffen, sich selbst zu lieben. Ich habe Freunde, die sich eine Reinigungskraft leisten können, aber für die das Leben trotzdem eine einzige Plackerei ist.

Ich habe extrem reiche Leute beraten, die sich trotzdem fühlen, als hätten sie nichts.

Ich habe mit den Chefs riesiger internationaler Firmen gearbeitet, die immer noch nach ihrer ersten bedeutsamen Leistung suchen. Ich habe Freunde, die hofften, sie würden glücklich werden, sobald sie Eltern sind – bei manchen hat es geklappt, bei manchen nicht.

Ich kenne Frauen, die echte Diamanten tragen aber deren Leben trotzdem der Glanz fehlt.

Ich kenne Männer, Sportwagen fahren, aber deren Ziel unklar ist.

Es ist die Schlussfolgerung der weitreichendsten psychologischen und soziologischen Studien in Sachen Glück oder »subjektives Wohlbefinden«, wie es genannt wird, dass *einen nichts glücklich machen kann.* Ganz so, wie es wahr ist, dass das Streben nach Glück einen nicht glücklich machen kann, macht einen auch der Materialismus nicht glücklich. Der Sozialpsychologe David Myers schrieb in einer exzellenten Studie mit dem Titel *The Pursuit of Happiness,* in der er einen Großteil der aktuellen Forschungen zum *Wie* des Glücklichseins zusammenfasst:

…egal, ob wir unsere Schlüsse auf Berichte über Glückszustände auf der Ich-Perspektive basieren, auf Depressionsraten oder auf den Problemen von Teenagern, *die Tatsache unseres zunehmenden*

Wohlstands über die letzten 30 Jahre hinweg hat nicht ein Jota mehr Glück und Zufriedenheit mit dem Leben mit sich gebracht. Das ist schockierend, weil es den materialistischen Voraussetzungen unserer Gesellschaft zuwiderläuft, aber wie lässt sich diese harte Wahrheit ignorieren: *sobald die Armutsgrenze einmal überwunden ist, verbessert weiteres ökonomisches Wachstum die menschliche Moral nicht mehr wahrnehmbar.* Mehr Geld zu verdienen – das Ziel so vieler Universitätsabsolventen und anderer Anhänger des amerikanischen Traums – zieht keine Wonne nach sich.[4]

Vielleicht kennen Sie den alten Witz: »Mich macht nichts glücklich. Ich habe Armut und Reichtum ausprobiert und beide bringen nichts!« Materialismus ist nicht schlecht oder böse; er ist einfach nicht genug, um das Glück im Inneren zu ersetzen. Die Welt ist nicht dazu da, Ihre Bedürfnisse *zu erfüllen*, sie ist dazu da, Ihnen zu zeigen, dass Sie keine Bedürfnisse *haben*.

Wenn die Leute deprimiert sind, sagen sie oft: »Nichts macht mich glücklich.« Das ist die Wahrheit! In der Tat ist das erste Stadium der Depression oft die Desillusioniertheit mit der Welt. Die Welt gibt uns den Anschein des Glücks, aber ist nicht seine Quelle. Es ist wie eine gehypte, glänzende Urlaubsbroschüre, die nicht hält, was sie verspricht. Der Weg aus der Depression ist daher, zu wissen, dass (1) die Welt einen nicht glücklich machen kann und (2) Ihr Glück im Inneren liegt.

Um die Sache zusammenzufassen: Nichts kann Sie wirklich glücklich *machen*, aber alles kann Sie *ermuti-*

gen, glücklich zu sein. Geld kann Ihnen das Glück nicht *kaufen*, aber es kann Ihnen ganz sicher helfen, das Glück zu *wählen*. Ein Gefühl der Sicherheit ist wichtig, aber es ist wiederum keine echte Voraussetzung oder Garantie für das Glück. Gesundheit hilft, aber sie kann Sie nicht glücklich *machen*.[5] Dasselbe gilt für eine gute Ernährung[6] und einen gesunden Schlafrhythmus.[7] Man kann jedoch physisch fit und voller Vitamin C sein, acht Stunden Schlaf bekommen und sich trotzdem miserabel fühlen. Nichts kann mich dazu zwingen, das Glück zu *wählen*. Das Glück zu wählen ist Ihre Funktion.

Es gibt auch eine Umkehrung des Prinzips, dass *nichts auf der Welt Sie glücklich machen kann und alles in der Welt Sie ermutigen kann, glücklich zu sein.* Das ist …

nichts in der Welt kann Sie traurig *machen*.
Alles in der Welt kann Sie dazu *ermutigen*,
traurig zu sein.

Die Welt kann Ihnen Ihr Recht auf Glück oder Traurigkeit nicht nehmen. Es hat vielleicht oft den Anschein, dass sie sich oft ziemlich bemüht, Ihnen diese Wahl zu nehmen, aber in Wahrheit kann sie das nicht. Die Ereignisse im Leben können sich dazu verschwören, dass Sie diese Wahl aus den Augen verlieren, aber die Wahl selbst wird nie zerstört. In Wahrheit liegt die Entscheidung, glücklich oder traurig zu sein, stets bei Ihnen, ob Sie das nun sehen können oder nicht. Es sind die Zeiten, wo Sie die Wahl temporär aus den Augen verlieren, sodass Sie um Hilfe bitten müssen.

Glück ist eine Entscheidung, die Sie fällen können

Immer wenn ich jemand neu außerhalb der Arbeit kennenlerne, auf dem Golfplatz, bei einer Party oder im Urlaub vielleicht, kommt das Gespräch früher oder später auf die »Was machen Sie beruflich?«-Frage. Ich zögere meist mit der Antwort und oft läuft es darauf hinaus, dass ich sage »Ich studiere die Psychologie des Glücks«. Darauf folgt meistens eine sehr lange und tiefe Phase der Stille, einige verwirrte Blicke, etwas merkwürdige Körpersprache und schließlich einige beruhigende Worte als Antwort wie »Oh« oder »Himmel« und »wie schön«. Oft werde ich auch gefragt: »Aber ist Glück nicht einfach Glück?«

In der Gesellschaft sind drei allgemeine Ideen zum Glück im Umlauf: (1) Glücklichsein ist Zufall, (2) Glücklichsein hängt von den Umständen ab und (3) Glück ist eine Entscheidung.

Das *Oxford Dictionary of English* definiert Glück als »fortunate, lucky; feeling or expression of satisfaction« (»glücklich, günstig; Gefühl oder Ausdruck der Befriedigung«). Ich habe über die Jahre Tausende von Menschen in den unterschiedlichsten Radio- und Fernsehsendungen über Glück interviewt und die verbreitetsten Antworten auf die Frage »was ist Glück« sind »die Lotterie gewinnen« oder »den Jackpot knacken«. Glücklichsein scheint eine Wette zu sein und Glück im Sinne von Zufall die Antwort.

Das Problem an dem Glauben, dass Glücklichsein Glückssache ist, ist, dass es dabei keine Rolle mehr für

Sie gibt, die Sie in Ihrem Leben spielen müssen. Wenn Glück Ihre große Hoffnung ist, dann sind Ihr Leben und Ihr persönliches Glück sozusagen auf Pause, während Sie darauf warten, dass die Würfel fallen. Mit Glück ist jede Verantwortung Ihrerseits oder jeder Einfluss, den Sie auf das Ergebnis nehmen könnten, ausgeschaltet. Ihr Leben wird *für* Sie entschieden, nicht *von* Ihnen. Die meisten dieser Leute, die auf diese Art von Glück hoffen, sehen sich als glücklose Opfer der Welt.

Die zweite Ansicht, dass *Glück an den Umständen liegt*, ist sehr verbreitet. Bestimmte Umstände, besonders solche, die Sie für »gut« oder »richtig« halten, können befriedigend sein. Aber auch hier muss ich Sie wieder auf das Prinzip verweisen – *nichts in der Welt kann Sie glücklich machen, alles in der Welt kann Sie ermutigen, glücklich zu sein*. Mit anderen Worten, es gibt keine Umstände, die Glück komplett garantieren können.

Der Glaube, dass *Glück von Umständen abhängig ist*, deutet auch darauf hin, dass das Erlangen des Glücklichseins, wie beim Glück auch, nicht in Ihren Händen liegt. Mit anderen Worten, Ihr Glück ist »gut«, solange Sie die Umstände in Ihrem Leben für »gut« befinden. Aber was ist mit Ihrem Glück, wenn Sie Rotwein über Ihr Hemd schütten, wenn Ihr Auto zusammenbricht oder wenn Ihr Kind noch eine Folge *Ginger Snaps* in den DVD-Player schiebt? Wie stark ist Ihr Glück?

Ich habe mich mal mit einem Mann namens Christopher angefreundet, nachdem ich einen Tag damit zugebracht hatte, das Personal in einem Hospiz am Ort auszubilden. Christopher war 108 Jahre alt und der älteste und lebhafteste Patient auf seiner Station. Bei seiner letzten Geburtstagsfeier fragte ich ihn: »Was ist das Geheimnis des Lebens?«

Ich werde seine Antwort niemals vergessen, sowohl wegen ihres Humors als auch wegen ihrer Weisheit. »Nun, Robert, ich sage allen, dass die ersten 100 Jahre des Lebens sicher die größte Herausforderung sind – danach wird es leichter! Ich sage den Leuten auch, dass das Leben zu 10 Prozent von den Umständen bestimmt wird und zu 90 Prozent von deiner Reaktion auf die Umstände.«

Die Perspektive, dass *Glück eine Entscheidung ist*, ist so radikal wie wahr. Einmal hat mir ein Teilnehmer an einem meiner Workshops einen Satz gesagt, den ich sehr mag. Die Worte stammen von Herrn Homer Miller:

Umstände und Situationen geben dem Leben Farbe,
aber dir wurde dein Geist gegeben,
um zu entscheiden,
was für eine Farbe das sein soll.

Das Leben ist mächtig, aber Ihre Gedanken über das Leben sind sogar noch mächtiger. In einem meiner Bücher, *Living Wonderfully*, habe ich geschrieben:

Es gibt eine fantastische Kraft im Leben, die die wunderbare Kraft hat, Erschöpfung in Energie zu verwandeln, Verzweiflung in Freude und Angst in Tatkraft. Diese Kraft macht »schlechte« Dinge »cool« und »falsche« Dinge »richtig.« »Aufregung« kann zu einer »Gelegenheit« werden und ein »Unglück« zu »Glück«, ein »Scheitern« kann zu einem Vorspiel von »Erfolg« werden. Diese wundersame Kraft hat die Macht zu entscheiden.

Die großartige Neuigkeit dabei ist, dass Sie total berechtigt sind, diese fantastische Kraft zu benutzen, wenn Sie sich dafür entscheiden. Wenn Sie das tun, kann es leicht sein, dass Sie herausfinden, wie sich Hindernisse ganz wundersam in Gelegenheiten verwandeln, Widerstand in Vorteile, Zusammenbrüche in Durchbrüche und unglückliche Enden in einen frohen Neubeginn. Diese Kraft ist, wenn Sie es nicht schon erraten haben, die Kraft der Gedanken.[8]

Die zweite Hälfte des 20. Jahrhunderts hat einen rapiden Anstieg unter den Schulen der kognitiven Psychologie gesehen, die starke Verfechter der Vorstellung sind, dass es sich bei Glück um eine Entscheidung handelt.[9] Mit anderen Worten: *Egal, was für ein Bild sich präsentiert, letzten Endes ist es Ihre Geisteshaltung, die zählt.* Die Umstände können hilfreich sein, die Haltung ist jedoch das Entscheidende, denn wie Hugh Downs es einmal formuliert hat:

> **»Eine glückliche Person ist nicht eine Person
> in einem bestimmten Rahmen von Umständen,
> sondern vielmehr eine Person mit
> einem bestimmten Rahmen an Einstellungen.«**

Die Wahrnehmung, dass *Glück eine Entscheidung ist,* bestätigt, dass die Einstellung das Primäre ist, die Umstände das Sekundäre. Es lehrt einen, dass was auch immer geschieht, Sie immer die entscheidende Stimme darüber haben, wenn es um Glück, Erfolg, die Liebe und geistigen Frieden geht. Manchmal ist es leicht, sich daran zu erinnern; manchmal ist es nicht so leicht. Wieder einmal gilt, dass Sie um Hilfe bitten müssen, sobald Sie dies vergessen.

Glück ist eine Entscheidung fühlt sich gut und stärkend an, aber selbst diese Philosophie bietet nur eine eingeschränkte Wahrnehmung wahren Glücks. Haben Sie sich bspw. jemals gefragt, was mit dem Glück passiert, wenn Sie down sind und Ihre Einstellung Leiden ist? Verschwindet das Glück wie ein dünner Rauchfaden? Lässt sich das Glück so leicht von der Welt umwerfen? Ist Glück wirklich so schwach?

Entgegen dem populären Glauben ist das wahre Glück kein unbeständiges kleines Etwas, ein schwindliger kleiner Luftikus, der sich schwer damit tut, sich auf etwas festzulegen und kommt und geht, wie es ihm beliebt, auftaucht und verschwindet, einmal mit einem »Hallo« hereinschneit und dann im nächsten Moment schon mit einem »Lebwohl« davon ist. Wahres Glück ist treu – es kann und wird Sie nicht verlassen.

Wahres Glück ist konstant, nicht vorübergehend; es ist stark, nicht schwach. Versuchen Sie das Glück nicht als etwas Externes zu sehen, das sich von Ihnen entfernt, sondern sehen Sie es als Potenzial, das Sie immer in sich tragen – ein Potenzial, das Sie sind, in jedem beliebigen Moment und dem Sie sich entweder öffnen oder von dem Sie sich zurückziehen. In Wahrheit ...

kommt und geht das Glück nicht; was kommt und geht ist Ihre *Einstimmung* auf das Glück.

Wenn meine Arbeit mich eins gelehrt hat, dann: Egal wie viel Schmerz sie erleben … egal wie verletzt, wie down, wie hoffnungslos Sie sich fühlen, wie sehr der Zorn Sie auffrisst, wie bitter Sie sind, wie ängstlich und wie schrecklich Sie sich fühlen, das Potenzial, Frieden und Glück zu erfahren, verschwindet nie. So wie Wolken am Himmel die Sonne verdecken, aber nicht zerstören können, so können Furcht und Schmerz Ihr Glück verdecken, aber nicht zerstören. Das Potenzial für Glück ist permanent in Ihnen. Das Glück ist nur einen Gedanken weit entfernt.

Der Grund dafür ist, dass Glück die Wesensnatur unseres unkonditionierten Selbst ist. Glück ist der Stoff der Existenz selbst. Deshalb ist Glück keine Spitzenerfahrung, es ist etwas Zentrales. Es ist nicht der Gipfel des Berges sondern sein Herz. Wenn Sie Ihre Konditionierung abstreifen, enthüllen Sie eine Freude, die unabhängig von der Welt existiert. Ich glaube, der Schriftsteller J. Donald Walters hat diese Freude wunderbar mit folgenden Worten beschrieben: »Es ist das Gold unserer inneren Natur unter dem Schlamm der Sehnsüchte unserer Sinne verborgen.«

Diese Freude ist nicht in Ihnen, Sie sind *diese Freude.* Ich erinnere mich noch, dass ich sehr bewegt war von einer Passage aus *Ein Kurs in Wundern*, die diese Vorstellung hervorhob. Da heißt es: »Es ist schwer zu verstehen, was ›Das Königreich des Himmels ist in Euch‹ wirklich bedeutet. Das liegt daran, dass es nicht verständlich ist für das Ego, das es so versteht, als wäre etwas Äußerliches innen und das ist bedeutungslos. Das Wort ›innen‹ ist unnötig. Ihr seid das Königreich des Himmels.«

Eine etwas präzisere Wahrnehmung des Glücks ist also, dass es das Wesen Ihres unkonditionierten Selbst ist. Daher gilt …

**Wenn Sie wirklich glücklich sind,
dann sind Sie Sie selbst.**

Rumi, der heilige Gral und Ihre wahre Identität

Rumi, der große Sufi-Mystiker und Dichter, erzählte einmal die Geschichte, wie er an der Tür seines geliebten Gottes anklopfte:

>»Wer ist da?«, kam die Antwort.
>»Ich bin es, dein Geliebter, Rumi«, sagte er.
>Von innen kam die Stimme: »Geh weg, hier drin ist kein Platz für uns beide.«
>Rumi ging, völlig niedergeschlagen. Er meditierte und betete und kehrte später zum Haus seines Geliebten zurück, klopfte wieder.
>»Wer ist da?«, fragte der Geliebte.
>»Du bist es.« Mit einem Willkommensgruß wurde die Tür weit aufgestoßen.[10]

Wenn wir dem Glück nachjagen, jagen wir unserem unkonditionierten Selbst nach, denn die Erfahrung wahren Glücks ist in Wirklichkeit die Erfahrung des Selbst. Die mit all ihren vergänglichen Vergnügungen kann das, was schon in Ihnen ist, nicht ersetzen. Je mehr Sie die Vorstellung, dass Glück Ihre Wesensnatur ist, annehmen können, desto freudvoller wird auch Ihre Erfahrung der Welt sein. *Je weniger Bedürfnisse Sie haben, desto freier werden Sie sein.*

Der Autor John Pepper hat in seinem Buch *How To Be Happy* einen wunderbaren Passus geschrieben, dem ich nichts hinzuzufügen habe. Er beginnt so:

Wir wissen, dass wir die ganze Welt auf der Suche nach dem heiligen Gral bereist haben, dass wir die Texte der Heiligen und Weisen nach Hinweisen zu seinem Versteck durchforstet haben, die Nacht angefleht haben, ihn uns zu geben, uns in Ritualen erniedrigt haben, dem lichten Pfad romantischer Liebe und Beziehungen gefolgt und dem dunklen von Drogen und Chaos. Wir haben eine Million Dinge getan, die man anscheinend tun muss, bevor man erschöpft zum Stillstand kommt, unser Glück jedoch ist noch immer qualvoll außerhalb unserer Reichweite; dann sehen wir mit einem Schnauben der Absurdität in Gesicht, dass es nichts mehr gibt, wohin wir uns noch wenden können, dass alle Worte versagen. Das Rennen, Brüder und Schwestern, ist vorbei. Die Antwort ist hier in diesem zerbrechlichen Wesen in der dunklen Nacht auf dieser wüsten Heide enthalten; hier oder nirgends. Der heilige Gral ist in uns.«[11]

Jedes Mal, wenn Sie Ja zum Glück sagen, sagen Sie Ja zu Ihrem unkonditionierten Selbst. Indem Sie es zu Ihrer Intention machen, glücklich zu sein, werfen Sie alle Verteidigungsmechanismen, Zweifel und Ängste ab, die Sie so schätzen gelernt haben. Sie lassen Ihren Schmerz über die Vergangenheit los, den Schmerz, der Sie in der Vergangenheit halten würde und Sie davon abhalten würde, das Glück *jetzt* zu erfahren.

Über die Jahre habe ich viele Gebete und Affirmationen geschrieben, die helfen sollen, die Intention, glücklich und frei zu sein, zu stärken. Die Intention ist der Schlüssel. Ein Gebet, das ich besonders gern mag, ist das, das sich an den Gott richtet, der im Zentrum Ihres unkonditioniertes Selbst sitzt. Es geht so:

Lieber Gott,
ich selber weiß nicht, wie ich wahrhaft glücklich
sein kann.
Lehre mich in diesem Moment, wie ich dem
Geist des wahren Glücks erlauben kann hindurchzuscheinen.
In diesem Augenblick übergebe ich dir alle meine
angsterfüllten Fehlvorstellungen über das Glück.
In diesem Augenblick übergebe ich dir all diese
falschen Bedingungen, die ich zwischen mich und
das Glück geschoben habe.
Und in diesem Augenblick übergebe ich dir meine
Furcht vor dem Glück.
Lehre mich, lieber Gott, das Glück anzunehmen,
leicht, mühelos und natürlich.
Lehre mich, lieber Gott, Glück auszustrahlen,
leicht, mühelos und natürlich.
Lehre mich, lieber Gott, Glück gleichermaßen
anzunehmen und auszustrahlen.
So sei es.

Willkommen in der Gelächter-Klinik!

Etwa drei Jahre, nachdem ich die Stress Busters Klinik eingerichtet hatte, war ich bereit, radikale Veränderungen in meiner Arbeit durchzuführen, die bislang sehr problemorientiert gewesen war. Bis dahin war ich der Philosophie von *Löse erst die Probleme, das Glück kommt danach* gefolgt.

Jetzt bildete sich eine neue Philosophie heraus, die das Glück vornan stellte. Ich begann zu erkennen, dass

**es die stärkste Medizin ist,
sich ganz dem Glück zu verpflichten.**

Glück ist nicht nur die Abwesenheit von Problemen; Glück ist die Kraft, die Ihnen hilft, Ihre Probleme zu heilen. Und wenn Krankheiten Symptome von Unglück sind, dann wird Ihnen die Rückkehr zum Glück *jetzt*, in diesem Augenblick, sicher helfen, Heilung zu finden. Ich begann zu erkennen, dass so, wie ein Eisblock schmelzen wird, wenn man ihn der Sonne aussetzt, sich unsere Ängste vor unserem inneren Glück auflösen. Vor allem hilft uns Glück dabei, wieder bedingungslos und frei zu sein.

Das Ergebnis dieser Veränderung war, dass ich im September 1991 die erste offizielle Gelächter-Klinik der Geschichte Großbritanniens eröffnete. Ich hatte die Unterstützung der Regierung und des National Health Service bekommen, eine Klinik einzurichten, die sich primär auf die natürlichen, unbedingten Heilkräfte von Liebe, Lachen, Glück und Freude fokussiert.[12]

Unser Ansatz war vierfach: (1) Wir veranstalteten mindestens einen Workshop pro Woche für die Öffentlichkeit, der immer etwas mit bedingungslosem Glücklichsein zu tun hatte. (2) Wir sammelten und verglichen so viel Forschung zum Thema Glück aus den Feldern der Medizin, Psychologie, Philosophie und Religion wie nur möglich und machten dieses Material zugänglich. (3) Wir hielten professionelle Weiterbildungen für Leute aus dem Gesundheitswesen ab, die ihre Arbeit weiterentwickeln wollten. Und (4) wir verbreiteten die Botschaft von Liebe, Freude und Lachen, hindurch durch die schlechteren Nachrichten dieser Welt, im Fernsehen, im Radio und der Presse.

Innerhalb eines Monats nach der Eröffnung hatte es 500 Anfragen für die Gelächter-Klinik gegeben. Man vergleiche dies mit den weniger als zehn im ersten Monat der Stress Busters Klinik. Wir waren von dem Enthusiasmus und dem Interesse überwältigt. Die Gelächter-Klinik hatte die Vorstellungskraft der Leute angestachelt und war offensichtlich anziehend für sie. Sie lief für fast vier Jahre, bis sie unter dem Namen bekannt wurde, den sie heute noch trägt: The Happiness Project.

Die Workshops waren ein sofortiger Erfolg. Mehr als 1000 Events sind mittlerweile über das Happiness Project gelaufen, bei einem Publikum von 5 oder 6 bis hin zu 1000 Leuten oder mehr. Einige Workshops wurden ziemlich populär, wie zum Beispiel *Angels Can Fly Because They Take Themselves Lightly* (Engel können fliegen, weil sie sich leicht nehmen), bei dem es um Selbstannahme geht; *How To Be So Happy You Almost Feel Guilty, But Not Quite!* (Wie man so glücklich wird, dass

man sich schon fast schuldig fühlt, aber nicht ganz!),
bei dem wir das Verhältnis von Glück und Selbstwertgefühl unter die Lupe nehmen; *Happiness Is a Way of
Travelling* (Glück ist eine Art des Reisens), bei dem es
um Glücklichsein *jetzt* geht; und *Let There Be Laughter*
(Es werde Gelächter) bei dem es um die Beziehung von
Spiritualität und Freude geht.[13]

Mehr als 20.000 Ärzte, Krankenschwestern, Psychologen, Berater und andere Therapeuten haben das beruf-
liche Training genutzt, das vom Happiness Project ange-
boten wird. Wir haben auch direkt zu mehreren tausend
Medienereignissen auf der ganzen Welt beigetragen.

Eine der Spitzenerfahrungen für mich persönlich war
im August 1996, als der BBC eine 40-minütige Doku
im Frage-und-Antwort-Stil über meine Arbeit mit dem
Titel »How to be Happy« ausstrahlte; diese Doku folgte
drei Freiwilligen, Carol, Dawn und Keith, während sie
mein »Eight-Week-Personal-Happiness-Program« absol-
vierten. Es schalteten etwa fünf Millionen Zuschauer
ein, um an diesem Abend Carol, Dawn und Keith bei
ihren Fortschritten zuzuschauen, wobei unabhängige
Wissenschaftler die Sache beobachteten und einen Haufen ausführlicher physiologischer und psychologischer
Tests durchführten.[14] Ich habe die großartige Hilfe und
Unterstützung über die Jahre sehr genossen. Am Anfang
hat mir meine damalige Frau Miranda auf zahllose Weise geholfen, das Happiness Project weiterzuentwickeln.
In jüngerer Zeit hat mir mein Bruder David geholfen,
sowohl The Happiness Project als auch ein weiteres unserer Projekte mit dem Titel The Deep & Meaningful
Training Company zu managen. The Happiness Project

hat Glück, mit Ben Renshaw und Alison Atwell so großartige Seminarleiter zu haben. Die Liste ließe sich fortsetzen!

The Happiness Project war und ist noch immer eine
wunderbare Reise. Jetzt kann ich sehen, wie das Studium
des Glücks wirklich die intimste Reise der Selbst-Entde-
ckung ist. Indem wir das Glück genau studieren – besonders die Sehnsucht danach und manchmal auch den Widerstand dagegen – können wir uns selbst und den
anderen unendlich viel helfen.

KAPITEL 3

Gut genug sein

Claire hatte 45 Minuten lang höchst eloquent über alles gesprochen, was mit ihr nicht stimmte. Schließlich sah ich mich gezwungen, ihr Gedankenmuster zu unterbrechen. »Was *liebst* du denn an dir, Claire?«, fragte ich.

»Was?«, antwortete sie.

»Objektiv gesehen, was kann man an dir lieben?« Claire sah verblüfft aus. Die Worte waren verstummt, nur ein verwirrtes Lächeln war geblieben. »Kannst du meine Frage beantworten?«, fragte ich.

»Ich weiß nicht«, sagte sie. »Es hat mich noch nie jemand gebeten, so zu denken.« Ich habe durch meine Arbeit in den Kliniken, meinen Privatpraxen und The Happiness Project über die Jahre mit vielen Hunderten von Klienten gesprochen. Auf eine bestimmte Art …

**war jeder Klient unterschiedlich, und doch
sind sie auf andere Art alle gleich.**

Jemand der beispielsweise unter Alkoholismus leidet, sieht ganz anders aus wie jemand, der Anorexie hat.

Ganz ähnlich ist der Fall gelagert, wenn jemand Depressionen hat. Dann sieht er ganz anders aus, als jemand, der gerade eine Herzattacke überlebt hat. Und jemand mit Agoraphobie sieht ganz anders aus als jemand, der sich total gestresst fühlt und so weiter. Sie schauen alle unterschiedlich aus, ihre Krankheiten haben unterschiedliche Namen und doch ist ihre Krankheit, tief drinnen, dieselbe.

Keine Krankheit kommt von selbst. Alkoholismus kommt nicht von selbst. Alkoholismus ist ein Effekt, keine Ursache. Er ist ein Symptom, keine Krankheit. Alkoholismus ist keine primäre Krankheit; die primäre Krankheit *ist* die exzessive Selbst-Verurteilung und die beständige Selbstkritik, die jemanden überhaupt erst dazu bringen, zur Flasche zu greifen. Dasselbe gilt bis zu einem gewissen Grad für Stress, Burnout und jede andere Krankheit, die je von den medizinischen und psychologischen Berufen »benannt« wurde. *Selbst-Verurteilung ist die Krankheit.*

Meiner Erfahrung nach steckt hinter jedem Schmerz, jeder Krankheit und jeder Form von Unglück, die es gibt, ein höchst aktiver, angsterfüllter, gnadenloser Grad von Selbst-Verurteilung – ein ausgeprägter Mangel an Liebe und Annahme, der Syptom um Syptom nach sich zieht und verkompliziert. Wir werden nicht krank, wenn wir völlig von Freude erfüllt sind, weil unsere Freude frei von Angst und Verurteilung ist. Die Krankheit kommt jedoch, wenn wir uns selbst zu streng kritisieren, verurteilen und herunterputzen. Auf die eine oder andere Art sind wir alle gleich, weil

wir alle unter der höchst kritischen Krankheit K. S. V.-konstante Selbst-Verurteilung – leiden.

Ihr konditioniertes Selbst muss niemand verurteilen, weil es absolut vollständig ist. Was ist da schon zu verurteilen, wenn alles, was man kennt, Ganzheit und Liebe ist? Sie wissen selbst, dass Sie nicht ans Urteilen denken, wenn Sie glücklich und ganz sind. Das heißt, Selbst-Verurteilung ist also nicht natürlich für Ihr unkonditioniertes Selbst. Sie ist erlernt. Sie gehört dem konditionierten Selbst an, dem Ego, das den Verdacht hegt, dass »alles Gute draußen ist« und Angst hat, dass »etwas fehlt«. Es fragt sich: »Bin ich ganz?«

Sie haben es gelernt, sich zu verurteilen, zu kritisieren und verdammen. Egal, wie hart Sie sonst jemand verurteilt hat, Sie selbst verurteilen sich am härtesten. Tatsächlich *heben Sie sich Ihre strengsten Urteile, Kritiken und Strafen für sich selbst auf.* Diese konstante Selbst-Verurteilung ist etwas, was Sie gelernt haben. Es ist nichts, was Ihnen angeboren wäre. Sie haben sich einst ganz angenommen und waren frei, aber jetzt …

ist niemand härter zu Ihnen als *Sie selbst*!

Während Ihr unkonditioniertes Selbst weiterhin frei ist, hört Ihr Ego nicht auf, sich selbst zu verurteilen und einzusperren. Ihr Ego-Selbst akzeptiert nichts und verurteilt alles, darunter das Glück. Urteilen ist mehr als nur eine Angewohnheit: Es ist eine Lebensform. Ihre Urteile trüben die Fenster Ihrer Wahrnehmung. Sie filtern alles, was Sie sehen, sodass Sie in Wahrheit *nichts so sehen, wie es wirklich ist; Sie sehen nur Ihre Urteile.* So sehen Sie nicht Ihre eigene Schönheit, Ganzheit und das Licht in Ihnen; Sie sehen nur, dass Sie »es besser machen könnten« und »mehr sein« könnten. Ihr konditioniertes Selbst oder Ego urteilt, pusht Sie, treibt Sie unermüdlich an, diese Angst zu kompensieren, dass Sie inadäquat und unvollständig sind – d. h., Ihr Glück ist *anderswo.* Das ist nicht die Wahrheit, aber Sie haben sich daran gewöhnt, dass sie es sein könnte. Ihr Ego ist ein Süchtiger. Tatsächlich …

**ist der Glaube »nicht gut genug zu sein«
die größte Sucht Ihres Ego.**

Die Sucht nach diesem Glauben ist das Futter für alle anderen Süchte, darunter die Über-Abhängigkeit in Beziehungen, extremes Konkurrenzdenken, quälende soziale Vergleiche, Neid und Eifersucht, schmerzhafter Perfektionismus, konstante Selbst-Verurteilung, Mangel an Selbstvertrauen und das verzweifelte, nie endende Streben nach Glück. Diese Sucht nährt auch die anderen, eher physischen Süchte, die zeitweisen Trost und eine Flucht bieten, wie Fresssucht, Alkoholismus, Sexsucht und illegale Drogen.

Liebe, Gesundheit und Ganzheit können nicht im Umfeld konstanter Selbst-Verurteilung gedeihen. Der Ausgangspunkt ist also bei all meinen Klienten nicht unbedingt die Krankheit mit ihrem Titel – also Stress oder Depression – es geht vielmehr darum, die zugrundeliegenden Ängste, die die Krankheit überhaupt erst haben ausbrechen lassen, zu identifizieren. Es läuft oft darauf hinaus, dass ich einen *Kurs in Milde, Liebe und wahrer Selbstannahme* verschreibe, als Gegenmittel zu all der angelernten Kritik, der Furcht, den Urteilen und dem Selbsthass des Ego. Das ist wahre Heilung.

In all meinen Jahren als Therapeut hatte ich nie einen Klienten, der darunter litt, dass er zu sanft zu sich selbst war.

Das Ego-Selbst leistet der Milde Widerstand, denn es glaubt, dass Urteilen ihm etwas erkauft. Es ist überzeugt, dass Sie ohne Urteilen »zurückfallen« und behäbig, lasch, benachteiligt und besonders »falsch«, »schlecht«, »nichtswürdig« und »nicht gut genug« sein werden. *Dieser Zirkel von beständiger Selbst-Verurteilung kann nur durch Liebe enden.* Um gesund zu sein, müssen wir lernen, uns wieder zu lieben. Alle Krankheit und alles Unglück ist daher ein Schrei nach Liebe.

Wie meine Klientin Claire war auch ich einigermaßen verblüfft, als ich das erste Mal gefragt wurde »Robert, was liebst du an dir selbst?« Ich war damals Delegierter auf einem Seminar über Gesundheit und Heilung und erinnere mich noch lebhaft, wie diese einfache Frage sofort gleichzeitig eine Million chemischer Reaktionen in meinem Körper auszulösen schien. Meine Kehle wurde trocken, mein Herz setzte ein paar Schläge lang aus und ich hörte auf zu atmen. Ich fing an zu schwitzen, mein Bauch grummelte, meine Blase fühlte sich plötzlich voll an, ich konnte nicht reden und es kann gut sein, dass meine Ohren auch noch zu schlackern angefangen haben.

Selbstannahme ist so natürlich für Ihr unkonditioniertes Selbst wie die ständige Selbst-Verurteilung es für Ihr Ego ist. Sie müssen zwischen Ihrer Konditionierung und Ihrer Freiheit wählen. Bis Sie nicht in der Lage sind, sich selbst – Ihr unkonditioniertes Selbst – anzunehmen, werden Sie auch nicht in der Lage sein, all das, wonach Sie sich sehnen, zu akzeptieren. Das Glück, der Frieden und die Liebe, nach denen Sie sich sehnen, können sich nicht ohne Selbstannahme einstellen.

Kevin allein zu Haus: Horrorfilm oder Liebesgeschichte?

>»Alles Leid des Menschen rührt daher,
dass er nicht in der Lage ist,
allein ruhig in einem Raum zu sitzen.«
- Blaise Pascal

Wir alle erfahren Momente in unserem Leben, die zu Wendepunkten werden. Bei mir trat so ein Wendepunkt an einem Wochenende im zweiten Jahr meines Studiums der Kommunikation ein. Ich war damals 19 Jahre alt und was mir an diesem Wochenende passierte, sollte mein Leben für immer verändern.

Wochenende sind das Ein und Alles des Studenten. Es ist die Zeit für Dates, Partys, Freundschaften, Bands, Fahrten nach Hause, Romanzen, die Zeit für Coolness, Wildheit, in der man sein kann, was man nur will. Wenn ich so zurückschaue, fällt mir wieder ein, wie sich in den meisten Wochen so ab Mittwoch Nachmittag meine Aufmerksamkeit dem kommenden Wochenende zuwandte.

»Was wirst du machen?« »Wen wirst du treffen?« »Bist du auf eine Party eingeladen worden?« und so weiter.

Ich glaube, es war eines Donnerstag Morgens, als ich das erste Mal leichte Panik verspürte. Mein Freund Avanti sagte mir, dass er das Wochenende über weg sein würde, weil er einen Trip nach London machen wollte. Später am selben Morgen erfuhr ich auch, dass Philip heim nach Lancashire fahren würde, James auch irgendwohin unterwegs war und Paul zu einer »Fight for Peace«-Veranstaltung fahren würde, die den ganzen Tag dauerte. Freitag Nachmittag war mir klar, dass all meine Freunde ausnahmslos übers Wochenende nicht in Birmingham sein würden. Jetzt geriet ich wirklich in Panik.

Ich weiß noch, wie ich Freitag Abend nach Hause ging und herumtelefonierte, nach jemandem suchte, mit dem ich an diesem Abend etwas Zeit verbringen konnte. Erst versuchte ich es bei der »A-Liste« von Freunden, dann bei der »B-Liste« und schließlich mit einer Liste von Leuten, die ich kaum kannte – »Hallo, hier spricht Robert. Robert Holden, mit den dunklen Haaren, 1,80 groß, sitzt immer hinten im Psychologiekurs …« Niemand, aber auch wirklich niemand, war verfügbar. Etwa um sieben Uhr abends musste ich mich dann einer wirklich furchteinflößenden Aussicht stellen – *Zeit allein mit mir selbst*.

Die Vorstellung von etwas Zeit »allein zu Haus« war noch nicht bedrohlich, aber ein ganzes Wochenende, ganze 65 Stunden bis zu meinem ersten Kurs am Montag – das war furchterregend! Bis dahin hatte ich mein ganzes Leben so geplant, dass ich nie zu lang mit mir selbst allein sein musste. Anfangs hatte ich Angst, dann war ich leicht panisch und schließlich komplett verschreckt. Es war wie in einem Horrorfilm!

Ich erinnere mich noch, wie ich dachte: *Hier stimmt etwas nicht. Ich sollte doch sicher keine Angst davor haben, allein mit mir zu sein!* Und außerdem – wenn ich die Aussicht, mit mir selbst allein zu sein, so furchtbar fand, warum sollte ich dann vernünftigerweise von jemandem erwarten, dass er diese attraktiv fand? Ich wusste, dass ich richtig in Schwierigkeiten steckte.

Es war die Entscheidung, die ich als Nächstes traf, welche mein Leben für immer verändern sollte. Ich entschied, dass ich aufhören würde, vor mir selbst davonzulaufen. Ich zog den Stecker aus dem Fernseher, dem Radio, der Stereoanlage und dem Telefon. Dann legte ich mich auf mein Bett und starrte zur Decke hoch. Ich fühlte mich sofort gelangweilt. Die Einsamkeit war unerträglich. Ich genoss es nicht im Mindesten. Bald fing ich an, richtig zu weinen. Ich weinte so lange, dass ich Wasser trinken musste, um nicht zu dehydrieren. Welle um Welle von etwas, was ich nur als Selbsthass bezeichnen kann, spülte über meinen Körper. Mein Magen fühlte sich besonders schrecklich an. Ich schlief kaum in dieser Nacht.

Den ganzen Samstag Morgen ging das Ringen gegen mich selbst und die Befreiung aus meiner eigenen Gesellschaft weiter. Die Versuchung, fernzusehen, Radio zu hören oder meine Familie anzurufen, war manchmal überwältigend, aber irgendwie wusste ich, dass das nur eine Ablenkung sein würde. Ich hatte das Gefühl, als hätten all diese Selbstzweifel und der Selbsthass mich mein ganzes Leben lang verfolgt und jetzt wollte ich einfach nicht mehr davonlaufen.

Ich machte einen Atemzug nach dem anderen, wandte mich einem Gefühl nach dem anderen zu. Ich entschied mich einfach, jedes schreckliche Urteil und jedes Gefühl, das ich gegen mich auf Lager hatte, anzuschauen. Ich entschied, dass es keine Verteidigungsstrategien mehr geben sollte und keine Ablenkungen. Die Menge dieser schrecklichen Urteile und Kritiken schien schier unerschöpflich. Dennoch machte ich einen Atemzug nach dem anderen, schaute mir ein Gefühl nach dem anderen an. Außerdem sprach ich viele Gebete.

Es war Sonntag Nachmittag, die Zeit hatte mehr oder minder ihre Bedeutung verloren, als ich etwas erlebte, was ich nur als Wunder bezeichnen kann. Ich wurde mir der Stille meiner Wohnung bewusst. Ich fühlte mich auch auf eigentümliche Art friedlich. Dieser Friede schien von demselben Ort in meinem Bauch zu kommen, aus dem auch der Schmerz gekommen war. Aus irgendeinem Grund fühlte ich mich nicht mehr einsam, obwohl ich allein war.

Das erste Mal in meinem Leben fand ich meine eigene Gesellschaft völlig annehmbar. Ich hielt es nicht nur mit mir aus, es *gefiel* mir tatsächlich, mit mir zusammen zu sein. Ich erinnere mich sogar noch, wie schön es wäre, wenn sich der Montag Morgen noch ein wenig hinausschieben ließe. Ich ging an diesem Wochenende aus etwas hervor, was sich wie ein emotionales Fieber anfühlte, dem ich mich mit einigen sehr dunklen Ängsten gestellt hatte. Zumindest wusste ich jetzt, wie es sich anfühlte, glücklich mit mir selbst zu sein.

Sie und das #1 Glücks-Prinzip

Die Geschichte von meinem Wochenende soll dazu dienen, eines der fundamentalen Prinzipien des Glücks zu illustrieren, eines, das das Herzstück der Philosophie von The Happiness Project ist. Das Prinzip lautet, dass

Sie, wenn Sie nicht glücklich mit sich selbst sind, nicht glücklich sein werden.

Dieses Prinzip hat natürlich einige äußerst weitreichende Implikationen. Es ist der Dreh- und Angelpunkt des gesamten Themas Glück. Um es besser zu verstehen, kann man das # 1 Glücksprinzip in vier Hauptbestandteile aufgliedern. Jeder Teil wirft ein Licht auf die fundamentale Bedeutsamkeit von Selbstannahme und den inneren Frieden, dessen es Bedarf, um *jetzt* glücklich zu sein.[1]

1. Was zu tun ist

Der erste Teil des # 1 Glücksprinzips sagt eindeutig vorher, dass

Sie nicht glücklich mit dem, was Sie tun, sein werden, wenn Sie nicht glücklich mit sich selbst sind.

Ihr Ego projiziert seine Selbst-Verurteilungen auf jede Ihrer Leistungen, ausnahmslos. So werden Ihre Urteile über Sie selbst und über das, was Sie tun, stets identisch sein. Wenn Sie sich also selbst als »nicht gut genug« beurteilen, dann wird das, was Sie tun, egal was es ist und egal wie gut es für andere aussieht, ebenfalls nie wirklich

»gut genug« für Sie selbst sein. Keine Leistung der Welt kann daran etwas ändern.[2]

In meinen 20ern war ich das, was man einen typischen »Aufsteiger« nennen könnte: Zwei Kliniken, vier publizierte Bücher, stellvertretender Herausgeber des führenden holistischen Gesundheitsmagazins des Landes, meine eigene Radio-Anruf-Show, Tausende von Medienauftritten auf der ganzen Welt und hunderte von Grundsatzreferaten auf Konferenzen und Workshops, all das fand sich auf meinem Lebenslauf, der, wie der Bizeps eines Bodybuilders, etwas zu aufgebläht war.

Wie viele andere Aufsteiger hegte ich die ehrliche Hoffnung, dass genug Leistung mir eines Tages ein wenig Frieden und Glück bringen würde. Einige meiner Leistungen waren wirklich nur aus Spaß an der Freude geboren, aber die meisten stammten aus meinem Bedürfnis, mir etwas zu beweisen. Tatsächlich war ich während meiner gesamten 20er so damit beschäftigt, mir etwas zu beweisen, dass ich keine Zeit hatte, mich anzunehmen.

Erfolg schien die Erlösung zu sein. Also machte ich mich daran, erfolgreich zu sein, hoffend, dass es mir so gelänge, den Lärm, den mein Ego machte, zu übertönen. Leistung sollte mir eine Verschnaufpause von meiner beständigen Selbst-Verurteilung bringen, von meinem »Nicht-Gut-Genug«-Drehbuch. Zumindest einmal hielt sie mich beschäftigt. Beschäftigt zu sein ist wie eine Verhaltens-Valium: Sie spüren Ihre Gefühle nicht und bemerken Ihre Urteile nicht, wenn Sie mit »Machen« beschäftigt sind. Sie müssen jedoch weiter »machen« – oder der Selbsthass kommt wieder, wenn Sie sich ausruhen.

Leistung aus Freude an etwas ist gesund, denn Ihr Motiv ist die Liebe und Ihr Wert steht dabei nicht in Frage. Leistung aus *Bedürftigkeit* ist problematisch. Was mir langsam aufgegangen ist (nur um zeitweise wieder vergessen zu werden), ist, dass ...

egal wie viel Sie »machen«, es kann niemals einen Mangel an »Sein« kompensieren.

Über die letzten paar Jahre hinweg hatte ich das Privileg, mit einigen äußerst profilierten Leuten zu arbeiten, besonders aus der Geschäftswelt (und deren Lebensläufe sind sogar noch aufgeblähter als mein eigener). Wieder und wieder habe ich gesehen, wie ganze Berge persönlicher Leistungen doch »nichtig« sind, solange hinter ihnen keine Selbstannahme steht. Leistung, so scheint es, kann dem Ego einen wunderbaren Schub geben, aber ...

Leistung ist dennoch keine vollständige Lösung für ein niedriges Selbstwertgefühl.

Ziehen Sie los und leisten Sie etwas – unbedingt. Es kann ein Riesenspaß sein, besonders wenn Sie etwas um seiner selbst willen tun. Aber täuschen Sie sich nicht – »X« Leistungen werden Ihnen nicht »X« Glück bringen. Tatsächlich wird keine Menge an Leistung etwas für Sie tun, was Sie nicht für sich selbst zu tun bereit sind – nämlich sich selbst annehmen. Leistung kann Spaß machen, aber es ist nicht die Erlösung.

Glück stellt sich ganz natürlich ein, wenn Sie anfangen, Ihre Einstellung zu sich selbst zu ändern, wenn Sie

Ihre Konditionierung aufgeben und sich selbst akzeptieren – Ihr ganzes Selbst. Sobald Sie es akzeptieren können, dass Sie tatsächlich »gut genug« sind, werden alle Ihre Leistungen ebenfalls »gut genug« sein, aber erst dann.

2. Wo Sie sein müssen

Beim zweiten Teil des # 1 Glücks-Prinzips geht es um die Beziehung von Glück und Umgebung. Es besagt, dass

**Sie nicht glücklich sein werden, wo Sie sind,
wenn Sie nicht glücklich mit sich sind.**

Dawn war eine der drei Personen, die zugestimmt hatten, sich von QED während meines achtwöchigen Happiness Programms für die BBC-Dokumentation *How To Be Happy* filmen zu lassen. Dawn erzählte mir, wie sie in den letzten Jahren 13 Mal umgezogen war, auf der Suche nach dem Glück. »Zuerst bin ich umgezogen, um so weit von meiner Familie wegzukommen wie nur möglich«, sagte sie. »Ich hoffte, dass wenn ich etwas physische Distanz zwischen mich und meinen Schmerz bringen würde, ich wieder frei sein würde, aber egal wohin ich zog, der Schmerz kam mit mir.«

Dawn hatte sich entschieden, das Eight-Week-Happiness-Programm zu absolvieren, weil es sich – in ihren Worten – so zugetragen hatte: »Ich war überall, wo ich hinzog, anfangs glücklich. Aber dann verlor sich der Reiz des Neuen und das Glück war schnell dahin. Das große Problem bei jedem neuen Platz war, *dass ich da schon wieder mir begegnete!* Ich war nicht glücklich mit mir. Mir ist jetzt klar, dass kein Ort gut genug sein wird, solange ich nicht glücklich mit mir selbst bin.«

Während unserer gemeinsamen Zeit erklärte ich Dawn …

> **dass es bei Heilung nicht darum geht,**
> **seine Adresse zu ändern;**
> **dass es bei Heilung darum geht,**
> **seine Einstellung zu sich selbst**
> **zu ändern – das heißt,**
> **seine Selbstverurteilung aufzugeben.**

Eine wunderschöne Villa, die mit kostbarsten Antiquitäten ausgeschmückt ist, mag anfangs vielleicht Glück inspirieren, aber dieser Adressenwechsel kann einen Mangel an innerem Frieden nicht vollständig kompensieren. Es stimmt sicherlich, dass die Umgebung geistigen Frieden *ermutigen kann*, aber keine Umgebung der Welt kann Ihnen Geistesfrieden *geben*.[3]

Warum ist das so? Die Antwort liegt darin, dass man versteht, dass *Wahrnehmung Projektion ist*. Ihre Art, etwas Externes zu sehen, entspricht genau Ihrer Art, sich selbst zu sehen. Jedes Urteil über Sie selbst trübt die Linsen Ihrer Wahrnehmung, sodass alles, was Sie sehen von diesem Urteil getrübt ist. Es war der Philosoph Immanuel Kant, der schrieb:

> **»Wir sehen die Dinge nicht nach ihrer Art,**
> **sondern nach unserer.«**

Solange Sie sich selbst für »nicht gut genug« halten, wird keine Villa, kein Garten, keine Luxusyacht und kein

Fünf-Sterne-Hotel Sie ganz zufriedenstellen. Anfangs mag es so scheinen, als sei alles in Ordnung, aber das liegt daran, dass Sie noch am Staunen sind und vergessen haben, sich selbst zu verurteilen. Sobald Sie sich eingerichtet haben und alles vertraut geworden ist, werden die Selbstverurteilungen wiederum die Linsen Ihrer Wahrnehmung trüben.

Wir suchen die Welt nach dem Himmel auf Erden ab, doch ist der Himmel kein physischer Ort und auch die Hölle ist es nicht. Himmel und Hölle sind Geisteszustände. Schuld ist die Hölle, Angst ist die Hölle, Urteile sind die Hölle. Der Himmel ist Liebe und Selbst-Annahme. Himmel und Hölle sind in Ihrem Geist und Ihr Geist begleitet Sie, wohin Sie auch gehen. Der englische Dichter John Milton hat einmal geschrieben: »Der Geist ist an seinem eigenen Ort und in sich kann er einen Himmel aus der Hölle und eine Hölle aus dem Himmel machen.«[4]

Aus genau diesem Grund haben die Mystiker einst ihren Schülern immer wieder gesagt

**Um die Welt zu verändern,
ändere erst deinen Geist.**

Meine Arbeit mit The Happiness Project fokussiert sich auf einen Ort im Besonderen – nicht einen physischen Ort, sondern einen spirituellen – einen Ort im Herzen Ihres Seins. Dieser Ort ist Ihr unkonditioniertes Selbst. Dort wohnt das Glück, nach dem Sie sich sehnen. In *Ein Kurs in Wundern* wird dieser Ort als die »wandellose Wohnstatt« beschrieben:

Es gibt einen Ort in Dir, an dem die ganze Welt vergessen ist; wo keine Erinnerung an Sünde und Illusion mehr verweilt. Es gibt einen Ort in Dir, den die Zeit vergessen hat und wo man das Echo der Ewigkeit hören kann. Es gibt einen Rastplatz, der so still ist, dass von dort kein Ton aufsteigt, nur ein Hymnus zum Himmel zur Freude von Vater und Sohn. Wo beide wohnen, erinnert man sich ihrer, beider. Und wo sie sind, sind Himmel und Frieden.

3. Mit wem Sie zusammensein müssen

Teil III des # 1 Glücksprinzips stellt einen ernüchternden Gedanken zu Glück und Beziehungen dar, ein Gedanke, den ich im 7. Kapitel dieses Buches weiter ausführe. Er besagt, dass

**wenn Sie nicht glücklich mit sich selbst sind,
Sie auch nicht glücklich mit den Menschen sein werden,
mit denen Sie zusammen sind.**

Das ist ein besonders ernüchternder Gedanke, besonders im Hinblick auf romantische Beziehungen, denn eben der Grund, warum wir mit einem Partner zusammen sein wollen, ist, dass wir alleine nicht glücklich sind! Wir suchen die ganze Welt ab, verzweifelt auf der Suche nach einem Partner, der eine bessere Meinung von uns hat als wir selbst. Wenn wir schließlich jemanden finden, fordern wir von dieser Person, dass sie uns liebt, selbst wenn wir uns nicht lieben und hier tritt dann der Catch 22 ein, denn solange wir uns nicht selbst lieben und annehmen können, finden wir es unmöglich, die Liebe, die unser Partner für uns hegt, anzunehmen.

Beziehungen sind zutiefst persönlich – viel persönlicher als uns oft klar ist. Es läuft darauf hinaus, dass

**Ihre Beziehung zu sich selbst den Ton
für jede andere Beziehung, die Sie führen, angibt.**

Um es anders zu formulieren: *Die Art und Weise, wie Sie mit sich selbst in Beziehung stehen, legt* (1) *die Art und Weise fest, wie Sie zu anderen in Beziehung stehen und* (2) *die Art und Weise, wie andere zu Ihnen in Beziehung stehen.* Ihre Beziehung zu anderen spiegelt Ihre Beziehung zu sich selbst perfekt wieder. Besonders projizieren Sie beständig Ihre Selbstkritik auf andere. Zuerst erleben Sie normalerweise eine Honeymoon-Phase mit neuen Freunden, neuen Liebhabern, Kindern und Kollegen, wo diese einfach nichts falsch machen können. Schließlich kommen jedoch sämtliche unaufgelösten Selbsturteile wieder an die Oberfläche, werden nach außen projiziert und verursachen Chaos und Trennung.

Wenn Sie sich ganz und völlig glücklich fühlen, vergessen Sie, über andere zu urteilen. Das liegt daran, dass Sie sich nicht selbst verurteilen. Sobald Sie Ihre eigene Ganzheit aus den Augen verlieren, verurteilen Sie sich selbst und alle anderen. Solange Sie daran glauben, dass Sie »nicht gut genug« sind, werden Sie versuchen, sich selbst und sämtliche Leute um Sie her zu verbessern. Besonders Ihre Partner, Ihre Kinder und Ihre Freunde werden nicht vor Ihnen sicher sein, wenn Sie es sich zur Aufgabe machen, »ihre Fehler zu korrigieren«. Wie viele

Söhne haben den Preis für das kaputte Selbstwertgefühl ihrer Väter bezahlt? Wie viele Partner sind wegen des Selbsthasses Ihres Partners missbraucht worden? Die Menschen, die Sie lieben, sind so perfekt und Sie selbst sind es auch … wenn Sie das nur sehen könnten.

Tief drinnen ist jede Meinung, die Sie über einen anderen hegen nur eine Projektion einer Meinung über Sie selbst. Daher …

> **muss jeder letztlich für seinen eigenen Selbsthass bezahlen; entweder das oder Sie ändern Ihre Meinung über sich selbst.**

Sie werden feststellen, dass hin und wieder ein neuer Mensch in Ihr Leben tritt, der Sie mehr zu lieben scheint, als Sie sich selbst lieben. Ich erinnere mich noch lebhaft an die Begegnung mit meiner ersten Frau, Miranda. Mir wurde schnell klar, dass sie mich höher einschätzte als ich mich selbst. Ironischerweise war mir auch klar, dass ich sie höher einschätzte, als sie sich selbst. Wir haben uns in dieser frühen Phase ja so sehr bemüht, unsere Beziehung zu sabotieren und einander wegzustoßen. Die Liebe, die wir erfuhren, war so groß, dass sie unsere Selbstzweifel und unseren Selbsthass zutiefst erschütterte. Schließlich lief alles auf eine simple Entscheidung hinaus – uns selbst anzunehmen und einander zu lieben oder uns selbst zu hassen und uns zu trennen.[5]

4. Was Sie haben müssen

Part IV des # 1 Glücksprinzips bringt uns zurück zu der Idee, dass Glück nicht in den *Dingen* ist. Es besagt, dass …

wenn Sie nicht glücklich mit sich selbst sind, Sie niemals glücklich mit dem sein werden, was Sie haben.

Es gibt niemals genug, solange Sie sich selbst als »nicht gut genug« beurteilen. Nichts kann einen Mangel an Selbstannahme kompensieren. Das Ego, entstanden durch den Gedanken des Mangels, kann nie beschwichtigt oder zufriedengestellt werden; man kann es nur fallenlassen! Sie müssen die Konditionierung Ihres Ego hinter sich lassen, wenn Sie zum Glück Ihres unkonditionierten Selbst zurückkehren wollen. Keine Menge an Einkäufen, Produkten oder Besitztümern können Ihnen Geistesfrieden bringen. Wieder einmal sei gesagt, dass diese Sie durchaus *ermutigen* können, glücklich zu sein, aber sie können Sie nicht tatsächlich glücklich *machen*. Tief drinnen wissen Sie, dass das stimmt, aber wir versuchen trotzdem immer noch, das eine besondere »Ding« zu finden, das uns glücklich machen wird.[6]

Die Welt geht wirklich gern shoppen! Das ist jetzt unser Zeitvertreib Nummer Eins. Es ist eine tolle Unterhaltung, eine Kunstform sogar. Aber entgegen der landläufigen Meinung ist Shopping keine Kunstform, kein Lebenszweck oder ein Weg zur Erlösung. Kein noch so ausgedehnter Einkaufsbummel kann Freude kaufen – denn Freude *ist nicht zu kaufen*. Wenn es um wahre Freude geht …

**geht es nicht darum, seine Garderobe zu ändern;
es geht darum, seine Einstellung zu ändern –
das heißt, seine Selbstverurteilung aufzugeben.**

Kein Ding auf der Welt, das man besitzt, kann einem Frieden geben. Geistesfrieden ist etwas, zu dem man sich selbst entscheiden muss. Die meisten von uns glauben das anfangs nicht. Daher ermutige ich die Leute immer, den sogenannten »BMW Test« zumachen. Die meisten Leute hätten gern einen BMW (oder das Äquivalent eines BMW – eine Harley Davidson, ein Pferd, eine Villa, eine Krawatte von Versace). Mein Rat ist: Leisten Sie dem keinen Widerstand! Versuchen Sie's! Los doch! Halten Sie sich nicht zurück. Machen Sie es so, dass Sie sich beweisen können, dass die Welt Sie allein nicht glücklich machen kann. Darin liegt der Schlüssel zur Freiheit.

Erinnern Sie sich an den Satz: »Denn was soll es dem Menschen nützen, wenn er die ganze Welt gewönne, nähme aber Schaden an seiner Seele.«[7] Die »Dinge« dieser Welt sind keineswegs »schlecht« oder »falsch« oder »sündhaft«, wie manche behaupten; sie sind einfach nicht genug. Freude ist nicht einfach eine Anhäufung von etwas oder eine Leistung; bei Freude geht es um Annahme – Selbstannahme.

Tatsächlich

**ist Freude Selbstannahme –
es ist die Freiheit von Selbstverurteilung.**

Wenn Sie sich selbst annehmen, dann nehmen Sie damit auch ganz natürlich die Freude an. Freude ist wie ein inneres Licht, das auf alles scheint und alles erleuchtet, was Sie sehen. Wenn Sie glücklich sind, ist Schönheit und Sinn in allem zu finden. Sie sind milde, philosophisch und bereit, sofort zu vergeben. Wenn Sie jedoch unglücklich sind, dann schmeckt sogar Ihr Lieblingseis sauer und »nicht gut genug«.

Freude ist ein Wunder. Sie kann allem eine neue Farbe geben. Welchen Preis hat die Freude? Manchmal glaube ich, dass das, was wir wirklich brauchen, eine neue Art von Kreditkarte ist – nicht eine zum Einkaufen, sondern eine Kreditkarte, die uns genug innere Freude und Frieden auf Kredit gibt, um für die Ewigkeit zu reichen. Um glücklich zu sein, müssen Sie nur sich selbst, Ihrem wahren Selbst, Kredit geben!

Was ist Ihre Geschichte?

Gegen Ende seines Lebens gab der englische Philosoph Aldous Huxley einem jungen Journalisten, der darauf brannte, ein paar Juwelen der Weisheit aus dem großen Mann hervorzukitzeln, ein Interview. Als er ihn bat, sein Lebenswerk zusammenzufassen, hielt Huxley für einen Moment inne und lächelte dann.

»Es ist ein wenig peinlich«, sagte er, »wenn man sich sein ganzes Leben mit menschlichen Problemen beschäftigt und am Ende feststellt, dass man keinen besseren Rat zu geben hat als ›versucht, ein bisschen netter zu sein‹.[8]

Ihr Ego und Ihr unkonditioniertes Selbst haben beide eine Geschichte zu erzählen, die sich jeweils sehr stark voneinander unterscheiden.

Ihr Ego sieht sich selbst in Ihnen. Es ist ein Gedanke

von Begrenzung und Mangel und glaubt daher, dass Sie im Wesentlichen *die Anwesenheit eines Mangels sind.* Das Ego hat niemals Frieden – es kann sich das gar nicht leisten, glaubt es doch, dass »alles Gute draußen ist«. Es attackiert und kritisiert Sie, um Sie zu motivieren und zu stärken. Es glaubt, dass Urteile Ihnen einen besseren Schutz verschaffen und Ihre Leistung steigern. Das Geräusch des Geplappers von Ihrem Ego ist wie das Klopfen eines megalomanischen Sport-Trainers, der Sie ständig anbrüllt: »Das kannst du besser!«, »Was stimmt nicht mit dir?«, »Jetzt mach schon!«, »Arbeite!« und »Streng dich gefälligst mehr an!«.

Ihr unkonditioniertes Selbst ist ein Gedanke kompletter Ganzheit und glaubt, dass Sie im Wesentlichen *die Anwesenheit der Liebe sind.* Es sieht keinen Bedarf, dass Sie sich verbessern sollten, sondern will einfach, dass Sie vollständig sind! Das unkonditionierte Selbst sieht die Dinge also ganz anders als Ihr Ego.

Tatsächlich …

haben Ihr Ego und Ihr Geist
zu allem eine unterschiedliche Meinung.

Wenn das Gebet des Ego stets »*sieh dich vor*!« ist, dann ist das Gebet Ihres Geistes stets »*sieh nach innen*!«, denn sowohl Ihr Ego als auch Ihr Geist haben jeweils eine andere Geschichte zu erzählen.

Ihr Ego ruft »*Sieh dich vor*!«, weil es sich fürchtet und weil es denkt, dass »alles Gute draußen ist«. Ihr Geist singt »*schau nach innen*!«, weil er weiß, dass Sie komplett und vollständig, längst glücklich sind.

Das Ego vergleicht sich mit allem und kommt dabei schlecht weg. Jetzt, da ich das Denken des Ego über viele Jahre studiert habe, bin ich zu dem Schluss gekommen, dass die abfälligen Urteile vier grundsätzlichen Mustern folgen. Jedes Muster erzeugt eine Geschichte von (1) »Ich bin nicht gut genug«; (2) »Ich liege falsch«; (3) »Ich bin schlecht«; und (4) »Ich bin nichtig«. In Wahrheit …

ist keine der Geschichten des Ego über Sie wahr, aber das ist egal, wenn sie sich wahr anfühlen.

Diese Geschichten des Ego haben keine Macht in sich. Sie haben überhaupt keine, abgesehen von der Stärke des Glaubens, den Sie ihnen entgegenbringen. Je mächtiger Ihr Glaube, desto mächtiger setzen sich diese Geschichten in Ihrem Leben durch. Tatsächlich ist es möglich, so von dieser Geschichte, die man sich selbst erzählt, konditioniert zu werden, dass man schließlich die Tatsache aus den Augen verliert, dass man es selbst ist, der diese Fiktion weiterspinnt.

Der Schlüssel ist, sich zu erinnern, dass jedes Ereignis in Ihrem Leben Sie ermutigen kann, sich »nicht gut genug«, »falsch«, »schlecht« oder »nichtswürdig« zu fühlen, aber kein Ereignis kann Sie zwingen, sich so zu fühlen – nur Ihre Urteile und Ängste können das. Schließlich ist es letztendlich Ihr Glaube, der diese Geschichten entweder stärkt oder auflöst.

1. »Ich bin nicht gut genug«

Clive war ein alleinstehender 29-jähriger Bankmanager. Er kam fünf Minuten zu spät zu unserer ersten Verabredung. »Es tut mir so leid, Herr Holden«, sagte er. »Das ist wirklich nicht gut genug.« Nicht gut genug zu sein war Clives Lebensgeschichte. Er war in eine arme Familie mit kaum genug Geld, um über die Runden zu kommen, hineingeboren worden. Es gab nie genug Kleidung, genug Essen oder Geld, aber sie schafften es gut, sich zu arrangieren.

Clives Familie bestand aus einer Mutter, einem Vater, einem älteren Bruder und einer jüngeren Schwester. Der Vater war nicht genug zu Hause, er war ständig am Arbeiten. Clives älterer Bruder David klang nach einem absoluten Superstar. So wie Clive David beschrieb, war ich überrascht, dass dieser nicht mittlerweile der Generaldirektor des Planeten Erde war. Clive hatte immer das Gefühl, er stünde in Davids Schatten, als er aufwuchs. Als das mittlere Kind hatte er stets das Gefühl, nicht genug Aufmerksamkeit zu bekommen.

Clive sagte mir, dass seine Schulzeit okay war, aber auch nichts Besonderes. Er hatte gute Noten, aber nicht gut genug, um auf die Universität zu gehen, auf die er wollte. Er hatte ein paar gute Freunde und trieb gern Sport, war aber nie gut genug, um damit seinen Lebensunterhalt zu verdienen. Er war recht schüchtern, besonders, wenn es um Mädchen ging. Er spielte Geige für ein nationales Jugendorchester, hatte aber aufgehört zu spielen. Er hatte das Gefühl, seine Eltern hätten ihn nie genug zu irgendetwas angespornt.

Clive fand schließlich eine Arbeit in der Bank seines Heimatorts. Er hatte sich offenbar sehr gut in seinem Job angestellt, wenn man sich die Anzahl rascher Beförderungen ansah, die er bekommen hatte. Er sah es jedoch nicht so. Seiner Auffassung nach hatte er es okay hingekriegt, hätte es aber besser machen können. Clive dachte offensichtlich sehr konkurrenzorientiert. Er unterstützte bei allem die Außenseiter. Er hatte ein niedriges Selbstvertrauen, aber es verbesserte sich.

»Ich mache Fortschritte«, sagte er mir. Hinter Clives mildem, höflichen Auftreten verbarg sich ein Perfektionist, der das Spiel diktierte. Er stritt dies jedoch ab.

Clive war ursprünglich zu mir in die Therapie gekommen, um sein Selbstvertrauen zu verbessern. Ich ließ ihn wissen, dass ich wahrscheinlich keinen wirklich guten Job würde machen können, wenn wir uns nicht einen Gedanken genauer anschauen, den er formuliert hatten – »Ich bin nicht gut genug.« Zusammen sahen wir uns an, wie dieser einzelne Gedanke Clives ganze persönliche Geschichte bestimmt hatte. Ich erklärte Clive, wenn er nicht bereit wäre, seine Einstellung zu sich selbst zu ändern, dann würde sein Leben nie »gut genug« sein.

Diese innere Stichelei des »Ich bin nicht gut genug« ist, wenn wir ehrlich sind, eine sehr verbreitete Erfahrung. Sowohl bewusst wie unterbewusst spuken ständig Zweifel und Ängste durch unseren Geist. Zweifel und Ängste, dass wer wir sind, was wir haben und was wir tun »nicht gut genug« sein könnte. Die Folge ist, dass wir die Welt auf der Suche nach dem Schatz namens »genug« durchstreifen. Manchmal finden wir etwas, was nach »genug« aussieht, nur um eine Enttäuschung zu erleben und betrübt weiterzuziehen. Fakt ist, dass wir immer enttäuscht sein werden, bis wir unsere Einstellung zu uns selbst ändern.

Nichts ist jemals genug
wenn Sie der Meinung sind, dass *Sie* nicht genug sind.

Woran können Sie erkennen, dass »ich bin nicht gut genug« Ihre persönliche Geschichte durchzieht? Es gibt viele Anzeichen, darunter:
- Sie sagen sich tatsächlich »Ich bin nicht gut genug«.
- Sie sagen selbst, dass das Beste, was Sie geben, niemals gut genug ist.
- Sie verlangen Perfektion von sich selbst, glauben aber nicht, dass Sie sie jemals erreichen.
- Sie haben das Gefühl, von anderen niemals genug Anerkennung oder Bestätigung zu bekommen.
- Sie vergleichen sich stets mit Leuten, die Ihnen wichtig sind und schneiden dabei schlecht ab.
- Sie glauben, Ihr Selbstwertgefühl ist nicht so hoch wie das anderer Menschen.
- Neid und Eifersucht erleben Sie im Übermaß.
- Physisch halten Sie sich für nicht groß genug, nicht klein genug, nicht leicht genug, nicht schwer genug, nicht hübsch genug und so weiter.
- Mental denken Sie, Sie seien nicht intelligent genug, kreativ genug, clever genug.
- Sie übersehen ständig Ihren persönlichen Erfolg und Ihr Glück.
- Ihre Bedürfnisse sind verglichen mit denen anderer nicht wichtig genug, um mitgeteilt zu werden.

- Sie haben nie genug – sei es Geld, Zeit, Ruhe, egal was.
- Sie ziehen Leute an, die Ihnen das Gefühl geben, »nicht gut genug« zu sein.
- Tief drinnen glauben Sie nicht, dass Sie ein Recht auf Ihren Platz in der Welt haben.
- Sie übererfüllen alles, um sich selbst und anderen zu beweisen, dass Sie gut genug sind.

2. »Mit mir stimmt was nicht«

Ich hatte eine Klientin, Susan, die es geschafft hatte, sich selbst davon zu überzeugen, mit ihr »stimme etwas nicht«. Susan glaubte bspw., sie sei ein »ungewolltes Kind«. Sie glaubte auch, sie habe das falsche Geschlecht, weil ihre Eltern sich einen Sohn gewünscht und nie einen bekommen hatten. Sie erzählte mir, sie hätte eigentlich Angela heißen sollen, aber ihre Mutter hätte entschieden, sie sei nicht hübsch genug gewesen, um ein »Angel« zu sein, sodass man sie stattdessen Susan nannte.

Sowohl ihre Mutter als auch ihr Vater waren ihr keine liebevollen Eltern. Sie hatte das Gefühl, dass die beiden einander unglücklich machten und dass sie nicht zueinander passten. Ihr Vater war ein strenger Mann, der sie ständig dafür bestrafte, dass sie »alles falsch machte«. Susan beschrieb ihr ganzes Leben als einen Katalog von Fehlern, Unfällen und Desastern, wobei »nichts stimmte«.

Jetzt, in ihren frühen 40ern fühlte Susan sich sehr einsam und niedergeschlagen. Sie beschrieb sich als »Außenseiter«. Sie hatte nie geheiratet (»Ich habe nie den Richtigen gefunden«). Als junge Erwachsene war sie sehr rebellisch gewesen und hatte sich oft mit den falschen Leuten herumgetrieben. Jetzt blieb sie meistens allein. Sie hatte sich auch stets für alles entschuldigt und war sehr zynisch geworden. »Immer geht alles schief«, sagte sie.

Susans Sitzungen mit mir drehten sich um Vergebung. Sie war sauer auf ihre Mutter, ihren Vater und vor allem auf sich selbst. Diese unaufgelöste Wut spann die Geschichte von »mit mir stimmt was nicht« in ihrem Leben ständig weiter.

»Ich weiß, dass man Sie dazu angehalten hat, zu denken, dass mit Ihnen etwas ›nicht stimmt‹ und dass Sie ›nicht genug‹ sind, aber das ist nicht wahr«, erklärte ich. Mit der Zeit begann Susan zu verstehen, dass ihr Glaube, dass etwas mit ihr nicht stimmte, eine selbsterfüllende Prophezeiung war. »Falsche Entscheidungen werden von Leuten getroffen, die an falsche Entscheidungen glauben«, sagte ich ihr. Susan lernte, ihre Einstellung sich selbst gegenüber zu verändern.

Verbreitete Anzeichen für die »Mit-mir-stimmt-was-nicht«-Geschichte des Ego sind:

- Sie sagen sich oft: »Mit mir stimmt was nicht.«
- Sie haben Angst, etwas falsch zu machen.
- Sie glauben stets, es wird etwas schiefgehen und dann passiert das auch.
- Sie haben das Gefühl, Sie wären verflucht.
- Sie fühlen sich als Außenseiter.
- Sie fühlen sich wie ein Hochstapler.
- Sie fühlen sich missverstanden, glauben, dass die Leute das, was Sie sagen, »falsch auffassen«.
- Sie fühlen sich sehr unwohl, wenn alles sehr gut zu laufen scheint.

- Sie haben Angst, dass alles Ihre Schuld ist.
- Sie fühlen sich wie ein schwarzes Schaf – in der falschen Familie, am falschen Ort.
- Sie sind davon überzeugt, dass Sie zur falschen Zeit und auf dem falschen Planeten leben! Nirgendwo fühlt es sich wie zu Hause an.
- Ihr Titelsong ist: »If There's A Wrong Way To Do It!«
- Sie sind tollpatschig und machen viele Fehler.
- In Beziehungen ziehen Sie die falschen Leute an.
- Wenn die Dinge »gut laufen«, machen Sie sich sorgen, was »schiefgehen« könnte.
- Sie überkompensieren, indem Sie darauf beharren, dass Sie immer Recht haben und nie falsch liegen.

3. »Ich bin schlecht«

Unsere größte Angst ist, dass wir einen faulen Kern haben. Das Ego oder konditionierte Selbst hat es gelernt zu glauben, dass »alles Gute draußen« ist, aber auch, dass »alles Schlechte drinnen sein muss«. Die Angst des »ich bin schlecht« ist ein böses Gerücht, das versucht, Sie davon zu überzeugen, dass nicht nur Adam einen faulen Apfel gegessen hat, sondern *dass Sie ihn gegessen haben.* Wir ziehen es vor, nicht in uns hineinzuschauen, nur für den Fall, dass dieses Gerücht vielleicht stimmt. Daher lebt es weiter.

Die »Ich-bin-schlecht« Geschichte kann viele Wendungen nehmen. Sie hat viele abergläubische Vorstellungen voller Teufel, Dämonen und gefährlicher, wütender Götter entstehen lassen. Schlechte Träume, schlechte Erfahrungen und schlechte Enden sind verbreitet, solange wir glauben, dass wir »schlecht« sind, denn unser Leben wird dies unvermeidlich widerspiegeln. Auch hier gilt wieder einmal, dass wenn wir unsere Einstellung zu uns selbst ändern, wir unsere Lebenserfahrung ebenfalls verändern.

Verbreitete Anzeichen einer »Ich-bin-schlecht«-Geschichte sind:

– Sie sagen sich oft: »Ich bin nicht gut.«
– Das beste Gefühl, das Sie je haben ist »nicht schlecht«.
– Ihr Leben ist ständig »unter einem schlechten Stern«.
– Die Leute behandeln Sie schlecht.
– Sie behandeln sich sogar noch schlechter.
– Sie waren ein »böses« Kind.
– Sie sind ein Rebell mit einer »schlechten Einstellung«.
– Sie haben »schlechte Tage«, wo Ihre Stimmung ausnehmend dunkel ist.
– Sie sind immer die »persona non grata« bei jemandem.
– Jemand ist immer die »persona non grata« bei Ihnen.
– Sie fühlen sich wegen allem schuldig.
– Sie halten sich für einen Sünder.
– Sie begehen Verbrechen und tun »Schlechtes«.
– Sie haben eine Aversion gegenüber jeder Art von Kritik.
– Leute, die »schlecht« für Sie sind, ziehen Sie an.
– Sie binden sich niemals an jemanden, weil Sie sich vor einem »schlechten Ausgang« fürchten.
– Sie glauben, dass alles ein Ende finden muss.

4. »Ich bin nichtig«

All Ihre Ängste, »falsch zu liegen«, »schlecht zu sein« und »nicht genug«, sind »nichtig«, insofern Sie nicht die Wahrheit über Sie sind. Sie fühlen sich nur wie »etwas« an, weil Sie ihnen etwas von Ihrer Kraft geben. Entziehen Sie ihnen diese Kraft und »nichts« bleibt übrig von diesen Ängsten, denn es handelt sich um Illusionen. Das Ego ist »nichtig«, daher ist es auch kaum überraschend, dass die größte Angst des Ego ist, nicht zu sein.

Die »Ich-bin-nichtig« Geschichte des Ego basiert auf der Angst, dass wenn Sie nicht »jemand« werden, Sie dann als »niemand« enden. Dieser Geschichte zufolge gibt es kein unkonditioniertes Selbst. Aus genau diesem Grund finden Sie »nichts«, wenn Sie nach Ihrem spirituellen Selbst suchen. Das ist auch der Grund, warum Sie das Gefühl haben, dass »nichts passiert«, wenn Sie beten und meditieren. Wenn Sie Ihre Einstellung ändern, ändern Sie auch Ihre Erfahrung.

Verbreitete Anzeichen für die »Ich-bin-nichtig«-Geschichte sind:
- Sie sagen sich oft: »Ich bin nichtig.«
- Was Sie auch fühlen, es ist »nichtig«.
- Sie fühlen sich wie ein »niemand«.
- Als Sie aufwuchsen, waren Sie das unsichtbare Kind.
- Sie fürchten, dass Ihr Leben »keine Bedeutung hat«.
- Sie haben das Gefühl, dass in Ihrem Leben nicht viel passiert.
- »Nichts« läuft jemals so, wie Sie es sich erhoffen.
- Sie sind oft deprimiert.

- Sie haben oft das Gefühl, dass man Sie übersieht.
- Sie glauben, dass »nichts und niemand« Ihnen helfen kann.
- Es gibt keinen Gott und »nichts« an das man glauben kann.
- Sie fühlen sich oft wie ein Fußabstreifer.
- Sie ziehen Leute an, in deren Gegenwart Sie sich nichtig fühlen.
- Sie haben keine Zeit für sich selbst.
- Sie träumen davon, »jemand« zu sein.
- Sie überkompensieren, indem Sie exhibitionistisch sind, sehr extrovertiert und alles versuchen, damit man Sie stets bemerkt.

»Mit mir stimmt was nicht«, »Ich bin schlecht«, »Ich bin nichtig« und »Ich bin nicht gut genug« sind vier gemeinsame Geschichten, die aus dem Denken Ihres Ego, Ihres konditionierten Selbst entstanden sind. Diese Geschichten, und noch weitere ebenso, spiegeln die fundamentalen Ängste des Ego vor Mangel, Schuld und Wertlosigkeit wider. Egal wie sehr Sie es gelernt haben, sich mit diesen Geschichten zu identifizieren, bleibt die Tatsache bestehen, dass sie nicht wahr sind und ...

Sie nicht Ihr Ego sind!

Können Sie sich selbst vergeben?

Vergebung ist eine Entscheidung zur Ganzheit.

Sie haben sich vielleicht schon oft in Ihrem Leben »nicht gut genug« gefühlt, aber es ist ein Fehler zu sagen: »Ich bin nicht gut genug«. Ganz ähnlich liegt der Fall, wenn man ein Verhalten als »nicht gut genug« beurteilt, aber es ist etwas ganz anderes, sich selbst als »nicht gut genug« zu beurteilen. Entsprechend denken Sie vielleicht, Sie haben etwas falsch gemacht, aber es ist ein Fehler deswegen zu sagen »mit mir stimmt etwas nicht«. Sie beurteilen vielleicht eine Ihrer Entscheidungen als »schlecht«, aber es ist ein Fehler, wenn Sie deshalb sagen »ich bin schlecht«. Und auch wenn es Ihnen vielleicht so vorkommt, als hätten Sie »nichts«, ist es ein Fehler zu sagen »ich bin nichtig.«

Sie können nicht gleichzeitig ein Opfer und glücklich sein. Sie können sich nicht verurteilen, kritisieren und herabsetzen und glücklich sein. Sie mögen vielleicht zu dem Schluss kommen, dass Sie in der Vergangenheit Fehler gemacht haben, aber Sie sind *nicht* Ihre Identität. Egal wie viele Fehler Sie meinen, gemacht zu haben, *sind Sie doch nicht Ihre Fehler.* Um glücklich zu sein, müssen Sie wissen, dass dies die Wahrheit ist.

Um wirklich glücklich zu sein, müssen Sie willens sein, die Geschichte Ihres Ego loszulassen. Mit anderen Worten, Sie müssen willens sein, Ihre Identität mit dem Selbst aufzugeben, »dem Unrecht getan wurde«, »das keine Liebe bekommen hat«, »das sich nicht gut genug fühlt«,

»das in Armut aufgewachsen ist«, »das einmal missbraucht wurde«, »das immer Pech hat«, »das immer kämpfen muss«, »das unbeliebt war«, »das gehänselt wurde«, »das bei etwas versagt hat«, »das nur langsam lernt«, »dem nie etwas Gutes passiert«, »das alles falsch macht«, »das schüchtern ist«, »das einmal abgelehnt wurde« und so weiter und so weiter. Diese Erfahrungen definieren nicht, wer Sie wirklich sind.

Der Prozess, Ihre Selbst-Verurteilung, Ihre Selbstzweifel, Ihren Selbsthass (d. h. Ihre Konditionierung durch Ihr Ego) aufzugeben, ist *Vergebung*. Meistens, wenn wir über Vergebung reden, reden wir davon, etwas für jemand anderen »zu tun«. Die Vergebung, von der ich rede, ist von anderer Art und viel persönlicher.[9] Für mich ist wahre Vergebung ein Selbstheilungsprozess, der bei Ihnen anfängt und sich dann langsam auf alle anderen ausdehnt. Im Wesentlichen ist ...

wahre Vergebung die Bereitschaft,
Ihre Einstellung zu sich selbst zu ändern.

Vergebung ist der Prozess, Ihr beschränktes Selbstkonzept für Ihr ganzes Selbst aufzugeben. Die Bereitschaft, sich selbst zu vergeben, ist in Wahrheit die Bereitschaft, angsterfüllte Gedanken durch Gedanken der Liebe zu ersetzen, Gedanken der Verurteilung durch Gedanken der Milde, Gedanken des Zweifel durch Gedanken des Vertrauens. Vergebung ist transformierend – sie gibt Ihnen Ihre Ganzheit zurück, im Austausch gegen alle Ihre ängstlichen Selbstzweifel und Selbstverurteilungen.

Was ist Ihnen wichtiger? Die Geschichte Ihres Ego

oder die Geschichte Ihres unkonditionierten Selbst? Vergebung ist wie ein kosmischer Radiergummi, der die Bleistiftstriche, die das Ego auf Ihren Geist gekritzelt hat, auslöscht. Vergebung funktioniert in der Gegenwart. Sie lehrt Sie, dass Sie (1) nicht der Schmerz Ihrer Vergangenheit sind und (2) dass der Schmerz Ihrer Vergangenheit jetzt vorbei ist. Letztlich *löst Vergebung die Illusionen der Schwäche und Begrenztheit auf; durch Vergebung werden Sie wieder ganz und voller Freude.*

Mit Vergebung entscheiden Sie sich dafür, Ihre Konditionierung zu vergessen und sich an die Wahrheit über Ihr unkonditioniertes Selbst zu erinnern.

**Vergebung führt zur Erleuchtung –
das heisst dazu, Ihr inneres Licht zurückzufordern.**

Wer ist »das Licht der Welt« wenn nicht Sie? Durch Vergebung wischen Sie Ihre Ängste weg, lösen Ihre Zweifel auf und waschen alle Dunkelheit ab, sodass das Licht Ihres unkonditionierten Selbst wieder zum Vorschein kommt. *Vergebung schenkt Ihnen Ihre Freiheit wieder.*

Der folgende Prozess ist ein typisches Beispiel einer Vergebungsmeditation, wie Sie bei The Happiness Project verwendet wird. Nehmen Sie sich einen Moment Zeit, um still zu werden und mit diesem Prozess dazusitzen, während Sie den Text entweder laut oder still für sich im Geist vorlesen. Dieser Prozess wird es Ihnen ermöglichen, sich zu entspannen. Er bietet Ihnen die Gelegenheit, sich für all die Male zu vergeben, bei denen Sie sich angegriffen, kritisiert und verurteilt haben.

Atmen Sie frei und erlauben Sie jedem Atemzug, sowohl beim Einatmen als auch beim Ausatmen, leicht, mühelos und natürlich zu geschehen. Während Sie den Text lesen, nehmen Sie sich einen Moment Zeit, nach jedem Satz voll durchzuatmen.

»Ich vergebe mir für all die Male, als ich so hart zu mir selbst war.«

»Ich vergebe mir für all die Male, als ich mich verurteilt habe.«

»Ich vergebe mir für all die Male, als ich irgendwie grausam und hart zu mir selbst war.«

»Ich vergebe mir für all die Male, als ich mich kritisiert und verraten habe.«

»Ich vergebe mir für all die Male, als ich mir gesagt habe: ›Ich bin nicht gut genug‹.«

»Ich vergebe mir für all die Male, als ich mir gesagt habe, dass etwas mit mir nicht stimmt.«

»Ich vergebe mir für all die Male, als ich mir gesagt habe, dass ich schlecht bin.«

»Ich vergebe mir für all die Male, als ich mir gesagt habe, dass ich nichtig bin.«

»Ich vergebe mir dafür, dass ich ängstlich war.«

»Ich vergebe mir dafür, dass ich mich wertlos gefühlt habe.«

»Ich vergebe mir für all meine Urteilssprüche.«

»Ich vergebe mir für alle meine Fehler.«

»Ich bin bereit, mich durch Vergebung an die Wahrheit über mich selbst zu erinnern, egal wie schön sie ist.«

»Ich bin bereit, mich durch Vergebung an die Wahrheit über mich selbst zu erinnern, egal wie wunderbar sie ist.«

»Ich bin bereit, durch Vergebung wieder zu lieben und zu vertrauen.«

»Ich bin bereit, durch Vergebung der Liebe wieder zu vertrauen.«

»Ich bin jetzt bereit, die Tatsache zu akzeptieren, dass ich nicht meine Ängste bin.«

»Ich bin jetzt bereit, die Tatsache zu akzeptieren, dass ich nicht wertlos bin.«

»Ich bin jetzt bereit, die Tatsache zu akzeptieren, dass ich nicht schuldig bin.«

»Ich bin jetzt bereit, die Tatsache zu akzeptieren, dass ich frei bin.«

»Durch Vergebung bin ich bereit, frei zu sein und die Liebe zu genießen.«

»Durch Vergebung bin ich bereit, den Frieden zu genießen.«

»Durch Vergebung bin ich bereit, das Glück zu genießen.«

»Durch Vergebung bin ich bereit, mich selbst zu genießen.«

»Ich bin bereit, jetzt zu vergeben und frei zu sein.«

»Ich bin bereit, jetzt zu vergeben und glücklich zu sein.«

»Ich bin bereit, jetzt zu vergeben und frei zu sein.«

»Ich bin bereit, jetzt zu vergeben und glücklich zu sein.«

KAPITEL 4

Akzeptanz üben

In den frühen Tagen der Gelächter-Klinik habe ich eine Menge von Übungen und Techniken entwickelt, die ich als »Spiele für kreatives Wachstum« bezeichnete und die helfen sollten, eine größere Achtsamkeit und Annahme für Freude und Glück zu ermöglichen.[1] Viele dieser Spiele wurden sehr spontan erfunden und werd noch bis heute bei The Happiness Project verwendet. Im Folgenden kommen drei dieser Spiele vor.

Eines Nachmittags gab ich den Teilnehmern ein Spiel zum kreativen Wachstum als Hausaufgabe. Das Spiel hieß *Happy Days*. Die Herausforderung bei dieser Übung ist es, einen Monat seinem persönlichen Wachstum, seinem Wohlbefinden und seinem Glück zu widmen. Wenn man mich um mehr Informationen bat, schlug ich den Leuten vor, sie sollten diese Zeit nutzen, nett zu sich selbst zu sein, sich auszuruhen oder Abenteuer zu erleben, etwas Neues auszuprobieren oder sich einfach in Dankbarkeit zu üben. Allen gefiel die Idee und die Leute gingen ganz aufgeregt nach Hause.

Einen Monat später bat ich die Gruppe, von ihren

Erfahrungen mit *Happy Days* zu erzählen. Es folgte eine etwas merkwürdige Stille. Es stellte sich heraus, dass nicht einer der 30 Leute sich einen *Happy Day* gegönnt hatte. »Zeitmangel« schien das Haupthindernis zu sein. Ein ganzer Tag voller Glück neben der Karriere, der Hausarbeit, den Kindern, den Einkäufen und dem Garten war offensichtlich zu viel verlangt.

Ich ließ mich nicht abschrecken und erfand eine andere Übung als Hausaufgabe mit dem Titel *Happy Hour*. Einmal die Woche wollte ich, dass sich die Leute eine Stunde Zeit nähmen – eine *Happy Hour* –, um sich mit Liebe, Belohnungen und Zartheit zu verwöhnen. Ich wollte, dass die Leute ihr spirituelles Bankkonto fütterten. In der nächsten Woche schlug ich vor, dass wir mit einer Runde zur *Happy Hour* anfangen sollten. Mehr Schweigen. Niemand hatte die Übung gemacht. Wieder einmal wurde der »Zeitmangel« bemüht, »zu viel zu tun«, »die Kinder«, »ich habs vergessen« und »ich war zu müde, um etwas zu machen«.

»Ich habe eine neue Übung für euch«, sagte ich. »Sie heißt *ekstatische 60 Sekunden*! Die Herausforderung bei diesem Spiel ist es, sich eine Minute pro Tag zu gönnen, in der man alles sein lässt und einfach nur *glücklich* ist.«

»Wer kann das in nur einer Minute schaffen?«, fragte jemand.

»Sie können an einer Blume riechen, grundlos lächeln, für etwas danke sagen, friedlich atmen, ihr Lieblingsgebet sprechen, eine Affirmation wie ›Ich akzeptiere das Glück leicht, mühelos und natürlich‹ aufsagen, Ihren Kopf massieren, egal, was Sie nur wollen«, sagte ich.

Eine Woche später – das haben Sie wahrscheinlich

schon erraten, habe ich erfahren, dass auch nicht eine einzige Person in der Lage gewesen war, die *ekstatischen 60 Sekunden* zu genießen, an keinem der sieben Tage seit unserem letzten Treffen. Ein paar hatten ein oder zweit kurze Freudenschübe geschafft, aber das war alles. Als ich fragte, woran es lag, versuchten mich einige der Teilnehmer zu überzeugen, dass die *ekstatischen 60 Sekunden* nicht immer praktisch waren und manche Tage wesentlich besser passten als andere.

Diese Serie von Ereignissen war ein Wendepunkt für mich in meiner Arbeit. Es zeigte mir eindeutig, dass

**Zeitmangel nie ein wirkliches Hindernis
für Glück ist.**

Das Leben hat sich ganz sicher beschleunigt. Ich gestehe das zu. Erinnern Sie sich zum Beispiel noch, wie sich für Sie als junger Teenager ein Sommerurlaub wie eine Ewigkeit angefühlt hat? Diese sechs Wochen waren wie eine ganze Lebenszeit! Und erinnern Sie sich noch als Sie vier oder fünf Jahre alt wahren, sich jeder Tag anfühlte, als ginge er weiter und immer weiter? Irgendwas passiert offensichtlich mit uns, wenn wir 21 werden, es ist, als ob das Leben sich schneller abspult und plötzlich vergehen die Monate wie früher die Wochen und die Wochen wie Tage.

Für viele von uns läuft das Leben schneller als je zuvor und wir sind beschäftigter als je zuvor, arbeiten länger als je zuvor. Wir leben ein gehetztes Leben, jonglieren unsere Pflichten, werden unserer Verantwortung gerecht, stehen immer in irgendeiner Reihe für etwas an, zahlen die Rechnungen, aktualisieren unsere »To Do«-Listen und so weiter. Wir machen ein Wettrennen gegen die Zeit. Die Zeit ist kostbar, also »kaufen wir uns Zeit«, »stehlen wir Zeit«, »nehmen uns Zeit«, aber dennoch »verfliegt die Zeit«. Egal was wir tun, es scheint, wir sind zu beschäftigt, um glücklich zu sein.

Die Frage ist jedoch, wie viel Zeit man wirklich braucht, um *glücklich zu sein*. Glück passiert im Moment – es ist zeitlos – und daher hat sicher jeder von uns genug Zeit, um glücklich zu sein. Ich denke …

> **man braucht genauso viel Zeit,
> um glücklich zu sein,
> wie man braucht,
> um depressiv oder verbittert zu sein.**

Glück bedarf keiner zusätzlichen Zeit. Tatsächlich bedarf es gar keiner Zeit. Wie bereits erwähnt, wartet Glück darauf, dass man es willkommenheißt, nicht auf einen bestimmten Zeitpunkt. Die Übung *ekstatische 60 Sekunden* beweist für mich zweifelsfrei, dass »Zeitmangel« kein authentisches Hindernis für Glück ist. »Zeitmangel« ist ein Deckmantel, der das eigentliche Hindernis verdeckt, das einzige Hindernis – das Glücklichsein jetzt anzunehmen.

Glück und Selbstannahme

Ein wenig Vergnügen hin und wieder – die gelegentlichen 60 Sekunden Freude – sind für die meisten von uns annehmbar und werden sehr geschätzt. Das entschädigt immerhin für die Arbeit, die Mühsal, das Leiden und die Opfer, die man zuvor auf sich genommen hat. Mit den kleinen Freuden des Lebens fühlen wir uns wohl; weniger wohl fühlen wir uns jedoch mit dauerhafterem Glück, vollständiger Freude und ewigwährender Wonne.

Fragen Sie sich: »Mit wieviel Glück komme ich wirklich klar?« Eine Stunde vielleicht? Eine Woche, einen Monat, ein Jahr, ein Leben? Wie lang können Sie mit Freude leben, bevor Sie anfangen, das, was geschieht, zu bezweifeln und in Frage zu stellen. Wie lange können Sie es ganz annehmen, Frieden zu erleben, bevor Sie rastlos und ängstlich werden? Wie lange können Sie bedingungslos die Liebe und Aufmerksamkeit einer Person genießen, bevor es Ihnen unangenehm wird? Wie lange können Sie dem Gefühl vollständiger Freiheit vertrauen, bevor Sie entscheiden, dass es enden muss?

Das eigentliche Problem ist nicht die Zeit; das eigentliche Problem ist Annehmen. Glück und Selbstannahme gehen Hand in Hand, tatsächlich bestimmt der Grad Ihrer Selbstannahme den Grad Ihres Glücks. Über je mehr Selbst-Annahme Sie verfügen, desto mehr Glück anzunehmen, empfangen und genießen werden Sie sich erlauben. Mit anderen Worten …

**Sie genießen so viel Glück
wie Sie wert zu sein glauben.**

Glück ist natürlich, leicht und mühelos, wenn Ihre Selbstannahme groß ist, aber Glück ist blasphemisch, wenn Ihre Selbstannahme niedrig ist. Wenn Sie sich down fühlen, träumen Sie davon, glücklich zu sein, aber Sie haben insgeheim auch Angst, dass Sie das Glück nicht wert sind, als stellen Sie die Einladungen, glücklich zu sein, in Frage, zweifeln an ihnen, leisten ihnen Widerstand, übersehen sie und schieben sie weg.

Sich Selbstannahme zu verweigern bedeutet, dass Sie das Urteil gefällt haben, des Glücks unwürdig zu sein. Sie können jedoch nicht über eine niedrige Selbstannahme verfügen *und* glücklich sein. An einem Urteil, das von Ihrem Unwert spricht, festzuhalten und gleichzeitig das Glück anzunehmen, ist ein zu großer Widerspruch – einer, der Sie mit Schuldgefühlen zurücklassen wird. Wie können Sie das Glück annehmen und gleichzeitig glauben, dass Sie es nicht verdienen?

Sie ziehen an, was Sie verdienen. So genießen Sie nicht nur so viel Freude, wie Sie zu verdienen glauben, sondern …

**Sie erleben auch so viel Schmerz
wie Sie zu verdienen glauben.**

Selbstannahme, d.h. Selbstwert, ist der Schlüssel sowohl zum Glücklichsein wie zum Unglücklichsein. Wenn Sie sich selbst ganz annehmen können, als wertvoll und gut, dann ist Glück für Sie natürlich und annehmbar. Wenn Sie sich jedoch für »nicht gut genug« halten, dann sind Sie »nicht gut genug«, um glücklich zu sein. Tatsächlich, solange Sie sich für »nicht gut genug« halten, müssen Sie das Glück aus Angst vor Schuldgefühlen stets abschütteln.

Glück und die Sache mit der Schuld

Der beliebteste Workshop bei The Happiness Project ist der mit dem Titel *How To Be So Happy You Almost Feel Guilty, But Not Quite!* Das sollte Sie nicht überraschen, denn das größte Hindernis beim Annehmen des Glücks sind unsere Schuldgefühle, und davon haben wir eine Menge. Was ist Schuld? Nun, einfach formuliert ist *Schuld der Glaube, dass Sie es nicht verdienen, glücklich zu sein.* Es ist der Glaube, dass Sie »nicht gut genug« sind, »etwas mit Ihnen nicht stimmt«, Sie »schlecht« sind oder »nichtig«. Dieser Glaube ist erlernt. Es ist nicht der natürliche Zustand Ihres unkonditionierten Selbst. Es ist ein Gedanke des Mangels und alle Gedanken des Mangels gehören zum Ego – dem Teil von Ihnen, der auf Glück hofft, aber es letztlich gelernt hat, dass Sie das nicht wirklich wert sind.

Wir sehnen uns nach dem Glück, aber wir urteilen auch, dass wir viel zu schuldbeladen sind, um es anzunehmen. Uns gefällt die Vorstellung des Glücks; sie fühlt sich gut an. Aber wir fürchten auch, dass es vielleicht egoistisch ist, falsch oder unanständig und dass es nur zu einem Preis zu haben ist, den wir nicht kennen. Wir haben gelernt zu glauben, dass Glück nur zu einem gewissen Preis kommt – etwas Leiden, Mühe oder Opfer vielleicht. Bei Schuld geht es jedoch nicht nur ums Glück. Ist Ihnen beispielsweise aufgefallen, dass

**das, wonach Sie sich am meisten sehnen,
das ist, weswegen Sie sich am schuldigsten fühlen?**

Das Ego fühlt sich schuldig, wenn es um Glück geht, weil es sich wegen *allem* schuldig fühlt, besonders wegen angenehmen Dingen. Nehmen Sie zum Beispiel Lust; Lust ist körperliche Freude, der Genuss der Sinne. Lust empfindet man bei schönen Farben, reichen Aromen, wunderbarer Musik, einer heilenden Berührung und exotischem Geschmack. Wir haben auch zu glauben gelernt, dass Lust des Teufels ist.[2]

Wir haben irgendwie gelernt zu glauben, dass Lust »sündhaft schön« ist. Wir haben Angst, dass zu viel Vergnügen unsere gesamte Moral zerstören, alle Tugenden unterhöhlen und alle Werte ruinieren kann. Für sich genommen kann Lust ganz offenkundig zu Hedonismus, Faulheit, Selbstsucht, Anarchie, Krieg, Verdammnis, dem Ende der Welt und dem Sturz der Regierung führen!

Sex ist Lust. Die Vorstellung, dass Sex natürlich, ein schönes Vergnügen und gesund ist, klingt wirklich gut, sehr logisch, objektiv und reif, aber die meisten von uns fühlen sich immer noch »verdammt schuldig«, wenn sie über »Sie wissen schon was« reden. Ich persönlich erinnere mich noch lebhaft daran, wie ich meine ganze Teenagerzeit hindurch eine Heidenangst vor dem »stups stups, zwinker zwinker«-Thema hatte. Ich erinnere mich noch an die Agonie, als ich in die Apotheke ging, um Kondome zu kaufen. Meine Planung war militärisch. Ich dachte Tage voraus. Manchmal suchte ich mir einen Drugstore außerhalb, wo mich niemand kannte. Der Kassierer oder die Kassiererin durfte auch nicht wie meine Eltern oder mein Biologielehrer aussehen. Attraktive weibliche Kassiererinnen musste ich ebenfalls um jeden Preis vermeiden!

Ich habe schließlich aufgehört zu zählen, wie oft ich aus der Apotheke, die ich eigentlich betreten hatte, um Kondome zu kaufen, wieder mit einer Tube Zahnpasta herauskam. Bitte beurteilen Sie mich nicht zu streng. Denken Sie daran, ich bin Engländer und meine Konditionierung war äußerst gründlich. Tatsächlich ist für den Rest der Welt die Vorstellung, dass sich Engländer auf sexuelle Weise reproduzieren, völlig unglaublich. Unsere Heimlichtuerei verrät unsere Schande.

Sex »im biblischen Sinne« war offenbar das, was uns allererst in den Schlamassel gestürzt hat. Wenn Adam nicht heiß geworden wäre und Eva gewollt hätte, wären wir vielleicht immer noch ganz und es wert, glücklich zu sein. Religion und Mythologie bringen uns die Schuldgefühle in Sachen Sexualität bei. Für Jungen wird diese Schuld noch ständig beim Baden verstärkt, wenn die Eltern ihnen Weisheiten wie »wenn du damit spielst, fällt es ab« und »mach das nochmal und du wirst blind« beibringen. Man sagt mir, dass junge Mädchen ähnliches erleben.

Wir haben es gelernt, uns wegen allem schuldig zu fühlen, was uns Spaß macht. Essen ist »unanständig, aber gut«. Geld ist »die Wurzel allen Übels«. Frieden und Ruhe sind gefährlich, denn »Müßiggang ist aller Laster Anfang«. Der Spaß dauert »bis einer weint«. Erfolg wird Sie ruinieren. Tatsächlich ist unsere erlernte Reaktion auf Erfolg und Glück parallelenreich. Haben Sie beispielsweise je an »Hochstaplerschuld« gelitten, dem Glauben, dass Ihr Erfolg in Wahrheit ein Fehler ist und dass Sie ihn gar nicht verdienen?

Der wirkliche Test besteht darin, etwas zu finden, wegen dem Sie sich nicht schuldig fühlen. Die Schuld ist jedoch so weit verbreitet, dass man fast sagen könnte ...

dass Schuld nicht so sehr eine Emotion ist, sondern vielmehr ein Lebensstil.

Schuld ist ein Lebensstil, der auf dem konditionierten Glauben der *Unwürdigkeit* beruht.[3] Solange Sie sich für *unwürdig* halten, werden Sie nie in der Lage sein, das Glück frei anzunehmen. Sie werden versuchen zu handeln, zu feilschen, zu bezahlen und zu tauschen, um das Glück gegen etwas weniger Angenehmes auszuwechseln, aber selbst dann, ohne Selbstannahme, wird sich das Glück unangenehm anfühlen.

Selbstannahme und Glück sind beide unmöglich, wenn Sie an Schuld glauben, das heißt daran, dass Sie das Glück nicht verdienen. Wenn Sie die Formulierung »Selbstannahme und Glück« durch »Selbstannahme ist Glück« ersetzen, dann sehen Sie vielleicht deutlicher, wie wichtig es ist, die Schuld loszulassen. Im Letzten ist das Loslassen der Schuld auch die Auflösung des Ego.

Das Ego auflösen

Unsere Welt ist voll von Mythen, abergläubischen Vorstellungen und Schöpfungsberichten, die von unserer himmlischen Abkunft, unserem Fall und unserer Trennung von Gott berichten – Mythen, die Menschenwerk sind. Diesen Mythen zufolge, begann die Schöpfung nicht mit dem Licht, sondern mit *Schuld* und *Unwürdigkeit*.

Die Mythologien Ägyptens, Griechenlands, Roms, Skandinaviens, der keltischen Länder und der Bibel sind voller angsterfüllter Geschichten – Ego-Alpträumen – von betrunkenen, sexbesessenen, gewalttätigen Göttern voller Zorn und Verachtung für ihre Schöpfungen. Die Geschichte von Adam und Eva und ihrer Vertreibung aus Eden ist beispielsweise wohl bekannt. Eine weitere Geschichte aus Ägypten erzählt, wie die ersten Menschen aus einem Fisch in der Träne eines wütenden, desillusionierten Gottes geboren wurden; die Träne fiel auf die Erde und bildete die Meere.[4]

Die christliche Tradition spiegelt eine Konfusion wider, die in vielen anderen größeren Religionen und philosophischen Traditionen zu finden ist. Einerseits gibt es Christen, die an einen Gott der Liebe glauben und an den *Erbsegen* des Menschen – das heißt daran, dass Sie und ich unserem Wesen nach ganz, wertvoll und gut sind.[5] Andererseits gibt es Christen, die Gott darum bitten, Bomben zu segnen, die Gottes Rache fürchten und an die Erbsünde glauben – d.h. daran, dass Sie und ich schuldig sind.

Die katholische Kirche kennen viele als »Kirche der Schuld«. Ich erinnere mich noch an einen meiner Ex-Klienten, einen Katholiken, der mir einmal sagte: »Ich weiß, dass ich schuldig bin, ich weiß nur nicht, worin meine Schuld besteht.« Das Schuld-Privileg liegt allerdings nicht exklusiv bei den Katholiken, entgegen dem, was viele Katholiken vielleicht denken. Der jüdische Glaube ist mit Schuld nur so gespickt. Die Muslime sind ständig am Sühnen. Schuld ist ganz klar nicht konfessionsgebunden!

Ich erinnere mich, wie ich einen Vortrag mit dem Titel *How To Be So Happy You Almost Feel Guilty, But Not Quite!* vor einer Gruppe orthodoxer Christen gehalten habe. Wir trafen uns in einer kleinen Dorfhalle mitten im Nirgendwo an einem kalten, nassen Winterabend. Als ich die großartigen Lehren von Jesus Christus zusammenfasste, erinnerte ich mein Publikum daran, dass Jesus gesagt hat: »Dies habe ich euch gesagt, damit meine Freude in euch ist und damit eure Freude vollkommen wird.«[6] Ich erwähnte auch, dass die Bibel von der »Freude im Herrn«, von der »Freude als Frucht des heiligen Geistes« und des Himmels als »Reich der Freude« spricht.

Mein Publikum schien seine Freude an diesen Hinweisen zu haben, besonders der junge Priester, der mich eingeladen hatte. Der alte Priester sah jedoch recht streng drein. Ich fuhr fort, mein Publikum zu erinnern, dass Jesus auch gesagt hatte »Ihr seid das Licht der Welt«[7] und »Ihr seid Götter«.[8] Ich sprach vom Erbsegen und der Vorstellung, dass der Himmel und Eden in Wahrheit das unkonditionierte Selbst in uns allen sind. Das Publikum wollte Führung und sah zu dem alten Priester.

Als Nächstes deutete ich an, dass die beste Möglichkeit, die Freude Gottes anzunehmen, darin bestünde, aufzuhören, sich selbst als »Sünder« zu definieren und seine Rolle als »Licht der Welt« anzutreten. An diesem Punkt *brach die Hölle los.* »Gerade weil ich ein Sünder bin, weiß ich, dass ich eines Tages glücklich bei Gott sein werde«, sagte der alte Priester.

Ich antwortete »Gerade weil Sie *kein* Sünder sind können Sie genau jetzt glücklich bei Gott sein.« Der Applaus am Ende meines Vortrags war recht verhalten.

Von klein auf ermutigt man uns zu glauben, dass unser Wesenskern nicht Liebe sondern Schuld ist. Man bringt uns seltsame Konzepte bei, zum Beispiel:

- Schuld ist natürlich.
- Schuld ist gut.
- Es ist schlecht, sich nicht schuldig zu fühlen.
- Ohne Schuld herrscht Anarchie.
- Durch Schuld handelt man »gut«.
- Schuld zeigt, dass Sie sich bemühen.
- Schuld zeigt, dass es Ihnen leid tut.
- Die Schuld hält Sie vom Sündigen ab.

Natürlich ist der Grund dafür, dass wir so viel sündigen – d. h. uns aufspielen und »böse« benehmen – weil wir uns überhaupt erst so schuldig fühlen. Schuld erzeugt Schuld.

**Schuld kann Ihnen nicht zu Liebe,
Frieden oder Glück verhelfen.**

In unserer Kindheit haben unsere Eltern uns Hymnen auf die Schuld vorgesungen, zum Beispiel: »Jetzt schau, was du angerichtet hast«, »du solltest dich was schämen«, »wir sind sehr enttäuscht von dir« und »wie konntest du uns das antun?« Andere Hymnen der Schuld lauten »weißt du, wie viel wir dir geopfert haben?«, »du bist so egoistisch«, »du bringst mich noch ins Grab« und »du wirst mein Tod sein«.

Kinder lernen schnell. Wir haben uns auch ein paar gute Schuld-Hymnen einfallen lassen, z. B. »das ist so unfair«, »ihr liebt mich nicht«, »warum können wir nicht auch einen haben«, »wir fahren nie irgendwohin« und »bitte, nur dieses eine Mal«.

In der Schule haben wir von unseren Lehrern gesagt bekommen: »Was würde deine Mutter dazu sagen?« In der Kirche ermahnt man uns mit »Was würde Gott wohl denken?« In der Weihnachtszeit fragt man uns: »Warst du das Jahr über auch ein guter Junge?« In der Arbeit sagt unser Chef uns: »Egal was du tust, versau's nicht!« Und in der scheinbaren Sicherheit unseres Zuhauses sagt unser Partner uns: »Du gehst nie mit mir aus« und »Du liebst mich nicht«.

Sie können gleich jetzt anfangen, Ihr Ego aufzulösen und Ihre Konditionierung loszulassen, wenn Sie diesen fundamentalsten aller Schlüssel zum Glück annehmen und festhalten:

**Sie können nicht anderen beibringen,
dass sie schuldig sind,
wenn Sie selbst frei von Schuld sein wollen.**

Es ist wichtig zu verstehen, dass auf der Ebene des Bewusstseins die Gedanken niemals weggegeben werden; sie werden stets geteilt. Wenn Sie daher anderen beibringen, dass sie sich schuldig fühlen sollen, dann lehren Sie damit gleichzeitig, dass Sie sich schuldig fühlen sollten. Wenn Sie urteilen, dass jemand kein Glück verdient hat, dann sagen Sie damit einem Atemzug, dass *Sie* ebenfalls unwürdig sind.

Die Umkehrung dieses Prinzips ist, dass jedes Mal, wenn Sie das Gutsein der anderen, ihr inneres Licht, ihren Erbsegen, ihre Unschuld affirmieren, Sie auch alle diese Qualitäten für sich selbst bestätigen. Die Wahrheit ist, dass wir entweder alle frei sind oder keiner von uns. Sie können nicht Ihre eigene Freiheit auf Kosten der anderen kaufen. Mit dem Glück müssen Sie sich auf die Idee festlegen, dass Sie im Letzten nicht schuldig sind und auch sonst niemand.

Sie verdienen das Glück nicht

Folgende Geschichte erzähle ich oft bei The Happiness Project:

Es war einmal ein Mönch, der lächelnd von Dorf zu Dorf zog. Er hieß Ananda, was sich mit »Freude« oder »Wonne« übersetzen lässt. Er hatte kein Haus, kein Geld, keine nennenswerten Besitztümer. Er trug eine safranfarbene Robe, ein paar Murmeln und ein wunderbares Lächeln, das er jedem schenkte, den er traf. Sein Lächeln war so warm, so liebevoll und ansteckend, dass auch alle anderen in seiner Gegenwart lächelten.

Eines Tages begegnete der Mönch einem Jungen, der ebenfalls Ananda hieß. Der Junge ging auf einem gewundenen Pfad neben dem Mönch her. Er fragte den Mönch: »Bist du ein heiliger Mann?«

Der Mönch lächelte. »Ich bin so heilig wie du.«

Der Junge lächelte. »Warum hast du nichts?«, frage er.

»Mein Lächeln gehört mir«, antwortete der Mönch.

»Aber was ist mit Geld, einem Pferd, einem Haus?«, fragte der Junge.

»Die Welt kann mir mein Lächeln nicht schenken – mein Lächeln ist zwischen mir und Gott«, sagte der Mönch.

Der Junge und der Mönch gingen schweigend dahin. Schließlich fragte der Junge: »Wer bist du, Mönch?«

»Ich bin das Lächeln, das um die Welt gezogen ist«, erklärte der Mönch, »und meine Botschaft ist eine Botschaft des Lächelns.«

»Lächelst du immer?«, fragte der Junge.

»Ja, sogar wenn ich wütend bin«, lachte der Mönch.

»Wie schaffst du es, immer zu lächeln?«, fragte der Junge.

»Lächeln fällt mir leicht, weil ich an das Glück glaube und ich an dich glaube«, antwortete der Mönch.

Da lächelten der Mönch und der Knabe beide.

Diese Geschichte erhellt zwei sehr wichtige Punkte. Erstens, dass Sie, wenn Sie glücklich sein wollen, Ihre eigene Heiligkeit annehmen müssen, oder wenn Ihnen das lieber ist, Ihre *Ganzheit*. Mit anderen Worten:

Wenn Sie Ihr Glück akzeptieren wollen, müssen Sie an sich selbst glauben.

Um glücklich zu sein, müssen Sie willens sein, es zu akzeptieren, dass Sie als vollständiges Wesen geschaffen wurden, und dass Sie daher nicht zutiefst schuldig sind, mangelhaft oder unwürdig. Sie machen vielleicht Fehler, aber Sie sind kein Sünder. Wenn Sie es lernen zu lieben und sich Ihre von Angst bestimmten Dogmen zu verzeihen, verbinden Sie sich bewusst wieder mit der ewigen Freude Ihres unkonditionierten Selbst.

Zweitens ...

**wenn Sie glücklich sein wollen,
müssen Sie an das Glück glauben.**

Der Mönch Ananda konnte es sich leisten, den ganzen Tag zu lächeln, weil er glaubte, dass Glücklichsein ein natürlicher Zustand für ihn war *und für alle anderen ebenso.* Er sah Glücklichsein als natürliche Erfahrung, nicht als ein Spitzenerlebnis. Für Ananda gab es keinen Berg zu erklimmen, kein Opfer, das er bringen musste, keine Arbeit, die er verrichten musste, um glücklich zu sein. Er entschied sich einfach, glücklich zu sein. Er hatte keine »Happychondrie« und nahm sich einfach vollkommen selbst an.

Ich habe immer wieder gesehen, wie unsere angsterfüllten Glaubenssätze in Sachen Glück uns unser Geburts*recht* auf Glück verwehren und so viel zusätzliches Leiden erzeugen. Der irrigste, schädlichste Glaubenssatz in Sachen Glück ist natürlich, dass das *Glück irgendwo anders ist,* d. h. nicht bei Ihnen. Danach ist der schmerzhafteste und einschränkendste Gedanke über Glück, dass *man sich Glück verdienen muss.*

Der Glaube, dass *man sich Glück verdienen muss,* hat zu Jahrhunderten voller Schmerz, Schuld und Täuschung geführt. Wir haben uns so fest an diesen einen illusionären Glaubenssatz geklammert, dass wir fast vergessen haben, wie es sich mit dem Glück wirklich verhält. Wir sind so beschäftigt damit, uns das Glück zu *verdienen,* dass wir nicht länger Zeit für Ideen wie *Glück ist natürlich, Glück ist ein Geburtsrecht, Glück ist umsonst, Glück ist innen* und *Glück ist Sein* haben. Ab dem

Augenblick wo Sie glauben, dass man sich Glück verdienen muss, müssen Sie sich nur noch abmühen.

Eine meiner Klientinnen, Jenny, hat einmal perfekt dargestellt, wie viele von uns das Glück sehen:

>Alles fühlt sich so sinnlos an«, sagte sie mir.

>Was meinst du?«, fragte ich.

Jenny seufzte. »Nun, egal, wie sehr ich mich bemühe, glücklich zu sein, ich schaffe es nicht. Ich fühle mich so frustriert, Robert, weil ich schon so hart an mir gearbeitet habe.«

>Du klingst wütend«, stellte ich fest.

>Nein, ich bin niedergeschlagen *und* wütend!« Wir lächelten beide, dann fing Jenny zu weinen an. »Ich fühle mich wie verdammt«, sagte sie. »Es ist, als ob ich bestraft würde.«

Ich fragte sie: »Glaubst du, dass du es verdienst, glücklich zu sein?«

>Wahrscheinlich nicht«, antwortete sie.

Fragen Sie sich jetzt: »Verdiene ich es, glücklich zu sein?« Seien Sie jedoch vorsichtig, wie Sie diese Frage beantworten, denn es gibt einen Haken. Wenn Sie mit nein antworten, dann werden Sie so wie Jenny nicht viel Glück annehmen können. Wenn Sie mit ja antworten, dann abonnieren Sie damit die Idee, dass man sich das Glück verdienen muss und Sie werden daher allerhand Kriterien erfüllen müssen (die Sie festgelegt haben), bevor Sie glücklich sein können. Ja und nein sind beides unehrliche Antworten. Der Punkt ist …

Glück *verdient* man nicht!

Das soll keine Botschaft der Niedergeschlagenheit sein; es ist eine Botschaft der Hoffnung! Einer der größten Schritte, die Sie tun können, um jetzt glücklich zu sein, ist, den Glaubenssatz aufzugeben, dass man sich Glück verdient. Sie *verdienen* Glück nicht, Sie *wählen* es. Glück ist natürlich. Es ist allen frei verfügbar. Es ist bedingungslos. Und wenn Sie bezüglich Glück keine Bedingungen haben, dann *passiert das Glück einfach! Glück passiert, wenn Sie es lassen.*

Der Glaube, dass man sich Glück verdienen muss, hat keine Macht, nur die, die Sie ihm einräumen. Das Problem ist, dass Sie gelernt haben, ihm viel Macht einzuräumen. Dieser eine Gedanke verstärkt nicht nur Ihren Glauben an Schuld und Unwürdigkeit, sondern trägt auch noch so ziemlich zu jedem anderen angstbasierten Glauben in Sachen Glück bei, besonders zur Arbeitsethik, der Leidensethik und der Märtyrerethik – drei Ethiken, die von unserer Gesellschaft stark gemacht werden.

Von Kindesbeinen an bekommen wir Glaubenssätze darüber eingetrichtert, wie wichtig es ist, für sein Glück zu arbeiten, für das Glück zu leiden und Opfer dafür zu bringen. Generation um Generation wird diese angstbestimmte, gedankenlose Konditionierung weitergereicht, ganz so wie die physischen Schwächen und Beschwerden durch die Gene weitergegeben werden. Die gute Nachricht jedoch ist, dass

**es nur einen liebevollen Glaubenssatz braucht,
um das ganze auf Furcht basierende Glaubenssystem
aufzulösen.**

Es bedarf keinerlei Mühsal, keines Leidens und keiner Opfer, um Ihre angstbasierten Glaubenssätze in Sachen Glück abzulegen, besonders nicht den Gedanken, dass man sich Glück verdienen muss. Alles, was notwendig ist, ist Bereitwilligkeit: (1) Die Bereitschaft, zu erkennen, dass Sie nicht unwürdig und schuldig sind, (2) die Bereitschaft, ihre konditionierten Glaubenssätze in puncto Glück loszulassen, (3) die Bereitschaft, zu akzeptieren, dass Glück für Ihr unkonditioniertes Selbst natürlich ist. Der Schlüssel ist Bereitwilligkeit.

Die Arbeitsethik heilen

Der Arbeitsethik zufolge ist Glück nicht natürlich – Glück ist ein Gehaltsscheck, den man sich verdient, indem man Zeit investiert. Die Arbeitsethik ist eine der dominantesten Ethiken in unserer Welt.[9] Wenn ich hier von Arbeitsethik spreche, rede ich nicht von *Freude an der Arbeit*, sondern von dem zwanghaften *Bedürfnis zu arbeiten*. Arbeit und wieder Arbeit ist der Schlüssel zum Glück, wenn man der Arbeitsethik Glauben schenken soll. Und wenn das nicht funktioniert, dann versuchen Sie es mit noch mehr Arbeit. Die Arbeitsethik unterstützt das Streben nach Glück und versichert kategorisch: *Das Glück kommt nicht, wenn du nicht dafür arbeitest.*

Es gibt besonders vier angstbestimmte Glaubenssätze zum Glück, die die Arbeitsethik konstituieren:
1. Glück muss man sich verdienen.
2. Für Glück muss man arbeiten.
3. Glück muss man erwerben.
4. Für Glück muss man bezahlen.

Bei der Arbeitsethik geht es nur um Mühe – Geburt ist Mühe, das Leben ist Mühe, die Liebe ist Mühe, das Glück ist Mühe, die Arbeit ist Mühe und der Tod bringt die Ruhe. Wir mühen uns also nicht aus Freude an etwas, sondern weil wir zu glauben gelernt haben, dass wir das müssen. Es ist der Zweck der Arbeitsethik, dass Sie Ihre Schuld sühnen, Ihre Unwürdigkeit und sich so das Glück einmal mehr »verdienen«.

»Workaholismus« ist epidemisch und für viele von uns ist das Leben vollständig von unserer Arbeit bestimmt. Früher einmal haben wir gearbeitet, um zu leben, heute leben wir, um zu arbeiten. Was uns an »Leben« bleibt, ist nur dazu da, sich von der Arbeit zu erholen. Wir arbeiten, wir erholen uns von der Arbeit und arbeiten dann wieder. Wir gehen ins Büro zum Arbeiten. Nach der Arbeit nehmen wir noch etwas Arbeit mit heim. Zur Erholung gehen wir ins Fitnessstudio für ein Workout. Total erschöpft gehen wir zur Therapie, um an unseren Problemen zu arbeiten – »Ich habe viel an mir selbst gearbeitet«, sagen wir dann. Nach all dem kommt noch die Hausarbeit! Schließlich gehen wir ins Bett, zu müde, um glücklich zu sein, aber unser Geist arbeitet immer noch und wir können nicht schlafen. Kein Problem. Schlaflosigkeit ist eine wunderbare Chance, noch etwas Arbeit zu erledigen!

Die Arbeitsethik ist motiviert von dem Glauben, dass alles, was sich irgendwie lohnt, großen Aufwandes bedarf, großer Mühen und Plackerei. Der Arbeitsethik zufolge ist Kreativität nicht Inspiration, sondern Transpiration; Liebe ist eine Mühe, keine Freude; Erfolg ist ein Marathon, er kommt nie von selbst; die Gesundheit sieht man unter einer »Ohne-Fleiß-kein-Preis«-Perspektive; die Erlösung ist das Schwierigste von allem, es ist ein Ringkampf mit den Engeln, fragen Sie mal Jakob. Der Arbeitsethik zufolge kommt nichts von selbst.

Ist Ihnen je die Idee gekommen, dass …

Sie sich zu sehr anstrengen, glücklich zu sein?

Thich Nhat Hanh, der vietnamesisch-buddhistische Autor und Lehrer bietet der Welt eine wunderbare Lektion durch seinen Dienst des Friedens und der Selbstannahme. Er ermutigt uns, kontinuierlich den Versuch aufzugeben, glücklich zu sein und stattdessen einfach glücklich zu sein. Er schreibt:

> Müssen wir uns besonders anstrengen, um die Schönheit des blauen Himmels zu genießen? Müssen wir üben, um in der Lage zu sein, sie zu genießen? Nein, wir genießen sie einfach. Jede Sekunde, jede Minute unseres Lebens kann so sein. Egal wo wir sind, wir haben immer die Möglichkeit, den Sonnenschein zu genießen, die Gegenwart eines anderen Menschen, sogar das Gefühl unseres eigenen Atems. Wir müssen nicht nach China fahren, um den blauen Himmel zu genießen. Wir müssen nicht in die Zukunft reisen, um unseren Atem zu genießen. Wir können genau jetzt im Kontakt mit diesen Dingen sein.[10]

Wir sind zu beschäftigt damit, dafür zu arbeiten, glücklich zu sein, um tatsächlich glücklich zu sein. In den letzten zehn Jahren ist die durchschnittliche Arbeitswoche 10 Stunden länger geworden und damit auf fast 50 Stunden pro Woche angewachsen. Die Mittagspause sieht ihrem Verschwinden entgegen. Sechs von zehn Männern und vier von zehn Frauen arbeiten Samstags; auch der Sonntag ist für viele ein Arbeitstag. Um dem Ganzen die Krone aufzusetzen, gibt es immer noch einen hirnlosen Kollegen mit traurigem Gesicht, der uns »Teilzeitler!« hinterherruft, wenn wir es wagen, das Büro um fünf Uhr zu verlassen. Schuldgefühle sind die Folge.[11] Gesellschaftlich gesehen verbringen wir mehr Zeit als *menschliches Tun* als als *menschliches Wesen*. Tatsächlich verachtet die Arbeitsethik Rast und Spiel. Wir gehen kaum noch hinaus, um zu spielen; stattdessen machen wir kardiovaskuläre Workouts, Geschäftsessen und Firmenausflüge. Der Arbeitsethik zufolge, ist Rast »Auszeit«, in der nichts Nützliches passiert. Zu viel Ruhe und Sie verlieren Ihren Biss. Wenn Sie sich ausruhen, leisten Sie nichts. Das ist natürlich Grund zur Sorge, denn

**die Arbeitsethik sieht Glück als
eine Leistung, nicht als einen natürlichen
Daseinszustand.**

Das Denken, das die Arbeitsethik propagiert, scheitert an der Einsicht, dass Glück etwas ist, das es umsonst gibt. Der Arbeitsethik zufolge geht es im Leben um Leistung und beim Glück ebenso. Die Arbeitsethik ist getrieben vom Ego, denn nur das Ego glaubt, dass Ihr Selbstwert ohne Leistung gleich null ist. Wir leiden daher an einem *Leistungsfieber*, bei dem es sich im Wesentlichen um die Sehnsucht handelt, *irgendetwas* zu leisten, damit wir uns gut mit uns selbst fühlen können und deshalb Glück verdienen.

Lassen Sie mich das klar ausdrücken – die Arbeit selbst ist nicht das Problem. Im Gegenteil, Arbeit kann eine tolle Gelegenheit sein, um zu dienen, seine Fähigkeiten zu entwickeln, kreativ zu sein, Leute zu treffen, zu reisen und zu wachsen. Worum es mir hier geht, ist die Sucht nach der Arbeit; und besonders um *die Sucht nach dem Glauben, dass Sie sich Glück erarbeiten, verdienen, erwerben und dafür bezahlen müssen.*

Wie können Sie erkennen, dass Sie an dem Glauben »leiden«, dass Sie für Ihr Glück arbeiten müssen? Hier ein paar verräterische Signale:

- Sie glauben, dass Glück nicht natürlich ist, dass man es sich verdienen muss.
- Sie glauben, die Leute müssen sich das Glück erwerben, es stellt sich nicht von selbst ein.
- Sie glauben, dass Glück einen Preis hat.
- Ihr Leben ist eine nicht enden wollende To-Do-Liste.
- Sie belohnen sich für das Abarbeiten einer To-Do-Liste mit dem Erstellen einer weiteren To-Do-Liste.
- Ohne etwas zu tun, sind Sie verloren. Ohne Leistung sind Sie nichts.
- Sie können sich nicht entspannen. Sie haben tatsächlich das Gefühl, dass Sie durch Entspannung Schuldgefühle kriegen.
- Leute, die nur eine Sache auf einmal machen, sind Ihrer Meinung nach leistungsschwach.
- Sie sehen Erschöpfung als Schwäche und Versagen.

- Sie fühlen sich viel zu schuldig, um allen Urlaub zu nehmen, der Ihnen zusteht.
- Sie haben das Gefühl, Sie müssen sich beschäftigt halten, jeden Moment ausfüllen und es gibt immer noch mehr, was Sie tun könnten.
- Sie leiden an Zeitmangel – Sie haben nie genug Zeit, um mit allem fertigzuwerden.
- Was Sie leisten, ist nie gut genug.
- Ihre Freunde fragen Sie nicht: »Wie geht's dir?«, sondern: »Hast du gut zu tun?«
- Am Ende eines Arbeitstages wenden Sie sich nicht Ihrem Leben zu, sondern *erholen* sich lediglich von der Arbeit.
- Sie würden am Sonntagmorgen gern ausschlafen, aber Sie sind zu rastlos dafür.
- Sie nehmen nur von der Arbeit frei, wenn Sie krank sind und sogar dann schaffen Sie noch ein bisschen.
- Sie fühlen sich schuldig, wenn Sie zu viel Spaß haben.
- Gute Zeiten machen Sie misstrauisch, genauso Erfolg und Dinge, die leicht gehen.
- Sie haben keine Freunde, nur Arbeitskollegen.
- Sie haben »wirklich tolle Freunde«, die Sie nie zu sehen kriegen.
- Zeit mit der Familie ist streng genommen Zeit, die Sie nicht in der Arbeit sind.
- Sie haben Ihren Kindern versprochen, bald mehr Zeit mit ihnen zu verbringen ... eines Tages ... vielleicht nächste Woche.

Vor ein paar Jahren hat mir ein guter Freund, Graham Taylor-Chilton, vorgeschlagen, dass wir zusammen Golf spielen gehen sollten. »Es müsste unter der Woche sein«, sage er. Ich hatte hart, zu hart gearbeitet und brauchte eine Pause. Ich war ein stiller Workaholic und so tat ich, was »vernünftig« und »erwachsen« war und lehnte ab, einmal, zweimal, dreimal. Je härter ich arbeitete, desto erschöpfter wurde ich und desto weniger bekam ich zustande. Schließlich siegte der gesunde Menschenverstand (d. h. meine Frau) und ich stimmte der Partie zu.

Ich erinnere mich noch, wie schuldig ich mich auf der Fahrt zum Golfplatz dafür fühlte, dass ich mir freinahm und das mitten unter der Woche. Ich kam in einen Stau, kam spät an, war den ganzen Tag nervös, das Wetter war auch nicht toll; ich dachte ständig an die Arbeit und spielte schlecht. *Was für eine Zeitverschwendung*, dachte ich. Jetzt fühlte ich mich sogar noch schuldiger.

Als ich nach Hause kam, erzählte ich meiner Frau von meinem Tag. »Irgendwas stimmt nicht«, sagte ich. »Ich bin von allen Leuten, die ich kenne, wahrscheinlich der, der mit am härtesten arbeitet und trotzdem mache ich mir selber die Hölle heiß, weil ich ein bisschen freinehme?« Ich musste der Schuld ins Gesicht schauen. Ich entschied also, dass die beste Möglichkeit, dies zu tun, darin bestünde, noch eine Golfpartie mit Graham für die schuldlastigste Zeit auszumachen, die es gibt – Montag Morgen! Ich machte es. Und mithilfe meiner Freunde mache ich das bis heute.

Wir arbeiten, um unsere Schuld abzubezahlen. Sobald wir zu arbeiten aufhören, fühlen wir unsere Schuld wieder. Also fangen wir an, wieder zu arbeiten. Die Arbeitsethik ist nicht nur ein Symbol unserer Schuld, sondern auch unserer Verwirrung. Besonders …

die Arbeitsethik verwechselt Bereitwilligkeit
mit Arbeit.

Glück erfordert nur Bereitwilligkeit, nicht harte Arbeit. Besonders macht es erforderlich, dass wir willens sind, den Fuß vom Gas zu nehmen, rumzugammeln, faul zu sein, uns zu entspannen und glücklich zu sein.[12] Ganz so, wie es in der Arbeitsethik um Schuld geht, geht es bei echter Bereitwilligkeit um Selbstannahme – d. h. anzunehmen, dass man (1) ein Recht auf Freude hat und (2) Freude Ihr unkonditioniertes Selbst ist.

Die Heilungs-Ethik

Mein Vater zog meinen Bruder David und mich mit Geschichten über das Leiden auf. Wieder und wieder erzählte er uns davon, wie hart das Leben für ihn war, als er in unserem Alter gewesen war. Er wiederholte immer wieder dieselben Geschichten und jedes Mal wurde das Leiden übertriebener!

Das Gesicht unseres Vater begann zu strahlen, wenn er uns die Geschichten seiner Entbehrungen erzählte. Es war tatsächlich so, dass seine Nostalgie um so stärker erglühte, je härter das Leiden war. Die »Schulgeschichte«, wie sie in unserer Familie zärtlich genannt wird, ging ungefähr so:

Wir waren so arm, dass wir jeden Tag zur Schule laufen mussten. Ein Auto konnten wir uns nicht leisten; wir konnten uns nicht einmal eine Busfahrkarte leisten. Ich musste die sechs Meilen hin und wieder zurück laufen, bei jedem Wetter. Ich hatte nur ein paar Schuhe ohne Sohlen. Ich hatte sieben Jahre lang nur einen Satz Klamotten und sogar die waren geerbt.

Ich verpasste nie einen Schultag. Selbst bei 42 Grad ging ich noch. Man musste gehen oder man wurde verprügelt. In der Schule benahmen wir uns. Wenn man sich nicht benahm, wurde man bestraft und geschlagen. Wir merkten uns auch alles, was unsere Lehrer uns sagten oder wir bekamen eins auf die Finger.

Wir hatten keinen Penny, ich musste mir die Bücher, die Bleistifte, den Füller, ja sogar die Tinte mit anderen teilen. Bücher waren zu meiner Zeit ein Luxus. Wir arbeiteten in der Kälte – Zentralheizung war ja noch nicht mal erfunden. Und zu Weihnachten hatten wir Glück, wenn wir eine Orange und ein paar Nüsse bekamen – zu meiner Zeit gab es keine Computerspiele.

Andere tolle Zitate, an die ich mich erinnern kann, sind: »Wir mussten für einen Penny Taschengeld zweimal das ganzes Haus saubermachen« und »alles, was schlechter war als ein 2+, bedeutete, dass wir eine Woche lang den Sportrasen mähen mussten.« So seltsam es klingen mag, David und ich würden beide sagen, dass es einige der glücklichsten Momente unserer Kindheit waren, als wir mit Dad lachten und er uns seine Leidensgeschichten erzählte.

Die Leidensethik gebiert sich aus der Wahrnehmung von Schuld und Unwürdigkeit. Wie die Arbeitsethik lehrt uns auch die Leidensethik, dass das Glück nicht umsonst ist; man muss es sich verdienen. Sie indoktriniert uns, zu glauben, dass Leiden der Pfad zum Glück und allen guten Dingen ist. Außerdem lehrt sie uns, dass Glück ohne Leiden keinen echten Wert, keine echte Integrität hat. Das ist natürlich absoluter Unsinn. Wenn es auch sicher wahr ist, dass wir aus unserem Leiden lernen und so glücklicher werden können. Dennoch stimmt es nicht, wenn man sagt, dass man erst leiden muss, um glücklich sein zu können. Die bedingungslose Wahrheit lautet:

**Man muss nicht erst das Leiden kennen,
um glücklich zu sein.**

Und doch will die Leidensethik Sie davon zu überzeugen, dass Leiden eine Voraussetzung für Glück ist. Diese Ethik insistiert auch, dass man Liebe nicht erkennen kann, bis man sie verloren hat; Sie den Frieden nicht genießen können, ohne dass Konflikt vorausgegangen ist; Sie scheitern müssen, um Erfolg haben zu können; Sie schwach sein müssen, bevor Sie stark sein können und Sie fallen müssen, um zu wahrem Glauben zu finden. Die Wahrheit ist jedoch, dass geistiger Frieden keiner Konflikte bedarf, um ihn zu definieren, Liebe dafür keine Angst braucht und Freude kein Leiden.[13]

Viele Leute interessieren sich sehr für Leiden, weil sie glauben, dass es sie zu einem besseren Menschen macht. Nichts könnte weiter von der Wahrheit entfernt sein.

**Leiden kann Sie heimsuchen, aber Leiden
macht Sie nicht zu einem tollen Menschen.**

Leiden kann einen heimsuchen und wenn das geschieht, ist es bedauerlich. Alle von uns haben Enttäuschungen erlitten, Verlust, Schmerz, Versagen, Ablehnung, Todesfälle und so weiter. Ich will dieses Leiden keineswegs kleinreden, aber was ich sage, ist, dass *auch noch so viel Leiden nichts zu Ihrer Größe beiträgt.* Ihr Selbstwert wurde im Moment Ihrer Erschaffung im Himmel festgelegt. Ihr Wert liegt daher in dem, was Sie sind, nicht in dem, was Sie erlitten haben.

Und wie bereits erwähnt, war es in meiner Stress Busters Klinik, wo mir das erste Mal auffiel, dass die Leute ihre Krankheiten und Leiden gegeneinander auffuhren, in dem traurigen Versuch, mehr Liebe zu bekommen, mehr Aufmerksamkeit, mehr was auch immer. Oft ist der erste Schritt zur Heilung, zu verstehen, dass auch noch so viele Kriegsverletzungen Ihren inneren Wert nicht erhöhen. Mit anderen Worten …

**müssen Sie Ihre Identität als »Leidender«
aufgeben, als »Opfer« oder »Ex-Abhängiger«,
wenn Sie »rekonvaleszent« sind
und glücklich werden wollen.**

Dieser Tage bemerke ich immer mehr, wie die Leute sich mit ihren Krankheiten vorstellen. Innerhalb der ersten paar Minuten der Vorstellung hören wir oft etwas über Rekonvaleszenz, Therapie, Prozac, Ko-Abhängigkeit, Lebenscoaching, Nikotinpflaster, emotionale Komplexe und warum genau das Leben »eines der schwersten« ist. Sekunden nach dem Händeschütteln hört man schon »ich bin rekonvaleszent«, »ich bin depressiv«, »ich bin

Agoraphobiker« und so weiter. Wir nennen uns zwar nie »Ex-gebrochener-Arm«-Patient, aber es scheint heute in Mode zu sein zu verkünden: »Ich bin trockener Alkoholiker.«

Vor Kurzem habe ich eine junge Frau namens Sarah beraten, die aus Russland gekommen war, um mich zu treffen. Sie ist 25, groß, gertenschlank, sehr dünn sogar und über die letzten zehn Jahre hat sie an Bulimie gelitten. Der schmerzhafteste Moment unserer gemeinsamen Zeit war, als ich sie sehr direkt fragte: »Würdest du es schaffen, Sarah, aufzuhören, dich eine Bulimikerin zu nennen?« Sarahs ganzer Körper fing bei diesem Gedanken zu zittern an. »Ich weiß, dass du unter Bulimie leidest, aber kannst du erkennen, dass Bulimie nicht festlegt, wer du bist?«, fragte ich.

Sarah reagierte wunderbar auf diese Herausforderung. Irgendwie wusste ich, dass sie das tun würde. »Ich habe Angst«, sagte sie, »aber ich verstehe, was du meinst. Es ist nur so, dass ich ohne Bulimie nicht weiß, wer oder was ich bin.«

Ich beruhigte Sarah, so gut ich konnte. Ich sagte ihr: »Ich weiß, du hast viel gelitten, aber ich hoffe, dass du erkennst, dass dieses Leiden nicht deinen Selbstwert definiert. Unter deinen Ängsten, deinen Tränen und deinem Leiden wartet immer noch das Glück auf dich. Dein Glück ist vollkommen intakt und du bist immer noch vollständig ganz. Die Freude deines unkonditionierten Selbst wartet darauf, dass du sie willkommenheißt.«

Sarah lächelte. Zwei Wochen nach unserem Treffen bekam ich einen Brief von Sarah, in dem wörtlich Folgendes steht:

Lieber Robert, ich danke dir. Danke. Du bist der erste Mensch in zehn Jahren, der mich nicht als Bulimiekranke behandelt hat. Du hast mich als ganzen Menschen behandelt. Ich fand das zuerst verwirrend. Ich habe dich sogar ein bisschen dafür verabscheut. Aber ich freunde mich mit der Idee an. Das erste Mal seit Langem kann ich mir vorstellen, wie es ohne Bulimie ist. Dieser Gedanke ist furchteinflößend und aufregend. Schauen wir ihn uns an, wenn wir uns das nächste Mal treffen. Ich rufe bald an. In Dankbarkeit und Liebe, Sarah.

Die Leidensethik heftet ihre Hoffnung an die Vorstellung, dass Leiden sowohl eine passende Sühne für Ihre Unwürdigkeit ist und eine adäquate Bezahlung für das Glück. Die große Hoffnung dabei ist, dass »X« Leiden »Y« Glück verdienen, bezahlen, erkaufen oder Sie dafür würdig machen kann. Die Wahrheit ist jedoch, dass

**keine Menge an Leiden Ihnen
irgendwelches Glück erkaufen kann.**

Glück kann man nicht kaufen, denn Glück hat keinen Preis. Es gibt auch keinen Wechselkurs zwischen Glück und Leiden. Glück lässt sich nicht gegen Leiden eintauschen. Genauso kann auch noch so viel Schmerz, Verletzungen, Schuld, Pech, harte Arbeit, Tragödien, Desaster oder Kreuzigungen einem nicht eine Unze Glück kaufen. Glück verdient man nicht. Glück hat keinen Preis – es gibt kein Entkommen vor dieser Freiheit! Woher wissen Sie, dass Sie an dem Glauben »leiden«, dass Sie leiden müssen, um glücklich zu sein? Hier ein paar verräterische Signale:

- Sie haben sich dem Grundsatz »no pain, no gain« verschrieben.
- Sie glauben, dass sich nichts Wertvolles ohne Leiden erreichen lässt.
- Sie misstrauen Geschenken, die nicht durch Leiden verdient wurden, also allem was »easy come, easy go« ist.
- Sie glauben, dass es sowas wie Freifahrten nicht gibt – alles hat seinen Preis.
- Sie sind oft krank.
- Wenn es einen schweren Weg gibt, etwas zu tun, dann finden Sie ihn.
- Niemand geht härter mit Ihnen um als Sie selbst.
- Sie loben selten jemand, denn Sie denken, dass Lob zu Behäbigkeit führt.
- Sie halten sich für den Klassenbesten in der Schule der »harten Hunde«.
- Bequemlichkeit, Reichtum und Luxus »bewirken«, dass Sie sich schuldig und unwohl fühlen.
- Sie sind ein umgekehrter Snob, haben immer Leute auf dem Kieker, die ein bequemes Leben führen.
- Weniger Leiden bedeutet weniger Selbstwert.
- Sie halten sich für einen echten Mann/eine echte Frau, weil Sie leiden.
- Das Leben ist ein Jammertal und danach geht's in die Grube. Ist es nicht so?
- Sie sind davon überzeugt, dass Sie besser sind als jeder, der weniger gelitten hat als Sie.

- Sie glauben, niemand hat so viel gelitten wie Sie.
- Sie verwechseln Liebe mit Sympathie – Liebe verschafft Ihnen Sympathie.
- Sie sind König oder Königin des Dramas – wenn kein Drama herrscht, fehlt Ihnen etwas.
- Schmerz ist Ihre einzige Lernkurve.
- Sie verwechseln Leidenschaft mit Missbrauch – all Ihre romantischen Beziehungen sind ein Kampf.
- Zu viel Bequemlichkeit bereitet Ihnen Schuldgefühle.
- Sie hoffen, dass Gott, wenn Sie genug leiden, sich so schuldig fühlen wird, dass er Milde an Ihnen walten lässt.
- Sie lieben es zu streben, aber ein Gedeihen Ihrer Bemühungen würde den Schuldfaktor zu sehr erhöhen.
- Irgendwo gibt es immer einen Feind.
- Sie kämpfen oder ringen immer mit etwas oder jemandem.
- Sie haben einen blinden Fleck, wenn es um leichte Möglichkeiten geht – Sie machen immer alles kompliziert.
- Sie glauben, dass Sie immer kämpfen müssen, um zu kriegen, was Sie wollen, sodass Sie Kämpfe förmlich anziehen.
- Sie vergleichen gern Narben.

Eine weitere große Fehlvorstellung der Leidensethik ist die Vorstellung, dass Leiden zur Erleuchtung führt. Im Gegenteil, es ist nicht das Leiden, das Erleuchtung bringt,

es ist die Entscheidung, das Leiden
***aufzugeben*, die zur Erleuchtung führt.**

Viele der religiösen und philosophischen Traditionen der Welt haben versucht, Leiden als legitimen spirituellen Pfad zu promoten, der Ihnen etwas erkaufen kann. Besonders die Lehren des Christentums wurden oft dazu verdreht, einen zu ermutigen, für sein Glück zu leiden. Besonders die mittelalterliche Christenheit war sehr streng, wenn es um Glück ging, denunzierte Lachen offiziell als »Gesang des Teufels« attackierte das Glück als Bedrohung für die monastische Selbstkontrolle.

Das Bild des am Kreuz leidenden Christus ist auf der ganzen Welt bekannt. Man sieht jedoch sehr selten Bilder des auferstandenen Christus. Dieses Ungleichgewicht hat mich vor ein paar Jahren veranlasst, eine Sammlung von Bildern anzufangen, die Jesus lachend, lächelnd und glücklich darstellen. Mittlerweile habe ich so einige.

Immer, wenn ich bei einem christlichen Buchladen oder einer Kirche vorbeikomme, frage ich immer, welche Bilder sie dort vom glücklichen Jesus haben. Nie hätte ich die Reaktionen voraussehen können, die ich da oft bekomme. Oft werde ich mit solch empörten, schockierten, entsetzten oder Verachtungsvollen blicken begrüßt, dass man meinen könnte, ich hätte gefragt: »Haben Sie denn Bilder wie Jesus in der Nase bohrt?« Jesus war ein Mann der Freude! Denken Sie mal drüber nach – niemand würde einem morbiden, niedergeschlagenen Messias folgen.

Christen argumentieren oft für das Leid. Ein altes Argument ist, dass man sich hüten sollte, zu viel zu lachen oder lächeln, weil es in der Bibel keine Erwähnung gibt, dass Jesus gelacht oder gelächelt hätte. Meine Antwort darauf ist, dass in der Bibel nirgends erwähnt wird, dass

Jesus sich die Zähne geputzt, Geburtstagsgeschenke gekauft oder Pizza bestellt hätte, was aber nicht heißt, dass wir diese Dinge nicht tun sollten. Und überhaupt gibt es in der Bibel genug Stellen zur Freude, um alle glücklich zu halten. Zum Beispiel heißt es in einer Version von Kohelet: »Überlasst euch nicht der Sorge, quält euch nicht mit Brüten. Die Freude des Herzens ist das Leben für den Menschen, die Freude schenkt ihm die Länge der Tage ... versteckt eure Sorgen, tröstet euer Herz und verjagt die Sorgen; denn die Sorge ist der Untergang vieler und niemandem von Nutzen.«

Der einzige Wert, den das Leiden hat, ist, dass es einen darauf hinweist, dass man zu wenig Glück im Tank hat. Die Funktion des Leidens ist daher, einen daran zu erinnern, das Glück zu wählen, die Liebe, die Heilung, Vergebung und Freiheit. Die hilfreichste Reaktion auf Leiden ist also, es als Chance zu nutzen, die Reset-Taste in Ihrem Leben zu drücken und sich wieder dem zu verschreiben, was wirklich wichtig ist.

Um glücklich zu sein, müssen Sie Freude höher einschätzen als Schmerz. Vielleicht wollen Sie sich noch einmal vor Augen führen, dass *Leiden Ihnen kein Glück kaufen kann*. Ihr Ego glaubt, dass es so irgendwie für eine Schuld Sühne tut, aber in Wahrheit ist die Schuld nicht real; sie ist erlernt. Wenn Sie das glauben können, für sich selbst und für andere, dann werden Sie sich vom Leiden befreien können.

Die Märtyrer-Ethik heilen

Glück ist dazu da, geteilt zu werden.

Die Märtyrer-Ethik beruht auf einer Anzahl irriger und angstbasierter Glaubenssätze zum Glück, von denen der zentrale der ist, dass *Glück egoistisch ist.* Eine weitere große Angst in Sachen Glück für den praktizierenden Märtyrer ist, *dass mein Glück den anderen ihr Glück verwehrt.* Mit anderen Worten: Es kommt dem Märtyrer so vor, dass es nicht genug Glück für alle gibt. Andere Ängste des Märtyrers in Sachen Glück sind: *Glück führt zu Eitelkeit, mein Glück hat keinen Wert für andere* und *Glücklichsein ist unbedacht in einer Welt, in der es Leiden gibt.*

Die Angst, *dass Glück egoistisch ist,* ist nicht nur unwahr, sie könnte sogar kaum weiter von der Wahrheit weg sein. Psychologische Forschungen bestätigen immer wieder, dass es gerade die Deprimierten sind, nicht die Glücklichen, die zutiefst auf sich selbst fokussiert und mit sich selbst beschäftigt sind. Glückliche Menschen haben dagegen die Tendenz, extrovertiert, gesellig, großzügig, liebevoll und milde zu sein. Sie sind auch toleranter, leichter bereit zu vergeben und weniger geneigt, andere zu verurteilen, als Leute, die deprimiert sind.[14]

Die Märtyrer-Ethik verwechselt echtes Glück mit Hedonismus, trivial Gier, die nur auf Vergnügen bedacht ist und mit Anmaßung. Sie übersieht die Tatsache, dass *die Grundlage wahren Glücks Liebe ist.* Und wie bei der Liebe auch …

**ist der erste Impuls wahren Glücks,
sich mitzuteilen; Glück ist nicht egoistisch.**

Ich erinnere mich, dass ich ein Interview über eine Frau gelesen hab, die zehn Jahre als Einsiedlerin in der südamerikanischen Wildnis gelebt hatte. An einer Stelle im Interview wurde Sie gefragt, ob sie jemals einsam war.

»Ja«, antwortete sie. »Ich wurde oft sehr einsam. Nicht wenn ich down war, sondern wenn ich sehr glücklich war, weil ich niemand hatte, mit dem ich mein Glück teilen konnte.«

Wahres Glück ist niemals egoistisch.

Die Geschichte des Märtyrertums beginnt mit guten Absichten. Das ursprüngliche Ziel des Märtyrers war es, das »Ego« aufzugeben, um sich an sein »spirituelles Selbst« erinnern zu können. Spirituelles Martyrium war also ursprünglich dazu gedacht, die Illusionen des Mangels, der Schuld und der Trennung aufzugeben. Es ging dabei nicht um Verlust, sondern um Ganzheit.

Viele der spirituellen Traditionen der Welt vertreten Botschaften zum Thema Martyrium, die ziemlich durcheinander sind. Beim Märtyrertum des Ego (im Gegensatz zum spirituellen Märtyrertum) geht es um Ringen, Leiden und Opfer. Darum ist es in der christlichen Tradition fast unmöglich, ein Heiliger und gleichzeitig glücklich zu sein. Die große Hoffnung des Ego-Märtyrertums ist, dass genug Leiden Ihnen Glück erkaufen wird. Wie bei der Leidensethik auch ist die Wahrheit jedoch, dass

**auch noch so viel Leiden
Ihnen kein Glück erkaufen kann.**

Wahres Glück verlangt nur ein einziges Opfer – die Vorstellung, dass Sie etwas Echtes opfern müssen, um glücklich zu sein. Bei wahrem Glück geht es daher nicht wirklich um Opfer – es geht um Selbstannahme, um das Annehmen der Tatsache, dass Sie nicht schuldig sind und als ganz, wertvoll und gut erschaffen wurden.

Ich habe mal eine Frau namens Joy beraten (das ist wirklich ihr Name), die über mehrere Wochen aus London hergekommen war, um mich zu sehen. Joy war in den Vierzigern, eine Künstlerin, kürzlich geschieden, versuchte, ein neues Kapitel in ihrem Leben anzufangen und war, in ihren eigenen Worten »depressiv«. Joy war römisch-katholisch aufgewachsen. Sie war in einem Konvent zur Schule gegangen, wo man ihr den »Wert« von Opfer und Märtyrertum beigebracht hatte.

»Opfer war die primäre Lehre im Konvent«, erzählte sie mir. »Uns allen wurde beigebracht, dass wir Sünder waren und Buße und Opfer das Einzige war, wozu wir taugten.«

»Und wie sah das Opfer aus?«, fragte ich.

»Wir mussten täglich kalt duschen, um das Fleisch abzutöten; wir mussten im Winter bei offenem Fenster schlafen; wir mussten Mahlzeiten auslassen und ohne Kissen schlafen, alles aufgeben, was einen Genuss für uns bedeutete.« Die Liste ging immer weiter. »Und weil ich gut sein wollte, wurde ich der beste Märtyrer, den es gab, aber es war nie, nie gut genug«, sagte Joy.

Joy hatte bemerkt, dass jedes Mal, wenn Sie versuchte, glücklich zu sein, das Universum sich dazu verschworen zu haben schien, sie elend zu machen. »Neulich versuchte ich das erste Mal in meinem Leben zu einer

Aromatherapie-Massage zu gehen«, sagte sie mir. »Ich fühlte mich so schuldig, so falsch, aber ich wollte es machen. Aber als ich dort ankam, war der Therapeut krank geworden und schon nach Hause gegangen. Seine Kollegin sagte mir, dass er niemals zuvor krank gewesen war.«

Joy erzählte weiter: »Letzte Woche entschied ich mich, in die Oper zu gehen, weil ich das noch nie gemacht hab. Gerade als ich angekommen bin, gab es eine Bombendrohung und die Vorstellung wurde abgesagt. Zuvor bin ich dieses Jahr das erste Mal seit 20 Jahren in den Urlaub gefahren und wurde krank; die nächsten zwei Wochen hab ich im Krankenhaus verbracht.«

Ich deutete Joy an, dass alle diese gescheiterten Versuche, glücklich zu sein, sicher nicht das Werk Gottes waren, sicher auch nicht das Produkt einer Verschwörung des Universums gegen sie und auch sicher keine Zufälle. Joys Geschichte ähnelte zu sehr der Märtyrergeschichte, um ein Zufall zu sein. »Ich weiß, dass das jetzt deine Vorstellungskraft strapazieren wird, Joy«, sagte ich »aber bis du deinen Glauben an den Wert des Martyriums nicht aufgegeben hast, wirst du sogar noch mehr Enttäuschungen dieser Art in dein Leben ziehen.«

»Du meinst also, es ist kein Zufall?«, fragte sie.

»Nein«, erklärte ich. »Das sind Effekte – Effekte, die dein brennender Glaube an deine Schuld und die Notwendigkeit von Opfern erzeugt.«

Schritt für Schritt begannen wir, Joys erlernte Glaubenssätze über ihre *Schuld* und *Unwürdigkeit* auseinanderzunehmen. Sie musste erst ihre Einstellung zu sich selbst ändern, bevor Sie ihr Leben ändern konnte. »Du hast alles über Mangel und Opfer gelernt«, sagte ich ihr,

»und jetzt müssen wir wieder lernen, alles über Ganzheit und Freude zu lernen, denn Freude [Joy] ist doch dein Name, oder?«

Joy steht immer noch hin und wieder mit mir in Verbindung und macht weiterhin gute Fortschritte.

Die meisten Märtyrer sind »Spielverderber«, obwohl sie das vehement verneinen würden. Märtyrer haben solche Angst vor dem Glück, dass sie dazu neigen, jedem, der ihnen »zu glücklich« vorkommt, einen Dämpfer zu verpassen. Glück ist ein großes Dilemma für jeden Märtyrer, denn Sie können nicht *schuldig und glücklich gleichzeitig sein*. Ein Märtyrer muss sich daher entscheiden, was ihm oder ihr wichtiger ist: Glück oder Schuld?

Märtyrertum kommt von *Schuld* und *Unwürdigkeit* und endet daher unvermeidlich in *Schuld* und *Unwürdigkeit*. Die meisten Märtyrer enden als ziemlich unglückliche Wesen, weil sie das Gefühl haben, dass sie nie die Sympathie bekommen, die sie zu verdienen meinen. Ebenfalls werden viele Märtyrer sehr manipulativ und benutzen ihre eigenen Schuldgefühle, um anderen Schuld aufzuladen. Märtyrer lernen es, sich Enttäuschungen und Verlust anzupassen, und obwohl viele von ihnen davon träumen, froh und glücklich zu sein, fühlen sie sich doch äußerst unwohl damit, diese Gefühle wirklich anzunehmen. Das liegt daran, dass ...

für einen Märtyrer das Nehmen des Teufels ist.

Ein äußerst verbreitetes Symptom der Märtyrer-Ethik, das Ihnen vielleicht an sich selbst auffällt, ist, dass jedes Mal, wenn Sie ein Kompliment bekommen, ein Geschenk oder eine Liebesgabe, Sie in Versuchung sind, es abzulehnen. Es anzunehmen lernen, es zu empfangen und »danke« zu sagen ist eine ziemliche Leistung. Die Angst des Märtyrers ist, dass »Glück egoistisch macht«, aber es ironischerweise oft das Märtyrertum ist, das einen egoistisch macht, weil (1) Märtyrer den Leuten die Chance verweigern, ihnen etwas zu geben und man (2) das nicht frei geben kann, was frei anzunehmen man außerstande ist.

Das Märtyrertum ist so in Schuldillusionen verstrickt, dass es die wichtigste Wahrheit von allen übersieht:

Ihr Glück ist Ihre Gabe an die Welt.

Jane war 28 Jahre alt, eine alleinerziehende Mutter, die in einem Wohnblock lebte und von der Wohlfahrt unterstützt wurde. Sie war ihrem »Bußplan« zum Glück minutiös gefolgt und hatte damit das Glück vollständig aus den Augen verloren. Sie war eine klassische Märtyrerin, die mit der klassischen Märtyrererziehung groß geworden war, die da lautete: »die Arbeit einer Frau ist nie getan«. Sie hatte das Gefühl, ein Bürger zweiter Klasse zu sein, die nicht wusste, wie sie sich um ihrer eigenen Bedürfnisse kümmern sollte. »Und wenn ich mit Leuten zusammen bin, dann kann ich mich nicht entspannen, ich muss ihnen nützlich sein, immer helfen und versuchen, ihnen zu gefallen.«

Der Wendepunkt für Jane kam, als ich ihr zeigen konnte, dass jedes Mal, wenn sie sich selbst missbrauchte und vernachlässigte, ihr kleines Baby schrie, krank wurde und unglücklich war. Jane sah die Verbindung sofort. Innerhalb von ein paar Tagen sagte sie mir: »Ich verstehe es. Ich muss nett zu mir selber sein, denn wenn ich nett zu mir selber bin, dann profitiert auch die Familie davon.«

»Ja«, antwortete ich.

»Also ist Glück nicht egoistisch. Glück ist okay«, sagte sie.

In Wahrheit ist Ihr Glück mehr als okay. Ihr Glück ist ein großes Geschenk. Es ist eine totale Inspiration, ein wunderbares Beispiel und ein großartiger Dienst an der Welt. Ihr Glück trägt so viel mehr für die Welt bei als Ihr Leiden. Indem Sie sich entscheiden, glücklich zu sein, sind Sie »das Licht der Welt«. Im Happiness Project feiern wir die Idee des Glücks mit folgenden Worten:

Gerade weil die Welt voll Leiden ist,
ist Dein Glück solch ein großes Geschenk.
Gerade weil die Welt so voller Armut ist,
ist Dein Reichtum so ein großes Geschenk.
Gerade weil die Welt so unfreundlich ist,
ist Dein Lächeln so ein großes Geschenk.
Gerade weil die Welt voll Krieg ist,
ist Dein Geistesfrieden so ein großes Geschenk.
Gerade weil die Welt so voller Verzweiflung ist,
ist Deine Hoffnung und Dein Optimismus
ein Geschenk.
Gerade weil die Welt so viel Angst hat,
ist Deine Liebe ein Geschenk.

KAPITEL 5

Bedingungslos leben

Glück ist umsonst – es gibt keine Bedingungen.

Eine meiner Klientinnen, Annabel, war viel zu sehr mit Selbstvervollkommnung beschäftigt, um glücklich sein zu können. Annabel war in ihren Vierzigern, eine Mutter von zwei Kindern, eine »Fitnessfanatikerin«, ein »Gesundheitsgourmet« und ein Maniac in Sachen Selbstvervollkommnung. Sie erzählte mir tatsächlich, dass sie dafür lebte, sich zu verbessern. Annabel hatte daraus sogar eine Karriere gemacht. Sie war Autorin mehrerer Bücher in diesem Genre und hatte viele Auftritte im Fernsehen und Radio.

Ich musste feststellen, dass Annabels Beschreibung als Maniac in Sachen Selbstvervollkommnung völlig zutreffend war. Jeder Tag begann mit Meditation, Affirmationen, einem Gesundheitsshake zum Frühstück und einem Power Walk. Zu ihrer Grundroutine jede Woche gehörten Akkupunktur für die Energie, eine Tiefenmassage und eine Langzeittherapie. Sie las auch mindestens zwei Selbsthilfe-Bücher pro Woche. Ihr bester Freund war ihr Fitness-Trainer und sie nannte sich selbst einen Workshop-Junkie, weil sie jedes Selbstvervollkommnungs-Seminar vor Ort besuchte.

Annabels Hingabe an ihre Vervollkommnung war so groß, dass es ein Schock für sie war, als ich andeutete, dass …

sie die Selbstvervollkommnung aufgeben müsse, um glücklich zu sein.

Annabels brennende Sehnsucht, sich zu verbessern, war nicht von Freude, sondern von Schuld motiviert, dem Glauben, dass sie nicht schon längst würdig war, glücklich zu sein. Ich erklärte ihr, dass sie, bis sie nicht ihre Einstellung zu sich selbst änderte (also ihre Schuld aufgab) auch noch so viel Selbstvervollkommnung ihr keinen echten, dauernden geistigen Frieden bringen würde.

Annabel hörte aufmerksam zu. »Ich schätze, ich bin der lebende Beweis, dass Selbstverbesserung einen nicht wirklich glücklich machen kann«, sagte sie.

Ich sagte: »Ich will ja nicht, dass du den Versuch aufgibst, dein Leben, deine Gesundheit, deine Fähigkeiten oder deine Karriere zu verbessern, aber ich will, dass du erkennst, dass wahres Glück keiner Selbstvervollkommnung bedarf, keiner Sonderbedingungen, keiner Intelligenztests, keines Finanzstatus', keiner aufwendigen Opfer … keines irgendwas. Glück gibt es umsonst, immer, für alle.«

Ich sagte Annabel, dass ihre Geschichte meiner stark ähnelte. Insbesondere erzählte ich ihr von einem »Lebensernstfall« am Tag nach meinem 30. Geburtstag.

Dieser »Ernstfall« sollte zum Katalysator für einen weiteren entscheidenden Wendepunkt in meinem Leben werden, weil ich mich damals entschieden hatte, das Thema Selbstvervollkommnung ein für allemal aufzugeben.

Mein 30. Geburtstag »endete in Tränen«. Die Feier, die ich enorm genossen hatte, wurde abrupt und rüde von einem Soundtrack in meinem Kopf unterbrochen, bei dem gut einstudierte Hymnen und Marschlieder wie »du bist nicht gut genug«, »du könntest es besser machen«, »du hättest mehr tun können« und »du hast es im Leben zu nichts gebracht« gespielt wurden. Mein Ego musste einfach mitreden.

Ich erinnere mich noch, dass ich gerade einen weiteren Refrain von »du hast es im Leben zu nichts gebracht« hinter mich gebracht hatte, als ich das Lied plötzlich anhielt und laut rief: »Warum fühle ich mich immer noch so grässlich?« Als ich die letzten 12 Jahre Revue passieren ließ, kam ich zu der Schätzung, etwa 200 Selbsthilfe-Ratgeber gelesen zu haben, manche davon mehrmals; ich hatte an die hundert Vorträge über Selbstvervollkommnung angehört, zahllose Workshops besucht, Tausende von Affirmationen aufgesagt, bis zu fünf Stunden täglich meditiert, ständig gebetet und so weiter und so fort.

Als ich fortfuhr, mir meine ganzen Bemühungen zu meiner eigenen Vervollkommnung aufzuzählen, ging mir auf, dass ich mittlerweile, hätte ich denselben Aufwand und dieselbe Hingabe in etwas Physisches wie Bodybuilding gesteckt, wahrscheinlich »Mr. Bizeps des Universums« wäre. Ich rechnete aus, dass ich wahrscheinlich so muskelbepackt wäre, dass ich seitlich durch die Tür gehen müsste. Warum also hatte ich, obwohl ich schon so viel getan hatte, immer noch das Gefühl, es gäbe so viel zu tun?

Mir liefen die Tränen die Wangen runter. Ich fühlte mich völlig gebrochen. Ich betete um Hilfe. Fast sofort begann ein innerer Dialog und ein neues Bewusstsein dämmerte in mir herauf. Das erste Mal begriff ich, dass

noch so viel Selbstvervollkommnung niemals einen Mangel an Selbstannahme wettmachen kann.

Glück bedarf keiner Selbstvervollkommnung; es bedarf nur uneingeschränkter Selbstannahme – d. h. der Bereitschaft, zu akzeptieren, dass Ihr unkonditioniertes Selbst bereits vollständig, glücklich und gut ist. Mit anderen Worten: *Wenn Selbstvervollkommnung auch die größte Hoffnung des Ego auf Glück ist, ist Selbstannahme doch letztlich die Aufgabe des Ego* – d. h. die Aufgabe Ihres Glaubens an einen inneren Mangel.

Hier sind die Wahlmöglichkeiten, die Ihnen im Wesentlichen bleiben: (1) Verbessern Sie Ihr Ego; oder (2) geben Sie Ihr Ego auf und akzeptieren Sie Ihr Selbst – Ihr ganzes, unkonditioniertes Selbst. Seit meinem 30. Geburtstag bietet The Happiness Project keine Selbstvervollkommnungs-Kurse mehr an. Wir ermutigen die Leute, nicht länger zu glauben, dass sie sich erst beweisen oder sich verbessern müssen, um sich für das Glück zu qualifizieren. Stattdessen helfen wir den Leuten, Selbstvervollkommnung durch Selbstannahme zu ersetzen.

Selbstannahme ist der Schlüssel zu den Schätzen des Königreichs, des Königreichs Ihres unkonditionierten

Selbst. Ich benutze oft folgende Meditation im Happiness Project. Sie lautet:

Ohne Selbstannahme ist Frieden unmöglich;
  mit Selbstannahme
gehört der Frieden Dir.
Ohne Selbstannahme muss die Liebe warten;
  mit Selbstannahme
heißt Du die Liebe willkommen.
Ohne Selbstannahme gibt es kein Glück;
  mit Selbstannahme
kennst Du das Glück.
Ohne Selbstannahme tut die Wahrheit weh;
  mit Selbstannahme
heilt sie.
Ohne Selbstannahme kannst Du niemanden ganz
  in Deinem Leben willkommenheißen;
mit Selbstannahme geht es.
Ohne Selbstannahme versteckst Du Dich immer;
  mit Selbstannahme
gleitet Dein Geist dahin.
Ohne Selbstannahme ist nichts genug; mit Selbst-
  annahme
bist Du genug.
Ohne Selbstannahme hast Du nicht die Freiheit,
  zu wachsen;
mit Selbstannahme kann Dein Potenzial sich frei
  entfalten.
Ohne Selbstannahme ist alles chancenlos;
mit Selbstannahme hast Du immer eine Chance.

Glücklichsein, Nichtstun

Die folgende Geschichte stellt Ihnen die Frage, was geschehen muss – Ihnen zufolge – bevor Sie es sich erlauben, glücklich zu sein.

Es war ein wunderschöner, heißer, fauler Sommertag und Billy angelte am Fluss. Nach einer Weile kam ein Fremder mit Anzug und Krawatte vorbei. »Wie geht's?«, fragte der Fremde.

»Ich bin glücklich, tue nichts«, sagte Billy.

»Schon Fische gefangen?«, fragte der Fremde.

Billy hatte sich nicht die Mühe gemacht, zu zählen. »Zehn vielleicht, aber ich werf' sie alle wieder rein«, sagte Billy.

»Zehn Fische! Die hättest du behalten und verkaufen sollen«, sagte der Fremde.

»Warum?«, fragte Billy.

»Du hättest Profit machen und den dann in eine bessere Angelrute investieren können.«

»Wofür brauch ich denn eine bessere Rute?«, fragte Billy.

»Na, mit einer besseren Rute könntest du mehr Fische fangen.«

»Und warum würde ich mehr Fische haben wollen?

»Na ja, mehr Fische bedeuten mehr Profit und mit mehr Profit könntest du deinen eigenen Truck mit Kühlsystem haben«, sagte der Fremde.

»Aber mir gefällt es hier, ich bin glücklich damit, nichts zu tun«, sagte Billy.

»Okay, aber mit einem großen Truck könntest du sogar noch mehr Profit machen«, sagte der Fremde.

»Und was dann?«, fragte Billy.

»Wer weiß? Mit genügend harter Arbeit könntest du vielleicht eines Tages dein eigenes Fischrestaurant aufmachen«, sagte der Fremde.

»Und was dann?«, fragte Billy.

»An dem Punkt wärest du so reich, dass du hierher zum Angeln kommen kannst, wann du willst« sagte der Fremde.

»Aber mach ich das nicht schon?«, fragte Billy.

Das Angeln ist ein Symbol für das schlichte Dasein.[1] Billy ist Ihr unkonditioniertes Selbst, völlig entspannt und glücklich ... er ist einfach nur da und tut nichts. Der Fremde mit Anzug und Krawatte ist das Ego – die kleine Stimme, die Ihnen sagt, dass Sie unbedingt arbeiten und kämpfen müssen und sollen, bevor Sie glücklich sein können.

Wenn Selbstannahme der Selbstverbesserung weicht, dann verweigern Sie sich oft das Glück im Jetzt, weil Sie glauben, dass es bestimmte Bedingungen gibt, die erst erfüllt werden »müssen« oder »sollen«. So ...

machen Sie sich unglücklich durch Ihre ständigen Forderungen von »muss« und »soll«.

Das unkonditionierte Selbst macht keine Forderungen in Sachen Glück – es ist bedingungslos. Der Ego-Geist, überzeugt von seiner eigenen Mangelhaftigkeit, führt sich einmal mehr wie eine megalomanischer Sporttrainer auf, der eine lange Liste von »Müssen« und »Sollen« herumbrüllt, die erfüllt sein will, bevor Sie glücklich sein können.

Zum Beispiel ist das Urteil »ich bin nicht gut genug« der Vater von »Soll«-Punkten wie »Ich sollte mehr tun«; der Glaubenssatz »Ich bin schlecht« führt zu »Müssens«-Punkten wie »Ich muss immer gut sein«; der Gedanke »Mit mir stimmt etwas nicht« führt zu Gedanken wie »Ich sollte alles richtig machen« und die Angst »Ich bin nichtig« bringt Sätze wie »Ich sollte etwas tun« hervor. Die Liste lässt sich endlos fortsetzen.

Die kognitive Psychologie war besonders effektiv darin, zuhöchst irrationale und illusorische Gedanken des Ego zu identifizieren, aus denen »Muss« und »Soll« gemeinhin besteht.[2] Albert Ellis, der Begründer der Rational-Emotiven Verhaltenstherapie, macht sich bewusst über dieses Denken des Ego lustig und bezeichnet es als »Musterbation«.[3] Lachen ist wunderbar und hilft, solch erlernte Ängste aufzulösen und loszulassen.

Verbreitete Beispiele von »Musterbation« sind:
- »Um glücklich zu sein, muss ich wie alle anderen sein.«
- »Um glücklich zu sein, muss ich immer recht haben.«
- »Um glücklich zu sein, muss ich immer gut sein.«
- »Um glücklich zu sein, muss ich immer die Kontrolle behalten.«
- »Um glücklich zu sein, muss ich immer von allen fair behandelt werden.«
- »Um glücklich zu sein, muss ich es mir verdienen.«
- »Um glücklich zu sein, muss ich arbeiten.«

- »Um glücklich zu sein, darf ich nie wütend werden.«
- »Um glücklich zu sein, muss ich perfekt sein.«
- »Um glücklich zu sein, muss ich immer pünktlich sein.«
- »Um glücklich zu sein, muss ich stets auf der Hut sein.«
- »Um glücklich zu sein, muss ich meine Gefühle verstecken.«
- »Um glücklich zu sein, darf ich nicht verwundbar sein.«

Vielleicht finden Sie es hilfreich, eine Liste der »Muss« und »Soll«-Punkte zu erstellen, die Sie für sich erfunden haben. Ein Teil Ihrer »Musterbation« mag so eingefahren sein, dass er unbewusst und automatisch geworden ist. Das ist dann der Fall, wenn sich »Muss« und »Soll« mehr wie universelle Gesetze anfühlen, statt wie persönliche Illusionen. Sie tun sich jedes Mal einen Gefallen, wenn Sie …

**Ihre »Solleritis« aufdecken, loslassen
und über sie lächeln –
denken Sie daran, Glück ist umsonst!**

Das Ego hebt sich den Großteil seiner Verurteilungen, Verdammnisse, Selbstvervollkommnung und »Solleritis« für den Körper auf. Jeder Tag ist ein Kampf gegen Cellulite, graue Haare, Spliss, Speckröllchen, Hängebrüste, Bierbäuche, Kalorien und Akne. Wie können Sie glücklich sein, wenn Sie einen hohen Cholesterinspiegel haben? Das Ego versucht immer wieder, sein fragiles

Glück mit plastischer Chirurgie, sinnlichen Abenteuern, Gesichtsmasken und energetischen Workouts aufzupolstern.

Das Regime des Ego beinhaltet folgende Exemplare »Solleritis« und »Musterbation«:
- »Um glücklich zu sein, muss ich weniger wiegen.«
- »Um glücklich zu sein, muss ich mehr wiegen.«
- »Um glücklich zu sein, sollte ich einen besseren Muskeltonus entwickeln.«
- »Um glücklich zu sein, sollte ich mehr trainieren.«
- »Um glücklich zu sein, sollte ich keine Schokolade essen.«
- »Um glücklich zu sein, muss ich diese Cellulite loswerden.«
- »Um glücklich zu sein, muss ich mir ein Facelifting machen lassen.«
- »Um glücklich zu sein, brauche ich einen anderen.«
- »Um glücklich zu sein, sollte ich weniger essen.«
- »Um glücklich zu sein, sollte ich mehr essen.«
- »Um glücklich zu sein, sollte ich größere Brüste haben.«
- »Um glücklich zu sein, sollte ich mindestens Größe 8 haben.«

Immer und immer wieder versprechen Sie sich, dass das das letzte »Muss« oder »Soll« ist und Sie dann für immer glücklich sein werden. Das Blöde ist nur, dass es ohne Selbstannahme kein Ende hat mit der Selbstvervollkommnung und der »Solleritis«. Das Ego ist süchtig nach der »Solleritis«, weil es süchtig nach der Vorstellung ist, dass Glück die perfekten Voraussetzungen erfordert. Des Weiteren ist das Ego schon seinem Wesen nach nie, nie zufrieden. Sie können das Ego nicht beschwichtigen; Sie können es nur loslassen.

Die Entscheidung ist daher, entweder vergeblich zu versuchen, sich um seine »Solleritis« zu kümmern und dann glücklich zu sein oder sich einfach zu entscheiden, trotzdem glücklich zu sein! Dies ist Ihnen durch Selbstannahme möglich, durch das Annehmen der Tatsache, dass das Glück immer umsonst für Sie zu haben ist.

Drei Fata Morganas des Ego!

> *»Freude ist keine Karotte.«[4]*
> – Linda Carpenter

Stellen Sie sich das Ego vor wie das weiße Kaninchen in *Alice im Wunderland,* ständig ist es spät dran für einen wichtigen Termin, huscht ständig hin und her, rennt und verfolgt eine imaginäre Karotte. Das weiße Kaninchen tritt das erste Mal auf, als es Alice in ihrer Ruhe am plätschernden Bach stört. Ein fauler, zeitloser Moment wird durch die Eile, Panik und den Teufelslärm des weißen Kaninchens zerstört.

Wie oft ertappen Sie sich dabei, dass Sie wie das weiße Kaninchen leben, stets auf der Hatz? Wie oft erfahren Sie Geistesfrieden und wie oft Geisteszustände der völligen Zerstreuung?

»Schneller, schneller!«, ruft das Ego, überzeugt, dass alles Gute außerhalb seiner liegt, und gleichermaßen überzeugt, dass innen etwas fehlt. Der innere Frieden Ihres unkonditionierten Selbsts auf ewig unantastbar. Er kann nie gebrochen, wohl aber übersehen werden.

Bis Sie in der Lage sind, zu akzeptieren, dass wahres Glück in Ihnen existiert, sind Sie gezwungen, von Ort zu Ort zu hüpfen und die Welt nach irgendeiner externen Kopie abzusuchen. Das Ego heftet all seine Hoffnungen an drei äußerst vage Ziele: »mehr«, »dort« und »als Nächstes«. Dem Ego zufolge ist Glück möglich mit »etwas mehr«, »wenn wir dort ankommen« und »wenn wir den nächsten Schritt machen«. Der Punkt ist jedoch, dass

**Glück keinen nächsten Schritt erfordert;
es ist bereits da!**

Wenn wir auf der Überholspur leben, übersehen wir ständig, was wir bereits haben, können es nicht wertschätzen, wir jagen einem »Mehr« nach; wir opfern, was jetzt möglich ist, in der Hoffnung auf das, was »als Nächstes« kommt; alles, was »hier« für uns erreichbar wäre, werfen wir weg, weil wir »dorthin« sprinten. Und dennoch, ohne Selbstannahme verschwindet das Glück von »mehr«, »als Nächstes« und »dort« gerade wie eine Fata Morgana vor einem durstigen Wanderer in der Wüste.

1. Mehr

*Glück – je mehr wir ihm nachjagen,
desto mehr flieht es uns.*

Die 1980er Jahre waren die Zeit des »Mehr«, in der eine »auf die Plätze, fertig, kaufen«-Gesellschaft versuchte, sich ein für allemal das Glück zu kaufen, indem sie mehr

»Zeug« anhäufte. Die Welt wurde ein riesiger Supermarkt, Shopping wurde der nationale Zeitvertreib Nr. 1 und ein ungezügelter Materialismus versprach die Erlösung. Behauptungen, die 1990er Jahre hätten ein postmaterialistisches Zeitalter geboren, sind verfrüht, aber es stimmt, dass immer mehr Leute einsehen, dass …

mehr »Zeug« Ihnen kein Glück kaufen kann.

In den letzten Jahren haben mehr als 500 ausführliche psychologische Studien stichhaltig gezeigt, dass wir (1) seit den 50er Jahren über mehr Dinge und Reichtum verfügen als je zuvor und (2) wir deprimierter, gewalttätiger, selbstmordgefährdeter und gestresster sind als je zuvor.[5] Diese Forschungen weisen darauf hin, dass »mehr weniger ist«, d. h. dass wir, wenn wir mehr erwerben, wir auch fordernder werden und weniger zufrieden.

»Mehr« ist das gelobte Land des Ego. »Mehr« oder auch das »Oliver-Syndrom«, wie ich es gern nenne, ist die Hoffnung des Ego, dass »mehr Zeug« irgendwie magisch einen Hasen aus dem Hut zaubern und Sie glücklich machen wird.[6] Das Ego jedoch ist nie zufrieden, wie könnte eine Gedanke des Mangels das auch jemals sein? Wir brauchen sicherlich nicht mehr Zeug; wir brauchen jedoch mehr Selbstannahme. Wir müssen lernen, dass *obwohl mehr Zeug uns ermutigen kann, glücklich zu sein, mehr Zeug uns doch nicht glücklich machen kann.* Null Geistesfrieden plus einen Haufen Sachen wird doch nur bewirken, dass Sie noch mehr wollen. Der Schlüssel ist Selbstannahme. Um es anders zu formulieren …

»mehr« ist nie genug, bis Sie sich entscheiden, glücklich zu sein.

Erinnern Sie sich noch, wie Sie sich vor zehn Jahren versprochen haben, Sie würden glücklich sein, sobald Sie das verdienten, was Sie heute verdienen? Und, sind Sie jetzt glücklich? Erinnern sich noch, wie Sie sich selbst überzeugt haben, dass Ihre nächste Beförderung Sie glücklich machen würde? Sind sie es? Und jetzt, da Sie erfolgreicher als, sagen wir vor fünf Jahren, sind, sind Sie glücklicher? Und ist es nicht erstaunlich, wie alle, Ihre Erfolge nur mehr Arbeit für Sie zu schaffen scheinen und nicht weniger?

Wovon überzeugen Sie sich gerade selber, dass, wenn Sie mehr davon hätten, Sie glücklich wären? Wovon denken Sie, dass, wenn Sie nur mehr davon hätten, Sie endlich gut genug, glücklich und erfolgreich wären? Ist es mehr Geld? Lesen Sie die Studien! Vielleicht wollen Sie mehr Pferdestärken, noch eine Qualifikation, mehr Anerkennung, mehr Regalfläche, mehr Zeit oder vielleicht ein Haus mit noch einem Schlafzimmer? Was auch immer es ist, die »Dinge« dieser Welt sind bloß Spielzeuge. Sie machen Spaß. Spielen Sie mit ihnen so viel Sie wollen, aber glauben Sie nicht einen Augenblick, dass sie Ihr Glück ausmachen.

Wahres Glück ist bedingungslos – es braucht nur sich selbst, um zu existieren. Auch noch so viel »mehr« kann Sie nicht glücklicher machen. Glück wird nicht konsumiert; es wird gewählt.[7]

2. »Als Nächstes«

Glück ist die Gegenwart – mit der Zukunft
hat es gar nichts zu tun.

Zuhause habe ich eine ziemlich wertvolle Uhr, die ich als Geschenk bekam, als ich einen Vortrag bei einer jährlich stattfindenden Konferenz der »Life Foundation« hielt. Diese Uhr ist eine »Jetzt-Uhr«. Sie ist wie jede andere Uhr auch, nur dass dort, wo sich normalerweise die Ziffern 1 bis 12 befinden, nur das Wort »now« (jetzt) steht, »now«, »now«, »now«. Diese Uhr hilft mir, die Zeit im Kopf zu behalten. Die Demographie des Glücks – wenn man umfangreichen psychologischen Studien glauben darf – besagt, dass wenn Sie nicht in Ihren 20ern glücklich werden, es dann auch nicht in Ihren 30ern eintritt und auch nicht im 40, 50, 60, 70 oder 110! Mit anderen Worten: Es gibt nicht die besondere Zeit oder ein besonderes Lebensstadium, mit dem das Glück einhergeht.[8] Im Endeffekt …

hat Glück nichts mit Zeit zu tun;
es hat alles mit dem »Jetzt« zu tun.

Entgegen der landläufigen Meinung, heilt die Zeit nicht, sie fliegt auch nicht davon, sie macht gar nichts. Die Zeit hat kein Bewusstsein. Sie tut nichts für Sie. Der Schlüssel dazu, *jetzt* glücklich zu sein, ist, sich zu entscheiden, was Sie mit Ihrer Zeit genau jetzt anfangen wollen. Machen Sie genau jetzt den besten Gebrauch von Ihrer Zeit, den Sie nur können? Dieser Moment ist immerhin Ihre Lebenszeit. Es sind Ihre Entscheidungen, die jeden Moment ausmachen.

Das weiße Kaninchen in *Alice im Wunderland* trägt eine große Taschenuhr mit sich herum, um die Zeit nicht aus den Augen zu verlieren. In seiner Eile ist es so damit beschäftigt, wo es »als Nächstes« hinmuss, dass es oft versäumt, auf die Uhr zu schauen. Nicht nur »verliert es Zeit«, es verliert auch den Moment. Wie oft lassen Sie sich Glück *jetzt* entgehen, weil Sie der Uhr nachjagen? Sind Sie wirklich so sicher, dass das »Nächste« besser ist als das »Jetzt«?

Ich achte jeden Tag darauf, meinen Gedankenfluss zu verlangsamen, um den Moment wertschätzen zu können. Das »Nächste« kann mal warten. Das Jetzt ist da und ich will ihm meine volle Aufmerksamkeit zukommen lassen. Es ist schon komisch, aber ich habe immer wieder festgestellt, dass

**je mehr man sich dem *Jetzt* hingibt,
man umso mehr von ihm bekommt.**

Mithilfe meiner »Jetzt-Uhr« nehme ich mir die Zeit, den Moment zu genießen. Es braucht dafür gar nicht viel. Manchmal ist ein tiefes, langes Ausatmen genug. Ein Lächeln funktioniert ebenfalls. »Danke« ist perfekt. Staunen und Ehrfurcht funktionieren ebenso. Wenn ich draußen bin und einen Vogel singen höre, dann halte ich an und halte nach dem Vogel Ausschau. Wenn ich eine schöne Blume sehe, gebe ich ihr einen Namen und grüße sie wie einen lieben Freund. Glück kann einen so exzentrisch machen!

Das Ziel des Ego, das »als Nächstes«, passt zum Glauben des Ego, dass *das Glück woanders ist.* Es geht darum, im *Nicht Jetzt* zu leben. Ich ertappe mich oft dabei, dass ich im *Nicht Jetzt* lebe. Besonders wenn ich mich zum Mittagessen hinsetze, richtet sich mein erster Gedanke nicht aufs Mittagessen, sondern auf die Frage »was wir heute Abend essen.« Es gibt auch ein Mitglied meiner Familie, das hier nicht genannt werden soll, das sich taschenweise Broschüren in den Urlaub mitnimmt, um ihren »nächsten« Urlaub zu planen!

Die Fantasie des »als Nächstes« verhindert es oft, dass wir *jetzt* unser Bestes geben. Wir machen uns weiß, dass das Glück bald kommt und dass wir »nächstes Mal« unser Bestes geben, im »nächsten Job« und bei unserem »nächsten Partner«. Die Wahrheit ist jedoch, dass wenn man sich nicht zuerst ändert, das »nächste Mal« nicht anders sein wird als das »Jetzt«. Mit anderen Worten …

**die Zeit kann Sie nicht glücklich machen;
Ihre Einstellung schon.**

Bis Sie nicht akzeptieren können, dass es beim Glück um eine Entscheidung, nicht um eine Uhrzeit geht, wird das, was »als Nächstes« kommt, nicht hilfreicher für Sie sein als das, was gerade jetzt der Fall ist. Die Zeit ist nicht Ihre Antwort. Das Bewusstsein und die Entscheidung, es zu sein, sind Ihre Antwort. Die Zeit wird sie nicht retten, aber wenn Sie Ihre Einstellung zu sich selbst ändern, ist Rettung möglich. Gehen Sie eine Weile vom Gas, hören Sie einen Moment auf, sich zu hetzen und lassen Sie das innere Glück nach oben quellen. Auf diese Art wird das

Jetzt die ideale Vorbereitung für das, was »als Nächstes«
kommt.

> *Wenn wir von der eiligen Welt zu lang*
> *von unserem besseren Selbst getrennt wurden*
> *und den Kopf hängen lassen, wenn wir von*
> *all den Geschäften ganz krank und der*
> *Vergnügungen müde sind – wie gnädig,*
> *wie wohltätig ist dann die Einsamkeit.*[9]
> – Wordsworth

3. »Dort«

Glück ist eine Art des Reisens, keine Endstation.

Eine der größten Ursachen für Stress in unserer Gesellschaft ist die Tatsache, dass wir so auf das Glück am
Horizont fixiert sind statt auf das Glück in unserem Herzen. Dadurch haben wir das Glück in eine Endstation
verwandelt, einen Ort, einen Punkt, an dem wir ankommen, eine letzte Zuflucht. Plötzlich müssen wir, um
glücklich zu sein, durch Raum und Zeit reisen, um
»dorthin« zu kommen.

Ich erinnere mich noch, als ich das erste Mal eine
Gruppe von Leuten in der Gelächter-Klinik fragte: »Was
ist Glück?« Während wir die Antworten der Leute, darunter meine, unter die Lupe nahmen, wurde uns bewusst,
dass fast alle Antworten irgendwie um lange Reisen
kreisten! Die Antworten umfassten: »Glück ist Miami
Beach und ein Pina Colada«, »Glück ist in den Sternen«,
»Glück ist eine einsame Insel im indischen Ozean«,

»Glück ist ein Karneval in Brasilien« und »Glück ist auf Hawaii«.

Das Ziel des Ego ist »dort«; ich nenne es die »Fixierung des grüneren Grases«. Diese heftet all ihre Hoffnungen auf Glück, Frieden, Liebe und Heil an die Geographie. Der Punkt ist ...

dass Geographie Sie nicht glücklich machen kann.

Geographie kann Ihnen sicherlich dabei *helfen*, glücklich zu sein, aber sie kann Sie nicht glücklich *machen*. Und auch noch so viel Geographie kann einen Mangel an Selbstannahme nicht wettmachen. Die Hölle ist überall, wenn Sie sich höllisch fühlen, aber überall kann auch himmlisch sein, wenn Sie sich innen ganz und gut fühlen.

Neue Orte können sicher neue Gedanken inspirieren, neue Wahrnehmungen, neue Vorstellungen. Es gibt daher Zeiten, wenn es Sinn macht, beispielsweise den Ort oder den Job zu wechseln, um einen Neuanfang zu machen. Aber weil die Welt nichts anderes tut, als Ihren Geisteszustand zu spiegeln, wird das »Dort« schließlich nichts anderes sein als das »Hier«, wenn damit nicht mehr Selbstannahme einhergeht.

Manchmal ist es so, wie der französische Romancier Marcel Proust geschrieben hat: »Die Entdeckungsreise liegt nicht im Finden neuer Landschaften, sondern im Entwickeln eines neuen Blicks.«[10] Um glücklich zu sein, müssen wir willig sein, die Dinge anders zu sehen und uns selbst anders zu sehen. Das Ego, als Gedanke des Mangels, ist außerstande, Ganzheit zu erkennen. So war

**das Ego da »auch schon«, ist aber immer
noch unglücklich.**

Können Sie das Ego aufgeben? Mit anderen Worten, sind
Sie willens zu glauben und zu sehen, dass Sie bereits
glücklich und wertvoll sind? Wagen Sie es, die Möglichkeit in Betracht zu ziehen, dass Sie all die Wunder, nach
denen Sie außerhalb Ihrer Selbst suchen, in sich tragen?
Für das Ego klingt das blasphemisch, aber für Ihr unkonditioniertes Selbst ist das die natürliche Art zu denken.

Über den kosmischen Witz lachen

> *Was, wenn Sie aufhörten,*
> *nach dem Glück zu suchen?*
> *Und was, wenn Sie feststellten,*
> *Sie wären schon glücklich?*

Bevor ich jetzt den kosmischen Witz enthülle, würde ich
gern einen kleinen Text mit Ihnen teilen. Er heißt: »Fragestunde.«

»Bin ich nah dran, Gott?«, fragte der Pilger.
»Nah?«, fragte Gott. »Was bedeutet nah?«
»Nah – in deiner Nähe – in Richtung des vor-
deren Teils der Reihe – erwählt – besonders«, frag-
te der Pilger.
Und Gott konnte ihn nicht verstehen, doch
Gott sprach: »Du bist ich – du bist Gott so nah
wie du irgendwie sein kannst.«

»Wie bald, o Herr?«, betete der Mönch.

»Bald?«, fragte Gott. »Was bedeutet bald?«

»Bald – rasch – schnell – wie lang muss ich noch warten, bis du und ich endlich eins sind?«, betete der Mönch.

Und Gott konnte ihn nicht verstehen, doch Gott sprach: »Nichts kann früher oder später passieren als jetzt. Ist das nicht bald genug für dich?«

»Hast du mir vergeben, Vater?«, bettelte die Nonne.

»Ich habe dieses Wort oft gehört«, sagte Gott. »Was bedeutet es?«

»Vergeben – geliebt – erlöst – Sünden vergessen – Entschuldigung angenommen – gerechtfertigt«, bettelte die Nonne.

Gott verstand kein Wort davon außer Liebe und so sprach er: »Liebe ist, was du bist und alles, als was ich dich kenne – nichts sonst ist wirklich.«

»Bin ich würdig?«, fragte der Jünger.

»Und was bedeutet dieses Wort– ›würdig‹?«, fragte Gott.

»Würdig – gut – wertvoll – vom Glück geküsst – von dir gesegnet, Herr«, erklärte er.

Und wieder war Gott verwirrt und hörte sich sagen: »Was auch immer meiner würdig ist, ist deiner würdig; alles was meiner unwürdig ist, ist deiner unwürdig.«

»Werde ich gerettet werden?«, rief der Priester.

»Oh Himmel«, seufzte Gott. »Schon wieder ein Wort, das ich nicht verstehe.«

»Gerettet – sicher – beschützt – die Abteilung für Fundsachen – verteidigt«, rief der Priester.

Unter all den angsterfüllten, schuldbesessenen und unweisen Dogmen, die die spirituellen Traditionen der Welt so beflecken, findet sich auch in ihrem Kern eine reiche, unberührte Schicht der Freude, Wonne und des Lachens, alle beispielhaft verkörpert in den Geschichten des freudvollen Christus, des lachenden Buddha, des verspielten Krishna, der singenden Engel und anderer.[11] Auch bei uns liegt unter unserer eigenen Angst, Schuld und unserem Schmerz im Kern ein reicher, unberührter Geist völliger Freude, der ständig am Spielen ist. Darin liegt der kosmische Witz.

Einfach formuliert ist der kosmische Witz in Wahrheit ein Hauch kosmischer Ironie. Alle großen spirituellen Lehrer, darunter Buddha, Jesus und Krishna, haben angefangen wie Sie und ich, als Sucher nach dem Glück, der Liebe und Gott. Als ihnen die Wahrheit enthüllt wurde, lachten sie. Sie lachten aus Freude und aus Erleichterung, denn ihre Suche war endlich vorüber. Sie verstanden jetzt, dass das, was sie in der Welt gesucht hatten, immer schon in ihnen war. Mit anderen Worten ...

SIE SIND, was Sie suchen!

Als der Zenmeister Po-Chang nach der Suche nach der Freude des Buddha gefragt wurde, antwortete er: »Es ist so, als ritte man einen Ochsen auf der Suche nach einem Ochsen.« Der chinesische Philosoph Menzius aus dem 4. vorchristlichen Jahrhundert sagte: »Das Tao ist nah und die Leute suchen es weit weg.« Und ein altes afrikanisches Sprichwort zum Glück besagt: »Warum sollte man Tieren, die im Wasser leben, sagen, dass sie trinken sollen?« Der französische Schriftsteller aus dem 18. Jh., Voltaire, sagte: »Das Paradies ist, wo *ich bin*« – wobei »ich bin« das unkonditionierte, universelle Selbst bedeutet. Und um das Maß voll zu machen, sei der amerikanische Humorist Josh Billings zitiert, der es folgendermaßen formulierte: »Wenn Sie je das Glück finden, indem Sie danach auf die Suche gehen, dann werden Sie es finden, ganz so wie die alte Frau, die ihre Brille suchte und der sie die ganze Zeit fest auf der Nase saß.«[12] Stellen Sie sich vor, wie lustig es wäre, wenn Sie hören würden, wie die mächtige Sonne um Licht betet, der Ozean um Wasser, der Wind um einen frischen Atemzug. Stellen Sie sich, wenn Sie das können, eine dunkle Sonne vor, einen trockenen Ozean, einen Wind ohne Luft und wenn wir schon dabei sind, ein eingezwängtes Universum. Und was könnte lustiger sein als Sie und ich, deren Wesenskern Freude ist, wie Sie zu Gott um mehr Liebe und Glück beten!

Sie sind, was Sie suchen. Der kosmische Witz fordert Sie dazu heraus, Ihre Ängste aufzugeben, Ihre Konditionierung, Ihre Schuld und Ihre Zweifel, und die Wahrheit über Ihr unkonditioniertes Selbst anzunehmen. Sie sind weder ein Körper noch ein angsterfüllter Geist, Sie sind nicht getrennt, Sie sind nicht klein – Sie sind die Gegenwart der Liebe, das verkörperte Glück und der Geistesfrieden gehört Ihnen schon immer. Wahre Selbstannahme ist die Einsicht, dass ...

die Seele Freude ist.

Unsere größte Angst ist, dass wir im Herzen falsch, schlecht und nicht gut genug sind – der verkörperte Teufel also. Das Lachen des kosmischen Witzes ist also in Wirklichkeit die Erleichterung darüber, dass dieser Alptraum der verwechselten Identität und Verwirrung nicht die Wahrheit ist. Der lachende Buddha lacht, weil er weiß, dass er sich das leisten kann. Er weiß, dass er in Sicherheit ist, wir alle in Sicherheit sind. Um den großen kosmischen Witz zu verstehen, muss man bereit sein, seine Einstellung zu sich selbst zu verändern.

Eine andere Möglichkeit, die wirkliche Wahrheit über sich selbst in Übereinstimmung mit dem kosmischen Witz auszusprechen, ist, zu sagen, dass ...

Sie ständig wirklich 100 Prozent der Zeit glücklich sind; Ihr einziges Problem ist, dass Sie sich dessen nur nicht immer bewusst sind.

Ja! So erstaunlich es vielleicht klingen mag, Ihr Glück ist 100 Prozent der Zeit bei Ihnen. Der Grund, warum Sie sich nicht ständig glücklich fühlen, ist, dass Sie den Sonnenschein Ihres Geistes von Wolken der Angst, des Zweifels, der Illusion und der verwechselten Identität überschatten lassen. In Wahrheit können Sie es sich jedoch leisten zu lachen, denn egal was Ihnen in der Welt geschieht, Ihr Geist ist in Sicherheit im Himmel Ihres unkonditionierten Selbst. Das Glück kann seine Quelle nicht verlassen!

Wenn Sie also etwas quält, beten Sie nicht: »Gott, schenke mir Glück! Gott, schick mir deine Liebe!« Sehen Sie, wie jedes dieser Gebete nur voraussetzt und verstärkt, dass das, was Sie wollen, nicht schon immer bei Ihnen ist? Beten Sie stattdessen: »Gott, offenbare mir meine Freude«, »Gott, heile meine Angst, dass die Liebe nicht hier ist« oder »Gott, lehre mich, wieder geistigen Frieden zu spüren.« Denken Sie daran …

**echtes Gebet ist kein kosmischer Lieferservice;
echtes Gebet bedeutet, das anzunehmen,
was bereits gegeben wurde.**

Der kosmische Witz ermutigt Sie dazu, laut über die Illusionen von Schuld, Mangel und die falschen Bedingungen und Hindernisse auf dem Weg zu Ihrer Erlösung zu lachen. Darum geht es in dem Text »Fragestunde«. Ihre inneren Ängste werden, solange sie nicht geheilt sind, stets nach außen auf das projiziert, was Sie suchen – d.h. Gott, Liebe und Glück. Indem Sie Ihre Ängste loslassen, verschwinden alle Projektionen und nur die Freude bleibt zurück.

Einer meiner Lieblingssätze aus *Ein Kurs in Wundern* lautet: »Gott vergibt nicht, weil er nie verurteilt hat.« Das ist eine ziemlich brillante Einsicht. Gott kennt keine Bedingungen und so ist es auch mit Liebe und Glück. Insofern ist die Angst, man müsse für Freude arbeiten, Opfer bringen und leiden, wirklich lachhaft. Heiliges Gelächter dringt durch alle Illusionen.

Die »Freude« des Glücks entdecken

Als der heilige Franz von Assisi von Bruder Leo gefragt wurde, »Was ist die vollkommene Freude?«, antwortete dieser mit folgender Geschichte:

> Stell Dir vor, dass ich in einer ganz dunklen Nacht nach Perugia zurückkehre, eine Nacht, die so kalt ist, dass alles vom Schnee bedeckt ist und der Frost in den Falten meines Habit meine Beine zerkratzt und bluten lässt. Von Schnee bedeckt und vor Kälte zitternd komme ich am Tor des Klosters an und nachdem ich lang gerufen hab, steht der Bruder Pförtner auf und fragt: »Wer ist da?«
>
> Und ich antworte: »Ich bin es, Bruder Franzikus.«
>
> Der Pförtner sagt: »Verschwinde. Um die Zeit kommt man nicht im Kloster an. Ich mach dir die Tür nicht auf.«
>
> Ich insistiere und er antwortet: »Verschwinde, und zwar sofort. Du bist dumm, ein Idiot. Wir sind hier schon sehr viele und brauchen dich nicht.«
>
> Ich insistiere weiter und sage: »Um der Barmherzigkeit Gottes Willen, lass mich ein, nur für heute Nacht.«
>
> Und er antwortet: »Nicht einmal zum Reden. Geh zur Leprakolonie um die Ecke.«
>
> »Nun, Bruder Leo, wenn ich nach all dem nicht die Geduld verliere und ruhig bleibe, das ist die vollkommene Freude.«[13]

Was der heilige Franziskus Bruder Leo zu zeigen versuchte, war, dass wahres Glück bedingungslos ist und letztlich von der Welt nicht berührt wird. Freude ist im Letzten nicht von dieser Welt; sie unterscheidet sich deutlich von weltlicher Lust und Befriedigung auf der vitalen Ebene (siehe Tabelle C). Auf den Punkt gebracht ließe sich sagen, dass Befriedigung und Vergnügen bedingte Zustände des Ego sind; Freude ist unbedingt – dabei ist kein Ego im Spiel.

Lust:	Befriedigung:	Freude:
Glück des Körpers	Glück im weltlichen Sinn	Glück des Geistes

Lust ist Freude des Körpers. Sie kann aufregend sein, warm, nass, flauschig, lustig, physisch, sexuell, aufregend, zutiefst erholsam und hoch erregend. Lust ist sinnlich und höchst vergänglich, insofern sie schnell kommt und wieder geht. Lust existiert nicht für sich, sie bedarf stets eines externen Funkens oder Reizes wie etwa Geräusche, Gerüche oder Berührung. Lust ist außerdem nicht universell, d.h. derselbe Stimulus löst nicht bei allen dieselbe Lust aus. Beispielsweise macht es mir Spaß, die Sterne anzuschauen, Ihnen vielleicht nicht; ich höre mir gern Lieder von Barry Manilow an, Sie vielleicht nicht; ich mag scharfes Essen, Sie vielleicht nicht; ich mag den satten Geruch von Bauernhöfen, Sie vielleicht nicht; ich liebe das Gefühl von Seide, Sie vielleicht nicht.

Befriedigung ist Freude der Welt. Das impliziert ein mentales Urteil, normalerweise ein günstiges, über den »Inhalt« der Welt um uns her. Zum Beispiel: »Ich bin glücklich, weil mein Dach nicht mehr undicht ist« oder »ich bin glücklich, weil mein Körper endlich in Form ist« oder »ich bin glücklich, weil mein Auto endlich richtig aussieht«.

Befriedigung bedarf stets eines »weil«, d. h. eines Grundes. Sie sind glücklich, weil Sie urteilen, dass »das gut ist«, »das okay ist« und »das richtig ist«. Sie sind glücklich, weil die Welt sich auf eine bestimmte Art präsentiert, Ihrem Bild entspricht. Diese Befriedigung mit dem Leben ist jedoch sehr fragil, weil sie von der Gestalt der Welt abhängig ist. Ihre Zufriedenheit ist daher in jedem Augenblick, wenn sich die Welt ändert, bedroht, und die Welt ändert sich in jedem Augenblick! Sicher, die Umstände können Ihnen helfen, glücklich zu sein, aber es ist ein Fehler zu glauben, dass Sie eine bestimmte Form oder eine bestimmte Menge an Umständen brauchen, um glücklich zu sein.

Freude ist das Glück des Geistes. Sie ist »wahres Glück«, insofern sie Ihnen immer treu bleibt. Das ist das Glück, das Sie überallhin begleitet. Wo physische Lust und die Befriedigung im Leben geboren werden und wieder sterben, ist die Freude ewig und zeitlos – sie ist Glück genau *jetzt*. Diese Freude ist innerlich, zutiefst intim, ein Teil des Gewebes Ihrer Seele und sie ist die wunderbare Anmut Ihres Geistes. Als solche ist sie beständig.

Diese Freude ist natürlich. Sie ist 100prozentig unbedingt, neutral und frei. Egal, wo Sie hingehen, sie ist schon da. Sie ist nicht leer, sie ist voll. Sie ist liebevoll. Sie hat Bewusstsein. Sie können mit ihr in Beziehung treten. Sie können sie um Führung bitten. Sie können für sie singen, zu ihr beten und mit ihr tanzen. Sie können über sie meditieren. Sie können mit ihr malen, mit ihr schreiben und mit ihr heilen. Sie können sie bitten, Ihre Beziehungen zu segnen, Ihr Leben, Ihre Karriere, alles. *Lassen Sie es geschehen!*

Seien Sie unvernünftig glücklich!
Und ganz plötzlich verlor ich
den Verstand;
ich war kopflos
und vergaß, mich zu erinnern;
ich konnte mir nicht mehr
den Kopf zurechtsetzen.

Und ich war so unvernünftig –
glücklich, liebevoll, ekstatisch,
völlig grundlos.
Ich lächelte, lachte, liebte,
ich war grundlos großzügig.
Ich sang, ich tanzte, ich rief:
»Hallo«.
Ich war glücklich – grundlos
glücklich.

Und ich war so gedankenlos –
frei zu fliegen ohne einen Gedanken
der Furcht.
Frei, ohne Urteile weiterzugehen,

ohne Pläne oder das Bedürfnis,
etwas zu wissen.
Frei, ohne einen Gedanken an
»was wenn«, »sieh dich vor« oder
»wie das« zu leben.
Ich war wirklich nicht mehr ich selbst.

Und so sehr ich mich auch bemühe,
ich kann immer noch nicht klar denken.
Ich muss immer noch wieder
zu mir kommen.
Vernünftig zu sein hat seinen Reiz verloren.
Ich lebe, jetzt, in einer Welt der Unschuld,
und bereue überhaupt nicht den Tag,
als ich nachgab
und anfing, ohne Kontrolle zu leben.

Können Sie sich noch an eine Zeit in Ihrem Leben erinnern, als Sie ohne jeden Grund glücklich waren? Ganz plötzlich wurden Sie von Freude übermannt. Es kam wie aus dem Nichts. Ihr Lächeln war fast zu groß für Ihr Gesicht und Ihr Herz wollte Ihnen aus der Brust springen und Ihr ganzer Körper klang wie eine Glocke. »Ich bin glücklich«, riefen Sie. *Ich frage mich, warum*, dachten Sie. »Ich muss wissen, warum«, lautete Ihre Forderung. Und genau dann schien die Freude zu sterben.

Kinder sind oft grundlos glücklich – das ist Teil ihres Zaubers. Oft können Sie erleben, wie ein Kind aus schierem Spaß an der Freude lacht, lächelt um des Lächelns willen, glücklich mit dem Glück spielt. Es amüsiert und betrübt mich gleichermaßen, zu denken, dass wenn ein

Kind grundlos lacht, wir das wunderbar finden und wenn es ein Erwachsener tut, wir automatisch um seine Gesundheit fürchten. Der Punkt ist …

wer hat denn gesagt, dass Glück einen Grund braucht?

»Gedankenlos«, so der Titel meines Textes oben, beschreibt meine Erfahrung dessen, was ich als »Freude« oder »unvernünftiges Glück« bezeichne. Freude ist unvernünftig insofern sie nicht nach Gründen fragt, nicht nach Stimuli, keinen besonderen Bedingungen, keinem kontrollierten Bemühen und keiner Vorauszahlung. Diese Freude ist zeitlos, raumlos und jenseits des Lebens, wie wir es kennen; und doch ist sie völlig lebendig, voll präsent und genau jetzt voll verwirklichbar. Das geht jedoch nur, wenn wir es akzeptieren, dass Glück umsonst ist.

Es gibt einen alten Witz, den ich an der Uni gelernt habe und der folgendermaßen geht: Wenn ein Psychologe zu zwei Türen kommt und auf der einen »Himmel« steht und auf der anderen »Vorlesung über den Himmel«, dann entscheidet er sich durch die Tür mit der Vorlesung zu gehen!

Im Ernst, durch welche Tür würden Sie gehen? Vielleicht …

ist Ihr größtes Problem, dass Sie glauben, dass Sie das Glück begreifen müssen, bevor Sie glücklich sein können.

Können Sie das Glück bedingungslos annehmen, sogar ohne es zu begreifen? Wenn Sie das können, dann gehört das Glück bedingungslos Ihnen. Das Glück kann man nicht ergreifen, man muss es einfach loslassen. In Wahrheit braucht Glück keinen Grund. Ein Lächeln braucht keinen Grund. Liebe braucht keinen Grund. Güte braucht keinen Grund. Es gibt diese Geschenke umsonst – die wahren Schätze des Lebens. Werden Sie damit fertig?

Spontan erreichbar sein

> *Die Seele sollte stets offenstehen,*
> *bereit, die ekstatische Erfahrung zu umarmen.*
> – Emily Dickinson

Meine Freunde Tom und Linda Carpenter haben mich mehr über Glück gelehrt als irgendjemand sonst. Sie sind hingebungsvolle Lehrer von *Ein Kurs in Wundern;* und sie reisen um die ganze Welt und verbreiten ihre tiefen Botschaften von Liebe, Wahrheit und Freude.[14] Wenn sie nicht auf Reisen sind, leben sie auf einer tropischen Blumenfarm auf der hawaiianischen Insel Kauai.

Tom, Linda und ich können stundenlang zusammensitzen und über die Wahrheit, Gott und das Universum reden.[15] Das macht uns unglaublichen Spaß. Ich erinnere mich noch, wie ich Tom einmal gefragt habe: »Was ist Glück?« Seine Antwort bewegte mich so tief, dass sie seitdem ein zentrales Prinzip meiner Arbeit mit The Happiness Project geworden ist. Er sagte:

>>Glück ist, wenn du spontan für deinen Geist
erreichbar bist.<<

Spontan erreichbar! Was für eine wunderbare Formulierung. In dem Augenblick, als er diese Worte sprach, erin-
nerten sie mich an eine sehr berühmte Geschichte über
die Begegnung eines Zenmeisters mit einem angesehenen
Universitätsprofessor. Der Professor, der Geschichte und
Philosophie unterrichtete, hatte auf einer Reise durch Ja-
pan um ein Treffen mit dem Zenmeister gebeten. Der
Zenmeister hatte zugestimmt.

>>Ich bin zu Ihnen gekommen, um zu lernen, was
Wahrheit ist<<, sagte der Professor.
>>Hätten Sie gern etwas Tee?<<, fragte der Meis-
ter, der von einem Ohr zum anderen lächelte.
>>Danke<<, sagte der Professor. >>Ich habe wenig
Zeit, aber ich würde gern alles lernen, was mög-
lich ist.<<
Der Meister begann, Tee einzuschenken.
>>Sehen Sie<<, sagte der Meister, >>Ihr ganzes Le-
ben war eine Suche nach der Wahrheit.<<
Der Meister goss weiter Tee ein.
>>Das ist genug Tee, danke.<<
Der Meister schenkte weiter ein.
>>Meister, die Tasse fließt über – da geht kein
Tee mehr rein.<<
Der Meister lächelte. Und er goss immer noch
weiter und sagte: >>Mein lieber Herr Professor, wie
diese Tasse sind auch Sie voll von Ihren eigenen
Gedanken und Theorien. Wie kann ich Ihnen Zen

zeigen, wenn Sie nicht zuerst die Tasse leer machen?«

Stellen Sie sich den Professor als Symbol für Ihr Ego vor, für Ihr konditioniertes Selbst – voller Pläne, Theorien, Gedanken und Vorstellungen über Glück. Der Zenmeister ist ein Symbol für Ihr unkonditioniertes Selbst, völlig leer von Hypothesen oder Schemata. Der Meister sucht weder nach Glück noch versucht er, es zu verstehen; er ist einfach glücklich. Er ist glücklich, weil er spontan für die Freude seines unkonditionierten Selbst erreichbar ist. *Spontane Erreichbarkeit ist volle Annahme.*

Glück ist kein Intelligenztest. Sie müssen Glück nicht verstehen, bevor Sie glücklich *sein* können. Tatsächlich ist es unmöglich, das Glück erst zu verstehen. Sie müssen sich vielmehr erst entscheiden, glücklich zu sein und nur dann werden Sie verstehen. Mit anderen Worten, Sie können sich den Weg zum Glück nicht *erdenken*. Glück ist keine gedankliche Formel. Wenn überhaupt ist Glück das Loslassen der Gedanken, Theorien und Thesen;

um glücklich zu sein, müssen Sie alle Konzepte in Sachen Glück aufgeben.

Das gilt besonders dann, wenn Sie gegenwärtig unglücklich sind, denn das Denken, das Sie jetzt unglücklich macht, kann Sie nicht später glücklich machen. Sie müssen daher willens sein, spontan für neue Einsichten, neue Weisheit und Inspiration erreichbar zu sein. Die Botschaft lautet: *Sei neu!* Das Jetzt ist neu. Es ist nicht die Vergangenheit. Ihr Geist ist voll mit dem »alten Tee«, daher müssen Sie erst die Tasse leeren – das heißt, willens sein, beschränkte Ängste und Vorstellungen loszulassen.

Die alten Mystiker hielten ihre Schüler beständig dazu an, ihre Konzepte von Gott, der Liebe, dem Himmel und der Freude loszulassen. Sie erklärten, dass das Denken bestenfalls wie ein Finger ist, der auf den Mond zeigt, aber es ist *nicht* der Mond. Hören Sie auf mit dem Zeigen! Hören Sie auf, zu theoretisieren! Seien Sie willens, für die Freude Ihrer Seele erreichbar zu sein. Sagen Sie: »Ich bin erreichbar.« Bekräftigen Sie: »Ich bin erreichbar.« Singen Sie: »Ich bin erreichbar.« Hören Sie zu, sein Sie offen, klar, sein Sie leer. Machen Sie einen Sprung! Springen Sie vor Freude!

Für den Intellekt ist es nicht genug, sich einfach nur für die Freude zu entscheiden. Es ist eine blödsinnige Idee. Manchmal sind jedoch blödsinnige Ideen die besten. Als ich für mein Buch *Laughter, the Best Medicine* recherchierte, entdeckte ich, dass das Wort silly (blödsinnig) von den alten europäischen Worten »seely« und »saelig« kommt, die ihrerseits »gesegnet«, »glücklich« oder »voll Freude« bedeuten.[16] Wenn Sie »silly« sind, sind Sie kreativ, offen, furchtlos und vor allem frei von Ihren Konditionierungen.

Als ich Tom bat, seine Idee mit der spontanen Erreichbarkeit zu erklären, erinnerte er mich an den Satz in *Ein Kurs in Wundern*, der folgendermaßen lautet: »Ein geheilter Geist plant nicht.« Da fuhr er fort und sagte ...

»Dein Glücks-Plan wird nicht funktionieren.«

Toms Lehre von der spontanen Erreichbarkeit hat mich zutiefst bewegt, weil ich ein »Ex-Planer« bin. Solange ich mich zurückerinnern kann, immer habe ich mein Leben nach einem festen Plan gelebt. Besonders in meinen 20ern folgte ich minutiös einem Fünfjahresplan, einem Dreijahresplan, einem Jahresplan, einem Monatsplan, einem Wochenplan und einem Tagesplan. Mein ganzes Leben war durchgeplant. Ich bin sehr fokussiert, aber ich war auch rigide, unflexibel, unerreichbar und zerstreut. Haben Sie mal den Spruch gehört: »Das Leben ist, was passiert, während du damit beschäftigt bist, andere Pläne zu schmieden«?

Was Tom andeutet, wenn er sagt, »dein Glücksplan wird nicht funktionieren«, ist, dass Glück keinen Plan braucht. Wenn Sie glauben, dass Glück einen Plan braucht, dann denken Sie verkehrt. Glück muss man nicht planen; es ist bereits da. Manchmal jedoch, sind wir einfach zu beschäftigt damit, unsere Zukunft zu planen, um das Glück *jetzt* zu genießen. Können Sie Ihre Pläne einfach loslassen und den Frieden jetzt akzeptieren, jetzt lieben und sich jetzt freuen? Können Sie Ihre Konditionierung loslassen und das Glück bedingungslos akzeptieren? Können Sie spontan erreichbar sein?

Man lebt nur einmal ...

Ihr ganzes Leben liegt nicht vor Ihnen –
es ist hier – JETZT!

Nach Jahren voller Studienstress hatte ich den Schluss gezogen, dass es eine der größten Ursachen für Stress ist, wenn wir darauf warten, dass uns das Glück besucht. Wir denken, dass das Glück nicht für jetzt gedacht ist; vielmehr sehen wir es als eine Belohnung, auf die wir hinarbeiten, für die wir kämpfen und für die wir lei-den, in der Hoffnung, dass es eines Tages eintritt. Wenn wir dieser irrigen Gedankenkette folgen, wird das Heute ein Tag für wohlerzogenes Mühsal, edles Leiden, mildes Martyrium und stille Verzweiflung, aber morgen, morgen sind wir vielleicht glücklich. Ich glaube jedoch, dass ...

man, um glücklich zu sein, das »Warteproblem« lösen muss.

Die Bedingungen in der Zukunft werden sich nicht bessern, solange Sie darauf warten, glücklich zu sein. Tatsächlich verbessern sich die Bedingungen nur dann, wenn Sie aufhören zu warten. Ich erinnere mich noch, wie ich durch meine ganze Teenagerzeit und meine früher 20er hindurch die Vorstellung hatte, das Leben würde besser werden, wenn nur erst 18 Monate oder so verstrichen wären. Ich erinnere mich noch, wie ich dachte, ich würde dann weniger schüchtern sein, mehr Selbstvertrauen haben, erfolgreicher sein und wahrscheinlich weltberühmt! Ich war überzeugt, dass mir etwas Wunderbares und Besonderes passieren würde.

Es gab keine konkreten Anhaltspunkte, auf denen diese Gefühle beruhten; ich hoffte nur, dass wenn 18 Monate vergangen wären, das Leben die Probleme für mich ausgebügelt hätte und ich viel glücklicher sein würde. Was ich jedoch erlebte, war, dass diese 18 Monate niemals näherkamen – egal, wie viel Zeit verstrich, die 18 Monate schienen immer 18 Monate entfernt zu sein. Schließlich begann mir schmerzhaft klarzuwerden, dass ich mich meinem Leben vollständiger zuwenden müsste – jetzt. Mit anderen Worten …

um glücklich zu sein, muss man das »Wann« für das Jetzt aufgeben.

Es ist eine gute Übung, sich zwei Zettel zu nehmen und auf einen zu schreiben: »Ich werde glücklich sein, sobald …« und auf den anderen »Ich werde glücklich sein, falls …« Wann glauben Sie, werden Sie glücklich sein? Auf welches »Sobald« warten Sie? Und welches »Falls« muss eintreten, dass Sie sich entscheiden, glücklich zu sein? Schreiben Sie immer weiter und schauen Sie, wie viele Bedingungen für Sie erfüllt sein müssten, bevor Sie anfangen können zu lächeln.

»Man lebt nur einmal …« hatte eine doppelte Bedeutung. Es bezieht sich auf die Vorstellung, dass dieser Moment in der Zeit sich nur einmal ereignen wird. Achten Sie also gut auf das Datum des heutigen Tages, denn dieses Datum ist einmalig. Das Heute wird nie wiederkehren. Wenn Sie sich das klar machen, wie entscheiden Sie sich dann, heute zu leben? Das Heute ist kein Testlauf mehr – das Spiel ist bereits in vollem Gange!

»Man lebt nur einmal …« bezieht sich auch auf das »Warteproblem« und die Tatsache, dass wir uns immer darauf *vorbereiten*, glücklich zu sein, statt glücklich zu *sein*. Mit anderen Worten, Sie fangen nur dann an, zu leben, wenn einmal die Arbeit vorbei ist, es Samstag

Abend ist, der Urlaub da ist, Sie Geld haben, Sie sich verlieben, Sie heiraten, ein Haus kaufen, Sie noch ein Haus kaufen, der Kredit endlich abbezahlt ist, Ihr Pensionsplan Früchte trägt und so weiter. Aber selbst dann können Sie noch nicht glücklich sein … doch nicht, bis die Enkelkinder nicht eine gute Ausbildung genossen haben!

Worauf warten Sie noch, bis Sie sich endlich auf diese Welt einlassen? Vielleicht auf mehr Unterstützung? Mehr Selbstvertrauen? Mehr Autorität? Mehr Gelegenheiten? Mehr Qualifikationen? Können Sie sehen, dass …

Während Sie warten, wartet das Glück.
Während Sie warten, wartet die Liebe.
Während Sie warten, wartet der Friede.
Währen Sie warten, wartet die Freiheit.
Während Sie warten, warten die Gelegenheiten.
Während Sie warten, wartet die Welt.
Während Sie warten, warten wir alle.

Die »Abwarten und Teetrinken«-Krankheit ist einfach nur Angst. »Was, wenn ich aufhöre, zu warten und einfach draufloszieche und dann scheitere?« Sie scheitern, indem Sie warten. Wenn Sie sich dagegen voll einsetzen, bekommen Sie alles, worauf Sie je gewartet haben, alle Unterstützung, alles Selbstvertrauen, Autorität und Gelegenheiten. Es passiert, wenn *Sie* passieren.

Glück geschieht, wenn Sie sich ganz hingeben!

Warum auf das warten, was schon da ist?

Neulich hab ich eine der tiefsten psychotherapeutischen Erfahrungen meines ganzen Lebens gemacht. Paul ist in seinen 40ern, ein großer Mann, recht hager, die Augen blicken aus einem weichen und gütigen Gesicht. Er war in meinem »Acht Wochen Glücksprogramm« und teilte uns in dieser Zeit mit, dass er trockener Alkoholiker war. In unseren Einzelgesprächen erzählte mir Paul, er hätte »alles« versucht, um glücklich zu sein und »nichts« hätte funktioniert. Besonders beschrieb er mir, wie jedes Mal, wenn er einen Schritt in Richtung Glück machte, das Glück einen Schritt zurückwich. Das Glück war stets am Horizont und der Horizont war immer irgendwo da draußen.

»Ich hab's aufgegeben, dem Glück nachzulaufen, und jetzt warte ich einfach darauf, dass ich glücklich werde«, sagte mir Paul. Ohne damals wirklich zu wissen, warum, bat ich Paul, die Augen zu schließen und sich das Glück vorzustellen, von dem er sprach.

»Was siehst du?«, fragte ich ihn.

»Ich sehe ein kleines Licht in der Entfernung«, antwortete Paul.

»Wie klein und wie weit weg?«, fragte ich.

»Sehr klein, wie ein kleines Licht am Ende eines sehr langen Tunnels.«

Wieder ohne damals wirklich zu wissen, warum, bat ich Paul, sich vorzustellen, wie das Licht auf ihn zukam, anfangs nur langsam. »Kannst du dir das vorstellen?«, fragte ich.

»Ja«, antwortete er.

Als das Licht auf Paul zukam, konnte ich sehen, dass

sein Körper zu zittern begann. »Atme tief durch, Paul – atme tief und langsam. Lass das Licht noch näher kommen.« Als er das tat, fingen Tränen an, seine Wangen herabzurinnen. »Wie weit ist das Licht weg?«, fragte ich.

»Ich weiß nicht – vielleicht drei Meter.« Paul wollte die Augen öffnen.

»Lass die Augen zu, Paul, lass das Licht näherkommen und atme weiter«, flüsterte ich.

Paul erlaubte dem Licht in seinem Geist Zentimeter für Zentimeter näherzukommen und jedes Mal, wenn er das tat, zitterte sein Körper stärker und Tränen fielen auf den Boden. Schließlich war das Licht direkt vor Paul und füllte sein ganzes inneres Sichtfeld aus. Ich folgte meiner Intuition und bat Paul, das Licht wieder in sich zu verschließen. Als er das tat, schluchzte er immer stärker – er weinte Tränen, die aus der tiefsten Tiefe seines Magens zu kommen schienen. Ich schäme mich nicht, zuzugeben, dass auch ich in diesem Augenblick weinte. Schließlich hielten wir einander.

Ich schätze, was wir da erlebt hatten, war eine Art Zeitreise. Indem wir das Licht näher heranholten, holten wir auch die Zukunft näher heran. Wie tauschten das »Dann« gegen das »Jetzt« aus, das »Dort« gegen das »Hier« und das »Außen« gegen das »Innen«. Pauls Zittern signalisierte seinen inneren Widerstand. Seine Tränen – und auch meine – wurden aus Kummer über das Verleugnen dieses inneren Glücks vergossen, für all die Jahre, in denen wir an den falschen Orten nach Glück gesucht hatten. Pauls Reise war zu Ende.

Paul hatte in diesem Moment das Glück bedingungslos akzeptiert und das Warten war endlich vorbei. Eine

Woche danach war er immer noch »himmelhoch jauchzend«. Zwei Wochen später stellte er jedoch fest, dass er wieder anfing, auf den Mond zu zeigen. Die alten Zweifel, Ängste und Konditionierungen waren zurückgekehrt. Bevor er sich zu sehr verurteilen konnte, ging er wieder auf seine »Reise des Lichts«. Während ich dies schreibe, machen wir diese Meditation noch immer gemeinsam, um uns ständig daran zu erinnern, dass das wahre Glück hier und jetzt ist.

KAPITEL 6

Unglücklichsein heilen

Das Leben ist wirklich ziemlich schlecht für die Gesundheit, zumindest fühlt es sich manchmal so an. Wenn wir »bei guter Gesundheit« sind, ist das Leben toll, alles ist toll. Wir können es anerkennen, dass das Leben ein Segen ist, voller Schönheit, Staunen und Wunder. Wir schätzen unser Leben und tun alles, um etwas »aus unserem Leben zu machen.« Aber es gibt auch Momente, wo wir das Leben niemandem empfehlen würden, unter keinen Umständen. *Das Leben fühlt sich tödlich an.*

Es scheint, als könne man im einen Augenblick anmutig, wunderschön und mit müheloser Leichtigkeit dahintanzen, um sich im nächsten Moment zu wünschen, jemand hätte einem gesagt, dass die Schuhbänder offen waren. Sie kennen das Lachen, aber die Tränen kennen Sie auch. Sie haben viel geliebt, aber Sie haben auch Ihre Ängste. Sie genießen die Höhen und ertragen die Tiefpunkte. Sie können es warm haben, aber auch frieren. Manchmal sind Sie gut eingestimmt und manchmal treffen Sie keinen Ton. Mal blickt man sehnsüchtig zurück, mal wünscht man sich, man hätte nach vorn geschaut.

Das Leben kann einen auf die Probe stellen. Die Tests sind manchmal leicht, manchmal schwierig; manchmal ist die Lösung offensichtlich, manchmal verzwickt; manchmal geht es mit Multiple-Choice, manchmal muss man einen 2000-Worte Aufsatz schreiben, der *sofort* abgegeben werden muss! Manchmal bestehen Sie die Tests, manchmal müssen Sie sie nochmal machen. Und manchmal ist das Leben einfach unerträglich. Dann stapeln sich die Tests regelrecht und Sie fürchten, Sie könnten gar nicht das Zeug dazu haben, sie zu bestehen.

Meine Freundin und Kollegin Alison Atwell hat mir vor Kurzem folgende Passage von Stuart Wilde zugefaxt. Er ist der Autor des Buches *Weight Loss for the Mind*[1], und noch einiger weiterer. Oben auf das Fax schrieb Alison: »Läuft das Leben so oder nicht?!« Ich bin Stuart bald danach auf einer Konferenz begegnet und bat ihn, ob er seine Worte nicht mit uns teilen könnte und er stimmte tatsächlich zu. Die Passage lautet folgendermaßen:

Wir müssen die Unendlichkeit in einem sterblichen Körper umarmen.
Wir müssen an einen Gott glauben, den wir nicht sehen können.
Wir müssen lieben lernen in einer Dimension, wo es so viel Hass gibt.
Wir müssen Überfluss sehen lernen, wo die Leute ständig von Knappheit und Mangel reden.
Wir müssen Freiheit entdecken, wo Kontrolle Staatsreligion ist.

Wir müssen Selbstwert entwickeln, während uns die
Leute kritisieren und herabsetzen.
Wir müssen Schönheit sehen, wo Hässlichkeit
regiert.
Wir müssen Güte und eine positive Einstellung
lernen, wenn wir von Unsicherheit umgeben sind.

Diese Passage fasst die Herausforderungen des Lebens wunderbar zusammen. Sie illustriert den Irrgarten von Mysterien, Unsicherheiten, Paradoxien und Dualitäten, der vor uns auf unserem Lebenspfad auftaucht. Die Welt ist wie ein Kokon und wir sind der Schmetterling. Und es ist uns irgendwie aufgegeben, befreit aus der Welt hervorzugehen, von Freude und Liebe erfüllt. Trotz allem dürfen wir nicht aufhören zu *lieben*.

Scheiße passiert

> *Manchmal kriegen wir Angst.*
> *Und manchmal verirren wir uns.*

Unglücklichsein kann furchteinflößend sein, nicht zuletzt weil es sich so endgültig anfühlt. Es ist schon ironisch, dass wir, wenn wir glücklich sind sofort fürchten, es könne nicht von Dauer sein, aber wenn wir unglücklich sind, sofort »wissen«, dass es immer so bleiben wird. Wenn wir deprimiert sind, denken wir selten: *Das ist bis zum Mittagessen wieder vorbei!* Stattdessen bricht unsere Wahrnehmung zusammen, unsere Gedanken sind wie eingefroren und unser Fokus bleibt fest auf dem Schmerz. Deshalb fühlt sich die Illusion des Un-

glücklichseins so final und immerwährend an, wo doch
in Wahrheit …

**das Unglücklichsein,
obwohl es sich so permanent anfühlt,
stets vorübergehend ist.**

Unglücklichsein schafft es irgendwie, Raum und Zeit
zum Zusammenbrechen zu bringen. So haben wir, wenn
wir unglücklich sind, nicht nur das Gefühl, dass es »immer so weitergehen wird«, sondern wir glauben auch,
dass alles an unserem Leben »falsch«, »schlecht«,
»nicht gut genug« und »nichtig« ist. Wir generalisieren,
reden die Dinge schlecht, kriegen das, was einer meiner
Klienten einmal »Humoriden« genannt hat – das heißt
die *Verhärtung einer Einstellung, die uns einen Berg
von Problemen einhandeln kann.* Unglücklichsein trübt
unsere Wahrnehmung und vernebelt den Geist mit Gedanken der Verzweiflung, Hoffnungslosigkeit und
Angst.

Wenn wir unglücklich sind, kommt uns die Kunst,
spezifisch zu sein, abhanden. Eine meiner Klientinnen
hat das einmal mit großem Humor illustriert. »Ich bin so
furchtbar unglücklich«, sagte Mary. Als ich sie fragte,
warum, kreuzte sie die Arme vor der Brust und sagte:
»Ich habe einfach solche Angst.«

»Wovor hast du Angst?«, fragte ich.

»Vor allem«, antwortete sie.

»Kannst du das spezifizieren?«, fragte ich.

Da lächelte Mary und sagte: »Ich spezifiziere es
doch!«

Der Hauptgrund, warum Unglücklichsein uns solche Angst macht, ist, dass …

Unglücklichsein Angst ist!

Die Geschichte Ihres Unglücklichseins – d. h. die Ereignisse, Leute, Gründe und Umstände – mögen anders sein, als die in meiner Geschichte, aber die Quelle des Unglücklichseins ist dieselbe. *Jede Form von Unglücklichsein ist eine Manifestation von Angst.* So sind Angst und Unglücklichsein untrennbar verbunden – sie sind ein und dieselbe Sache. Dasselbe gilt für Angst und Kummer, Angst und Depression, Angst und Beklemmung und Angst und den Schmerz, zu versagen.

Unglücklichsein ist ein Kind der Angst und gleichzeitig gebiert es wiederum Angst. Wenn wir unsere Kraft dem Unglücklichsein überlassen, dann schlagen wir uns automatisch auf die Seite der Angst und wir fürchten uns automatisch vor allem. Angst fürchtet sich vor allem, weil sie nur sich selbst in allem entdecken kann. Denken Sie mal nach. *Was gibt es, wovor sich die Angst nicht fürchtet?* Um die Sache noch schlimmer zu machen, ist die »Lösung« der Angst für alle Probleme nur noch mehr Angst, mehr Panik und mehr Zweifel und Verteidigungsstrategien.

Die Angst ist furchteinflößend. Sie spielt dem Geist Streiche. Ich habe einmal irgendwo gelesen, dass

F. E. A. R. (Angst) für
False Evidence Appearing Real
(falsches Beweismaterial erscheint real) steht.

Ich habe ebenfalls gelesen, dass F. E. A. R. für *Forgetting Everything is All Right* (Vergessen, dass alles in Ordnung ist) steht. Eine weitere Übersetzung, die ich gelesen habe, ist folgende: *Fuck Everything and Run!* (Scheiß auf alles und lauf!) Egal, welche Ihnen davon am besten gefällt, Angst ist etwas Furchteinflößendes. Obwohl es uns gelungen ist, alle möglichen Ängste, Niederlagen und Enttäuschungen der Vergangenheit zu überleben, gibt es einen Teil Ihres Geistes, der ständig sagt: »Dieses Mal ist es anders.«

Willkommen bei Ihrem Ego! Ihr Ego, voller Angst und Zweifel, ist blind für die Kraft, Macht und Liebe Ihres unkonditioniertes Selbst. Es glaubt daher, dass jede neue Unglücks-Episode endgültig ist. Tatsächlich werden Sie dem Ego zufolge nicht nur sterben, sondern das auch noch allein!

Das Furchteinflößendste von allem ist die Einsamkeit des Unglücklichseins. Wir fühlen uns so abgetrennt, so isoliert und so abgeschnitten von allem, besonders unserem unkonditionierten Selbst, wenn wir unglücklich sind. Das Glück fühlt sich an, als wäre es ewig weit weg, eine Million Meilen weit entfernt ... wenn wir unglücklich und ängstlich sind. Wir fühlen uns klein, schwach und verwundbar; und das Ego steht schnell bereit und verstärkt die Angst mit Kommentaren wie »dir kann niemand helfen«, »nichts wird funktionieren«, »es hat keinen Zweck« und »es gibt keine Antwort« und »es ist hoffnungslos.«

Unsere Ängste, Zweifel und unsere Einsamkeit versuchen, uns sogar noch größeres Unglück weiszumachen. Es ist, als hätte sich das Ego in unseren privatesten Momenten verschworen, uns das Gefühl zu geben, als wären wir auf dem Planeten, um eine bestimmte Art von Schmerz zu erleben – so tief persönlich, schrecklich und einzigartig für uns. Ganz bestimmt leidet niemand so wie wir.

Die Wahrheit ist, dass Sie zu jedem Menschen hingehen können – auf jeder Straße, in jeder Stadt, jeder Kultur – und wenn Sie sagen: »Es tut mir so leid, von deinen Problemen zu hören«, wird die Reaktion vermutlich sein: »Wer hat dir denn das erzählt?« Unglücklichsein ist nichts Besonderes, es macht Sie nicht einzigartig – einsam vielleicht, doch nicht einzigartig. Wir haben alle »gelitten« und wir alle sind bereit, gesund zu werden … nicht wahr?

Gönnen Sie sich eine Pause

Glück ist nicht nur die Abwesenheit
von Traurigkeit;
es ist auch die Fähigkeit, Ihre Traurigkeit
zu lieben und zu heilen.

Die ersten Worte, die meine Klientin Joanna zu mir sagte, waren: »Ich fühle mich total blöd, weil ich hier bin.« Sie fuhr fort: »Für mich fühlt sich das nach einer totalen Niederlage an. Ich sollte mein Leben genießen. Ich sollte glücklich sein. Ich sollte sorglos sein. Ich bin 21, Himmel noch mal. Ich bin 21 und depressiv. Ich hab noch nicht mal mit dem Leben angefangen und bin schon depressiv.« Wir hatten uns kaum einander vorgestellt doch sie fuhr schon weiter fort: »Ich wünschte, ich könnte mich zusammenreißen, aber ich finde nichts zum Reißen.«

Joanna kam zu mir, um ihre Depression behandeln zu lassen. Mehrere Gänge von Antidepressiva hatten nichts geholfen. Sie war aufgeweckt, clever, sehr aufmerksam und überkritisch. Ihr zufolge war nichts, was sie jemals tat, gut genug. Sie hatte einen natürlich Hang zum Modedesign, das aber aufgegeben, weil sie »dafür nicht zu gebrauchen war«. Sie sang Solos in der Kirche und war schon im Fernsehen aufgetreten, »aber ich bin eine wirklich schlechte Sängerin«, sagte sie mir. Und so ging es weiter.

Ich behandelte Joanna nicht wegen Depression, denn das war nicht ihr Problem; ihr Problem war eine konstante, erlernte Form von Selbstkritik – eine, die aus der Angst, »schlecht«, »verkehrt«, nichtig« und »nicht gut genug« zu sein, geboren war.[2] Es war offensichtlich, dass auch noch so viel Leistung nicht gut genug für Sie sein würde, denn tief in ihrem Innern fühlte sie sich schuldig und nicht gut genug.

Das erste Problem, dem Joanna und ich uns zuwandten, war nicht ihre Kritik an sich selbst oder ihren Leistungen, sondern ihre Kritik an ihren Emotionen. Sie ging so hart mit sich selbst um, dass sie es sich nicht leisten konnte, Emotionen zu *haben*. Ich erklärte ihr ein Heilungsprinzip, das für alle gilt, welches lautet …

**um Unglücklichsein zu heilen, muss es sich
für dich sicher
anfühlen, deine Gefühle zu spüren.**

Joanna hob sich ihre harschesten Urteile für ihre Emotionen auf. Jede Emotion wurde im Geist Joannas verworfen, sei es, weil sie »falsch«, »schlecht«, »dumm«, »verrückt«, »erbärmlich«, »idiotisch« oder »wirklich unwichtig« war. Ich habe nicht mitgezählt, wie oft sie sagte: »Damit sollte ich besser umgehen können« und »Ich sollte mich nicht so fühlen, aber …« Joannas exzessives Urteilen über ihre Gefühle war in Wirklichkeit ein Versuch, ihren Schmerz zu kontrollieren. Leider musste sie feststellen, dass *Urteilen Schmerz nicht kontrollieren kann; es verschlimmert ihn.*

Ich beginne eine Therapie fast immer damit, dass ich auf die Reaktion meines Klienten auf sein Unglücklichsein eingehe, nicht das Unglücklichsein selbst, denn ich habe festgestellt, dass es *die Reaktion auf das Unglücklichsein ist, die so viel Schmerz erzeugt.* Mit anderen Worten …

**Unglücklichsein ist schmerzhaft,
aber die Reaktion auf
das Unglücklichsein ist oft noch schmerzhafter.**

Wir können so brutal, so kritisch, so wertend und so ängstlich gegenüber unseren Gefühlen sein, besonders gegenüber schmerzhaften Gefühlen wie Trauer, Wut, Kummer und Depression. Jedes Mal, wenn wir uns dafür kritisieren und verurteilen, dass wir unglücklich sind, gießen wir noch Öl ins Feuer. Mit jedem autoaggressiven Gedanken lodert der Schmerz höher und fühlt sich realer an. Je mehr wir uns verdammen, desto mehr identifizieren wir uns mit dem Schmerz. Bald fühlt sich der Schmerz realer an als Freude.

Der erste Schritt, um Ihr Unglücklichsein zu heilen, ist ein radikaler. Er besteht darin, darauf zu vertrauen, dass …

Unglücklichsein nicht real ist.

Wenn ich sage *Unglücklichsein ist nicht real*, dann meine ich: *Unglücklichsein ist nicht die Wahrheit über Sie*. Die Wahrheit ist, dass egal, wie sehr Sie es gelernt haben, sich mit Ihrem Schmerz zu identifizieren, *Sie nicht Ihre Krankheit sind und nicht Ihre Emotionen*. Es ist beispielsweise eine Lüge, wenn man sagt: »Ich bin Anorexiker.« Sie leiden vielleicht unter Anorexie, aber die Anorexie sind nicht *Sie*. Ihr Wahres Selbst hat keine Bedingungen – es ist bedingungslos. Sie sind also nicht Ihre Anorexie, Ihr Alkoholismus, Ihr Krebs oder irgendeine andere Krankheit, denn diese Umstände sind Erfahrungen, keine Identitäten.

Ganz ähnlich ist es eine Lüge, wenn man sagt, wie Joanna es tat: »Ich bin depressiv.« Ja, Sie erleben vielleicht Depressionen, aber Sie sind *nicht* die Depression. Sie erleben vielleicht Wut, aber Sie sind *nicht* die Wut. Sie erleben vielleicht Kummer, aber Sie sind *nicht* der Kummer; Sie erleben vielleicht Angst, aber Sie sind *nicht* die Angst. Wieder einmal gilt, dass egal wie sehr Sie es gelernt haben, sich mit diesen Gefühlen zu identifizieren, Sie diese doch nicht definieren. Emotionen sind Erfahrungen, aber Sie machen Sie nicht aus.

Die Buddhisten bringen den Leuten seit Jahrhunderten bei, zu sagen: »Ich bin mit meiner Wut«, statt »ich bin wütend.« »Ich bin mit meiner Trauer«, statt »ich bin traurig.« Und: »Ich bin mit meinem Unglücklichsein« statt »ich bin unglücklich.« Diese Praktik, die Emotion zu benennen, *mit* der Sie sind, hilft Ihnen, Ihre Identität nicht mit den Emotionen, die Sie fühlen, zu verwechseln. Es ist obendrein sehr gut dafür geeignet, die Perspektive zu behalten, zentriert zu bleiben, seine Emotionen zu ehren, friedvolles Annehmen zu üben und das Unglücklichsein zu heilen. Versuchen Sie es.

Unglücklichsein und Angst schaffen es, unsere Perspektive zu verzerren und *falsches Beweismaterial real erscheinen zu lassen.* In der taoistischen Bibel, dem Tao Te King, wird erklärt, dass, wenn wir unglücklich sind:

Der helle Weg trüb erscheint;

Der Weg, der vorwärts führt, rückwärts zu führen scheint;

Der gerade Weg krumm erscheint;

Die höchste Tugend sich wie ein Tal ausnimmt;

Der reinste Zeuge befleckt erscheint;

Große Tugend mangelhaft erscheint …[3]

Unglücklichsein ist Selbstbetrug – es ist kein wahrhaftiger Zustand. Es hat nichts mit Ihrem freudevollen, liebevollen, unkonditionierten Selbst zu tun; es hat alles mit dem Ego zu tun – dem Gedanken in Ihrem Kopf, der glaubt, dass Sie klein, abgetrennt, unwürdig, im Exil sind und Grund genug haben, sich zu fürchten. Das Ego, aus Furcht geboren, sieht keinen Geist, kein Glück, keine Hoffnung.

Unglücklichsein und Angst fühlen sich real an, sind es aber nicht. Sie scheinen die Freude Ihres Geistes zu übertreffen, aber Sie können den Geist nicht zerstören. Ihr

Geist lebt weiter, stets frei, liebevoll und die ganze Zeit 100prozentig glücklich. Unglücklichsein tritt dann ein, wenn Sie sich von Ihrem wahren Selbst entfernen und sich entmutigen lassen; wahre Heilung ist einfach nur die Rückkehr zum Geist, zur Liebe, zur Wahrheit und zur Freude. In Wahrheit also muss es heißen …

Schmerz ist tief, doch Freude ist tiefer.

Egal, welchen Schmerz Sie jetzt gerade erfahren, es ist gut zu wissen, dass Ihr unkonditioniertes Selbst okay und alles gut ist. Um dies zu realisieren, müssen Sie erstmal bereit sein, sich eine Pause zu gönnen – eine Pause von den ständigen Selbstverurteilungen, von der Identifikation mit dem Schmerz. *Sie sind nicht Ihr Schmerz.*

Ehrlichkeit ist die beste Politik

Eines Tages ging ein Mann zum Arzt, der für seine radikalen Heilmethoden berühmt war. »Was ist das Problem?«, fragte der Arzt.

»Ich bin völlig depressiv«, sagte der Mann.

Nach einer kurzen Beratung sagte der Doktor: »Ich werde Ihnen keine Tabletten für Ihre Depression geben. Dieses Wochenende ist der Zirkus in der Stadt und ich möchte, dass Sie sich den großen Clown Grimaldi anschauen.«

Der Mann ließ den Kopf hängen und sagte: »Mein lieber Herr Doktor, ich *bin* Grimaldi.«

Psychologische Umfragen zum subjektiven Wohlbefinden zeigen schlüssig, dass die Leute dazu neigen, ihre öffentlichen Glücks-Darbietungen zu übertreiben.[4] Wir täuschen oft vor, glücklich zu sein, wenn wir down sind, so sehr schämen wir uns, unglücklich zu sein. Wir sind auch eifrig darauf bedacht, den Schein zu wahren, eine Maske oder ein Lächeln aufzusetzen … denn wie wir auch kann die Gesellschaft mit Unglücklichsein nicht gut umgehen. Wie man so schön sagt: »Lache und die Welt lacht mit dir, weine, und du weinst allein.«[5]

»Wie geht's dir?«, so grüßen wir unsere Freunde. »Nicht schlecht«, sagen sie dann. Sie sagen uns nichts. Weder sind sie traurig noch glücklich, gut oder schlecht. Wenn ich meine Klienten frage, wie es ihnen geht, lautet die Antwort manchmal »gar nicht so schlecht« oder sogar: »Es geht mir gut, danke«. Sie sind offenbar nicht unglücklich, machen aber dennoch einen Termin aus. Ganz ähnlich grüßen Ärzte ihre Patienten: »Wie geht es Ihnen?« »Gut«, sagen die Patienten. »Warum sind Sie dann hier?«, fragen dann die Ärzte.

Es ist extrem selten, dass Leute öffentlich zugeben, dass sie traurig sind, depressiv, nervös, wütend, eifersüchtig oder unglücklich – die Schande wäre zu groß. Schon in jungen Jahren lernen wir, bezüglich unserer Emotionen unehrlich zu sein, aus Angst vor Urteilen und Schuld. Verbreitete »Du solltest dich was schämen!«-Slogans sind:

- »Ein großer Junge weint nicht.«
- »Zieh nicht so ein Gesicht.«
- »Dir mach ich gleich Beine.«

- »Du traust dich was!«
- »Sei keine Heulsuse.«
- »Was für ein Theater.«
- »Gleich gibt's heiße Ohren.«
- »Reiß dich zusammen.«
- »Wer glaubst du eigentlich, dass du bist?«
- »Benimm dich.«
- »Hör auf zu weinen.«
- »Hör auf zu lachen.«
- »Heut fällt noch der Watschenbaum um.«

Wir alle haben es gelernt, verstohlen zu sein. Wir verstecken unsere Gefühle. Wir unterdrücken unsere Emotionen. Unterdrückung, Verleugnung, Rationalisierung und andere Verteidigungsmechanismen scheinen alle anfangs gut zu funktionieren, aber versagen bald, da das, was sich wie Frieden anfühlte, nur ein Vermeiden war. Wir weinen allein, im Privaten. Schließlich, wenn der Schmerz der Scham und der Unterdrückung unerträglich zu schreien beginnt, werfen wir unseren Stolz über Bord und besuchen Selbsthilfegruppen mit Namen wie *Anonyme Depressive* – die Schande und die Geheimnistuerei gehen weiter.

Wenn man seine Emotionen verbirgt, heilt das nicht den Schmerz; es verschärft ihn. Tatsächlich würde ich sagen, dass

**90 % allen Schmerzes daher kommt,
dass man versucht, ihn geheimzuhalten.**

Sie können nicht gleichzeitig ein Geheimnis bewahren und gleichzeitig wirklich mit Ihrem Leben weitermachen. Indem Sie unehrlich sind, wenn es um Ihren Schmerz geht, bleibt er Ihnen erhalten. Unehrlichkeit hilft Ihnen vielleicht, es durch den Tag zu schaffen, aber schließlich und endlich werden Sie immer auf Ihrem Schmerz sitzenbleiben. Heilung ist ein Prozess der Wahrheit und zur Wahrheit gelangen Sie nicht durch Unehrlichkeit. Unehrlichkeit ist bestenfalls eine Kontrolltaktik, keine Medizin. Sie kann Ihnen keinen Frieden bringen.

Um heil zu werden, müssen Sie bereit sein, zu akzeptieren, *dass es nicht falsch ist, dass Sie sich unglücklich oder schlecht fühlen.* Sie müssen sich der Versuchung verschließen, Ihr Unglücklichsein und Ihre Krankheit als Verdikt oder Beweis dafür aufzufassen, dass Sie schuldig und »nicht gut genug« sind. *Ihre Krankheit ist nicht die Wahrheit, was Sie betrifft.* Sie ist nicht Sie; sie ist nur eine Erfahrung.

Immer wieder erinnere ich meine Klienten, dass Unglücklichsein keine Form der Todesstrafe ist. Ich sage Ihnen, dass

es keine Sünde ist, unglücklich zu sein.

Solange Sie sich weiter dafür verurteilen, dass Sie unglücklich sind oder krank, fühlen Sie Scham. Nach Verurteilung und Scham kommt die Strafe (siehe Figur 3). Und genau in dem Moment, wo Sie Liebe und Fürsorge am dringendsten brauchen, verwickeln Sie sich stattdessen in einen Kreislauf von Missbrauch und Vernachlässigung. Indem Sie sich weigern, zu lieben und gütig zu sich selbst zu sein, bestrafen Sie sich, spielen mit Ihrer Schuld, sühnen für Ihre Schwäche und »bekommen, was Sie zu verdienen glauben«.

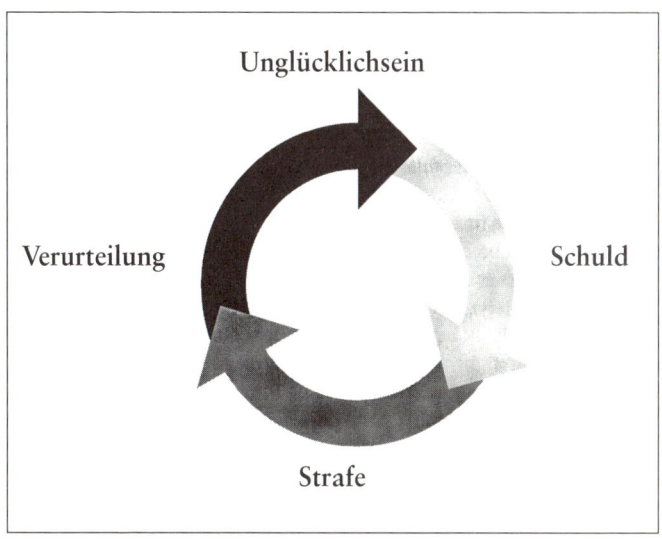

Sie können nicht im Geheimen heilen. Sie müssen bereit sein, jemandem die ganze Wahrheit zu sagen, Gott, dem heiligen Geist, irgendeiner Institution der Heilung. Wenn es um Heilung geht, ist Ehrlichkeit die beste Politik. Geheimniskrämerei trägt nur zu Ihrem Schmerz bei, denn …

Geheimniskrämerei füttert die Scham!

Wo Scham ist, wird immer auch Schmerz sein und solange Sie sich für schuldig halten, werden Sie weiter Unglück anziehen. In der Tat werden Sie so viel Unglück erfahren, wie Sie zu verdienen glauben. Ehrlichkeit lässt die Wahrheit raus und die Wahrheit löst die Scham schließlich auf. Das ist wichtig, denn ein Glauben an Unwürdigkeit erzeugt eine ganze Welt von Erfahrungen, die völlig anders ist als eine, die von einem Glauben an wahre Selbstannahme erzeugt wurde. Beispielsweise gilt:

Unwürdigkeit zieht Schmerz an, Würde Frieden.
Unwürdigkeit erzeugt Zweifel, Würde Sicherheit.
Unwürdigkeit projiziert Schuld, Würde Freiheit.
Unwürdigkeit verbreitet Furcht, Würde heißt Liebe.
Unwürdigkeit nährt die Wut, Würde bedeutet Lächeln.
Unwürdigkeit ist Leiden, Würde ist Ruhe.
Unwürdigkeit fordert Opfer, Würde ist Ganzheit.
Unwürdigkeit ist stets wankelmütig,
Würde ist wahrhaftig.

Ehrlichkeit ist die erste Freiheit! Sie ist der Schlüssel zur Heilung. Ihr Ego kann es sich nicht leisten, ehrlich zu sein, aber Sie können das. Indem Sie ehrlich über Ihre privatesten Selbt-Verurteilungen sind, fängt der Schmerz, den Sie erleben, fast sofort zu schmelzen an; indem Sie offen mit Ihrer Scham umgehen, wird die Agonie mitge-teilt und fängt so schnell an zu verblassen und indem Sie ehrlich Ihre Angst zeigen, fängt sich deren enger, harter Griff sofort zu lösen an. Indem Sie ehrlich sind, stellen Sie fest, dass Sie nicht länger allein sind und Hilfe für Sie erreichbar ist.

Die Verteidigungshaltung aufgeben

Die Begegnung mit meinem Klienten Donald sollte mich tief berühren. Donald war ein kleiner Mann Ende 60 mit einem gigantischen Geist. Sein Gesicht war von Charakterlinien durchzogen, er hatte nur ein Auge, ein volles Lächeln, einen buschigen schwarzen Schnurrbart und rosige Wangen. Er saß immer mit gebeugten Schultern da und lehnte sich zu mir vor. Es war unsere dritte Sitzung zusammen, als er zu mir sagte: »Robert, ich glaube, mein echtes Problem ist, dass ich es verlernt habe, ehrlich zu mir selber zu sein.«

»Ich kann für dich lächeln, Robert«, sagte Donald, »aber Lächeln kann täuschen. Ich kann für dich lachen, Robert, aber ich weiß nicht mehr, wie es sich anfühlt zu lachen. Tatsächlich fühle ich überhaupt nicht viel.« Donald fuhr fort und erzählte mir, dass er das letzte Mal als kleiner Junge geweint hatte und von Selbstkritik und Selbstzweifeln geplagt wurde. »Ich will mein echtes Lächeln zurück«, sagte er mir. Vielleicht wird Ihnen die Schmerzhaftigkeit dieser Bitte deutlicher, wenn ich Ihnen sage, dass Donald ein professioneller Clown ist.

Donald war direkt zum Kern der Sache vorgedrungen, als er mir sagte: »Ich habe vergessen, wie man ehrlich mit sich selbst ist.« Er hatte solche Angst vor seinem Unglücklichsein, dass er sich entschied, eine Barriere aufzubauen, um sich vor dem Schmerz zu schützen. Zuerst schien die Barriere zu funktionieren, sie betäubte den Schmerz recht gut, aber Donald musste bald feststellen, dass er sich, indem er sich von seinem Schmerz abschnitt, auch unabsichtlich von seiner Freude abgeschnitten hatte.

Donald hatte festgestellt, dass Verteidigungsanlagen unehrlich sind. Er hatte gehofft, dass seine irgendwie seinen Schmerz lindern würden, aber stattdessen hatten sie nur zu diesem beigetragen. Er fühlte sich abgeschnitten von seinen Gefühlen. Er stellte ebenfalls fest, dass man nicht selektiv ehrlich mit seinen Gefühlen sein konnte – d. h. ehrlich in Sachen Freude, aber unehrlich wenn es um Eifersucht geht. In unseren gemeinsamen Diskussionen kamen wir zu dem Schluss, dass

man anzieht, wogegen man sich verteidigt!

Allzu oft ist die Sprache der Medizin und der Heilung eine Sprache des Krieges. Wir sprechen davon, uns »auf die gesundheitlichen Probleme zu stürzen«, die »Depression zu besiegen«, »den Blues kleinzukriegen«, »den Krebs zu zerstören«, »Angstzustände zu überwinden«, »den Periodenschmerz zu schlagen«, »den Kampf gegen AIDS zu gewinnen« und so weiter. Ich habe diese kriegerische Sprache in meiner Stress Busters Klinik selbst noch fortgesetzt. Heilung ist kein Krieg; es ist ein Friedensprozess. Es geht dabei nicht um Widerstand, sondern um Annahme. Annahme ist der Schlüssel zu Frieden, Liebe und Heilung.

Ein Gefühl hat nur eine Ambition im Leben, und zwar die, gefühlt zu werden! Emotionen wollen Motion, Bewegung. Jedes Mal, wenn Sie einer Emotion Widerstand leisten und sich gegen sie wehren, wird der Schmerz länger dauern. Sie müssen bereit sein, jedes Gefühl, das Sie erfahren, zu ehren – sei es Zorn, Eifersucht, Depression, Traurigkeit oder Hass. Die Gefühle zu ehren ist dasselbe wie ehrlich mit ihnen umzugehen und sie zu akzeptieren. *Im Letzten akzeptieren Sie das Gefühl nicht, weil es real ist, sondern weil die Liebe real ist.* Mit anderen Worten: Der Schmerz ist immer nur ein Besucher. Er ist vorübergehend. Er endet stets wieder. Ihr unkonditioniertes Selbst bleibt solange intakt, stets in Liebe, vollständig und schmerzfrei. Das heißt also …

Annahme ist ein Set-up für die Liebe.

Eine Abwehrhaltung kann nichts heilen, das kann nur die Liebe; Verurteilung heilt nichts, Güte schon; Verdammen heilt nichts, Vergebung schon; Kämpfen heilt nichts, Frieden durchaus. In The Happiness Project teile ich mit den Leuten oft einen Text, den ich die »Erklärung der Annahme« nenne. Er lautet folgendermaßen:

Ohne Annahme wird dich die Wut aufbringen.
Ohne Annahme wird dich die Schuld beschämen.
Ohne Annahme wird dich das Urteil verdammen.
Ohne Annahme werden dich Beklemmungen quälen.
Ohne Annahme wird dich Traurigkeit betrüben.
Ohne Annahme wird dich Furcht erschrecken.
Ohne Annahme wird dich Schmerz verletzen.
Ohne Annahme wird Einsamkeit dich isolieren.
Ohne Annahme kann auch Liebe dich nicht lieben.

Donald spielte mit der Idee der Annahme. »Gegen mein Unglücklichsein zu kämpfen hat mir nichts gebracht«, sagte er. Als Donald seine Schutzhaltung immer mehr aufgab, entdeckte er eine neue Stärke und eine neue Freiheit. Zuerst sprach er über sein Unglücklichsein, ohne es wirklich zu fühlen, aber eines Tages kamen die Tränen tatsächlich. Der Tag, an dem Donald das erste Mal weinte, war auch der Tag, an dem er zu lächeln begann und es wirklich fühlte. Donalds Mut war außergewöhnlich. Er war eine Inspiration für mich. Wir umarmten und hielten einander oft, weinten und lachten. Wir gaben einander den Mut, die Liebe anzunehmen und unseren Schmerz loszulassen.

Verdrängung, Unterdrückung, Intellektualisierung, Rationalisierung, Vermeidungsverhalten, Lügen und alle anderen Verteidigungsstrategien sind nicht die leichten Auswege, als die sie sich zunächst ausnehmen. Wie eine üble Drogenabhängigkeit fordern Verteidigungsstrategien immer mehr von Ihnen. Es braucht viel bewussten und unbewussten Aufwand, um den Deckel auf dem Topf des Unglücklichseins niederzuhalten. Eine Verteidigungsstellung ist anstrengend.

Medizinische Präparate können, wenn sie falsch verschrieben werden, eine andere Art von Verteidigungsstrategie sein, die den Heilungsprozess eher behindern. Allzu oft in der modernen Medizin werden Medikamente inkorrekt benutzt, um Gefühle zu unterdrücken. Ich sehe Unglücklichsein als eine Information – sie ist wie eine rotes Licht auf Ihrem Armaturenbrett, das Ihnen sagt, dass Sie den Motor überprüfen müssen. Um bei dieser Analogie zu bleiben: Wenn man schwere Betäubungsmittel falsch einnimmt, dann ist das so, als entferne man die Sicherung aus dem Armaturenbrett des Autos, sodass man das rote Licht nicht mehr sieht. Nur weil kein rotes

Licht aufleuchtet, heißt das aber nicht, dass man kein Problem hat.

Glücklicherweise lernen es mehr und mehr Ärzte, ihre Präparate weise zu verschreiben. Ganz besonders lernen sie es, die Präparate nicht zu benutzen, um »die Gefühle ihrer Patienten zum Schweigen zu bringen.« Betäubung ist nicht gleich Heilung. Diese kurzfristige »Lösung« ist eine falsche Wirtschaft, die schließlich nur zu mehr Schmerz führt, nicht zu weniger. Die medizinische Zunft hat lange über die Alternative *Medikamente oder Therapie* nachgedacht.[6] Manchmal ist beides notwendig. Die liebevollste Option ist stets die Beste.

Bald nachdem Donald aufgehört hatte, zu mir zu kommen, bekam ich einen Brief von ihm, dem er eine Passage des deutschen Dichters Hermann Hesse beigefügt hatte. Sie lautet folgendermaßen:

»Leid tut nur weh, weil du es fürchtest,
Leid tut nur weh, weil du es schiltst.
Es verfolgt dich nur, weil du vor ihm fliehst.
Du musst nicht fliehen, du musst nicht schelten,
Du musst nicht fürchten. Du musst nur lieben!
Du weißt ja alles selbst, du weißt in deinem Innersten
ganz wohl, dass es nur einen einzigen Zauber,
eine einzige Kraft, eine einzige Erlösung
und ein einziges Glück gibt und dass es lieben heißt.
Also liebe das Leid! Widersteh ihm nicht,
entflieh ihm nicht! Koste, wie süß es im Innersten ist,
gib dich ihm hin, empfange es nicht mit Widerwillen.
Nur dein Widerwille ist es, der weh tut. Sonst nichts.«[7]

Um Hilfe bitten

»Bittet, glaubt, empfangt!«

Es gibt eine Geschichte von einer Schullehrerin, die ihrer Klasse junger Schüler die Geschichte von Moses erzählte. Die Kinder hörten aufmerksam zu und nachdem die Lehrerin fertig war, fragte sie: »Warum glaubt ihr, ist Moses 40 Jahre in der Wüste umhergewandert?«

Es folgte eine ziemlich lange Pause. Plötzlich schoss der Arm eines Jungen nach oben, der offenbar von einer blitzartigen Einsicht inspiriert war: »Vielleicht hatte er Angst, nach dem Weg zu fragen, Frau Lehrerin!«

Heilung ist Wiederherstellung. Es geht darum, die Trümmer Ihres konditionierten Geistes beiseitezuräumen, um einmal mehr die Ganzheit Ihres unkonditionierten Selbst zu offenbaren. Wie bei echtem Glück auch bedarf diese Wiederherstellung keiner ausgiebigen Mühen, endlosen Kämpfen, schwerer Leiden oder großer Vorauszahlungen. Heilung bedarf nichts anderes als Ihrer Bereitschaft, Heilung *anzunehmen*.

Die Bereitschaft, Heilung anzunehmen ist der Schlüssel zu Ihrer Wiederherstellung und Teil der Bereitschaft beinhaltet auch, bereit zu sein, um Hilfe zu bitten. Denn in Wahrheit ...

können Sie nicht allein geheilt werden.

Wir versuchen zu oft, allein Heilung zu finden. Irgendwie ist es in unserem Kopf verdrahtet, dass wir *versagt haben, wenn wir um Hilfe bitten*. Wir sind entweder zu stolz oder fühlen uns zu schuldig, um um Hilfe zu bitten. Egoistisch wie wir sind, verweigern wir den Leuten die Möglichkeit, uns zu lieben und sich um uns zu kümmern, weil wir uns zu ungeschickt, zu peinlich berührt, zu unwürdig, zu überlegen oder was auch immer fühlen oder einfach meinen, wir machen den anderen zu viel Arbeit.

Während meiner Jahre in der Stress Busters Klinik fand ich heraus, dass die meisten meiner Klienten durchschnittlich zwischen zwei und zehn Jahren allein an ihrem Stress gelitten hatten, bevor sie um Hilfe baten. Mir erzählte mein Freund Michael, ein anglikanischer Vikar, in einem ähnlichen Zusammenhang: »Die Leute lieben Gott so sehr, dass sie ihn mit ihren Problemen nicht belästigen!« Heilung und Freiheit müssen Ihnen mehr bedeuten als Ihr Stolz und Ihre Schuld, wenn Sie glücklich sein wollen. Es ist ein klassisches Symptom für Stress, *Lösungen zu verwerfen, bevor man sie ausprobiert hat.* Das ist die »Ja, aber ...«-Krankheit. Daher ist es vielleicht Ihr Zynismus, der verhindert, dass Sie um Hilfe bitten, wenn es nicht Ihr Stolz und Ihre Schuld sind. Der versucht, alles Licht, alle Hoffnung, Abenteuerlust, Wachstum und Heilung abzutöten. Zynismus ist die Entscheidung, ein Opfer zu sein. Ganz davon abgesehen, dass er nicht hilfreich ist, ist Zynismus nie gerechtfertigt, nie real, nie wahr und niemals treffend.

Zynismus hält die Heilung auf vielerlei Weise auf: (1) Wir fragen gar nicht erst, weil wir schon »wissen«, dass »es« nicht funktionieren wird; (2) wir fragen nicht, weil wir glauben, dass »uns nicht zu helfen ist«; (3) wir bitten um Hilfe, aber wir erwarten, keine Antwort zu bekommen, denn solange wir keine Antwort bekommen, können wir uns an unserer eingebildeten Schuld festklammern und weiter das Opfer spielen.

In der Bibel heißt es: »Bittet und es wird euch gegeben.«[8] Was für ein Deal! Finden Sie nicht, dass das fast zu gut klingt, um wahr zu sein? Es sieht ein bisschen wie eine Freifahrt aus. Wo ist das Kleingedruckte, fragt man sich. Was ist die Kehrseite der Medaille? Wie gewonnen, so zerronnen! Oft habe ich in der Vergangenheit meine Faust gegen den Himmel geschüttelt und mich wütend, verlassen und beleidigt gefühlt und Gott gegenüber die Bibel zitiert – »Ich bitte immer noch. Wo ist deine Antwort?«

Aus eigener Erfahrung habe ich gelernt, dass wenn es darum geht, um Hilfe zu bitten,

Sie nicht an Ihrem Stolz, an Schuld und Zynismus festhalten können und gleichzeitig geheilt werden!

Wenn Sie um Hilfe bitten, werden Sie die Antwort bekommen, die Sie zu verdienen glauben. Das ist der Schlüssel zum Bitten. Daher macht der Satz »Bittet und es wird euch gegeben« mehr Sinn, wenn Sie sagen: »Bittet, *glaubt* und es wird euch gegeben!« Sie können nicht stolz und offen sein, schuldig und offen, zynisch und offen. Solange Sie stolz, schuldig oder zynisch bleiben wollen, schließen Sie die Tür für jede echte Antwort auf Ihre Bitte.

Wenn Sie »um Hilfe« bitten, müssen Sie offen und spontan erreichbar »für Hilfe« sein. Daher müssen Sie, bevor Sie um Hilfe bitten, allen Stolz, alle Schuld und allen Zynismus ablegen. Mit anderen Worten, Sie müssen alle Illusionen für die Wahrheit, die Vergangenheit für die Gegenwart und Verbitterung gegen Hoffnung eintauschen. Bitten – Glauben – Empfangen!

Um heil zu werden und glücklich zu sein …

**müssen Sie bereit sein zu bitten
und bereit sein zu empfangen.**

Ich übe gegenwärtig, ein besserer Bitter zu werden. Ich habe in meinem Leben zu lang an einer Krankheit gelitten, die ich A. S. nenne – *Alleingang-Syndrom* – bei der das Haupsymptom ist, dass man zu große Angst hat, um um Hilfe zu bitten. Beispielsweise verbringe ich in einem großen Einkaufszentrum 40 Minuten (wenn auch nicht 40 Jahre!) damit, nach einem Geschäft zu suchen, wenn ich ganz einfach irgendwen unter den Tausenden von Leuten nach der Richtung fragen könnte. In einem Musikladen suche ich ewig nach einer bestimmten CD, bevor ich daran denke, jemanden um Hilfe zu bitten, der dafür bezahlt wird, Leuten zu helfen, die um Hilfe bitten.

Man hat mir gesagt, dass *die Angst, zu fragen* nur bei Männern vorkommt! Ich glaube aber, dass sowohl Männer als auch Frauen wissen, wie es sich anfühlt, den Märtyrer zu spielen, Hilfe zu verweigern und zu versuchen, es im Alleingang zu machen. Oft wird die Heilung verzögert, weil wir versuchen, uns selbst wieder hinzukriegen, bevor, nicht nachdem wir um Hilfe von Familienmitgliedern, Freunden, Beratern, Gott und dem heiligen Geist gebeten haben. Wir genesen, indem wir bereit sind, zu bitten und zu empfangen.

Halten Sie sich an Ihre Stärken

Wenn Sie unglücklich sind, liegt das daran,
dass Sie Ihre größten Kraftquellen aufgegeben haben.

Meine Mutter Sally hat vor Kurzem etwas erlebt, was man einen schweren »Lebensanfall« nennen könnte. Was als Routinebehandlung wegen eines Depressionsschubs anfing, wurde eine enge Begegnung mit dem Tod, nachdem man ihr eine Kombination aus Sedativa, Beruhigungsmitteln und anderen Präparaten verschrieben hatte, die sie fast umbrachte. Dreimal sagten mein Bruder David und ich meiner Mutter Lebewohl, weil wir glaubten, sie würde sterben.

Etwa sechs Monate, nachdem dieser Alptraum mit meiner Mutter angefangen hatte, war ich komplett erschöpft. Es forderte seinen Tribut, dass ich Hunderte Kilometer zu der Klinik fuhr, oft spät nachts und das viermal die Woche. Die endlosen, fruchtlosen Versuche, mit der Klinikverwaltung und den Ärzten zu kommunizieren halfen auch nicht. Und dann war da die Angst und Sorge um meine Mutter.

Angst ist anstrengend. Keine Zeit zu haben, um sich auszuruhen, ist ebenfalls anstrengend. Aber noch schlimmer war irgendwie inmitten dieser Krise, dass ich es geschafft hatte, meine wahren Kraftquellen zu vergessen, als ich sie am meisten brauchte. Stück für Stück hatte ich mich, ohne es zu merken, von allem abgeschnitten, was mich nährt und aufrecht hält.

Mein Kraftquellen sind meine morgendliche Meditation, das Gebet, Gott, meine Familie, meine Freunde, das

Fitnessstudio, eine gesunde Ernährung und meine Abendmeditation. Nun, meine gesunde Ernährung musste als Erstes dran glauben. Nacht für Nacht aß ich allein im Auto auf der Fahrt in die Klinik, aß Gemüse (nun, eigentlich Pommes!), Obst und Nüsse (Schokoriegel!) und trank zuckerfreie Softdrinks. Meine Morgenmeditation, die normalerweise eine Stunde dauert, wurde irgendwie 15, 10, 5 Minuten lang. Gebete sagte ich unterwegs. Ich zog mir Videos rein. Die Vorstellung eines Fitnessstudios war genug, um mich zu erschöpfen. Und an meine Abendmeditation dachte ich im Normalfall erst am Morgen danach!

»Zeit ist das Problem«, sagte ich mir. Der Grund, aus dem ich jedoch keine Zeit hatte, war, dass ich meine Kraftquellen verlassen hatte. Man hat nie genug Zeit, wenn man keine Energie hat. Wie ironisch also, dass ich meine Kraftquellen genau da aufgab, als ich sie am Dringendsten brauchte. Ich erinnere mich noch, dass ich mir versprach, dass ich, sobald es meiner Mutter besser ginge, *und nur dann,* wieder anfangen würde zu meditieren, zu trainieren, mit Gott zu reden und gesund zu essen.

Ich war in eine Fahrrinne geraten und

**das seltsame an so einer Fahrspur ist,
dass man nie bewusst in eine gerät.**

Ich wette, Sie haben niemals gedacht: ›*Oh, hier ist so ein Gleis, auf das spring ich jetzt mal auf*‹ oder ›*Das sieht nach einem netten Gleis aus, das probiere ich mal.*‹ Nein! Die Psychologie solcher Gleise ist subtiler und trügerischer. Solche Gleise können eine Woche, einen Monat oder mehrere Jahre dauern. Es gibt Zeiten, wenn Sie vergessen, sich selbst treu zu sein und das, was Sie am meisten stärkt und unterstützt.

Die Frage ist, ob Sie sich darüber im Klaren sind, was Ihre größten Kraftquellen sind? Können Sie sie sofort benennen? Oder brauchen Sie mehr Zeit zum Nachdenken? Ist Ihnen jemals eingefallen, dass Sie vielleicht unglücklich sind oder sich nicht wohlfühlen, weil Sie nicht wissen, was Ihre größten Kraftquellen sind? Oder vielleicht leiden Sie, weil Sie egoistisch versuchen, es nur aus eigener Kraft zu schaffen?

Was auch immer Ihre Quellen echter Kraft sein mögen, ich garantiere Ihnen, dass Sie das nächste Mal, wenn Sie gestresst und unglücklich sind, versucht sein werden, sie aufzugeben. Es ist schon eine große Ironie, dass wir, wenn wir unter Druck sind oder leiden, wir uns von unseren Kraftquellen entfernen, statt uns auf sie zuzubewegen. Ganz wie in der biblischen Geschichte von Petrus und Jesus, als sich Petrus dreimal von Jesus distanziert, machen wir es so mit unseren Kraftquellen, wenn wir in eine Krise geraten.

Manche Stärken – besonders externe wie Freunde oder Familie – kommen und gehen, leben und sterben, denn so ist das Leben in dieser Welt nunmal beschaffen. Der ewige Geist Ihres unkonditionierten Selbst jedoch, ist immer stark und wahr. Sie könnten also sagen, dass es …

**Glück ist, wenn man sich daran erinnert,
nicht den Geist aufzugeben.**

Unter dem Schmerz, der sich so real anfühlt, ist Ihr Geist immer noch am Spielen, frei in seiner Wonne und unberührt von den Dramen der Welt. Bleiben Sie eng mit ihm verbunden, überlassen Sie sich ihm und lassen Sie sich führen von der Stärke und dem Geist Ihres unkonditionierten Selbst, das Sie inspirieren und heilen kann.

Kontrollieren Sie nicht die eigene Heilung

Seien Sie verantwortungsbewusst:
Geben Sie die Kontrolle auf!

Die folgende Geschichte bietet eine exzellentes Bild dafür, welches Gefahren es mit sich bringt, wenn man versucht, den eigenen Heilungsprozess zu kontrollieren.

Es war einmal ein Mann, der auf dem Dach seines Hauses gefangensaß, während eine gefährliche Flut um ihn her immer höher stieg. Er klammerte sich an den Kamin und fürchtete um sein Leben. Nie zuvor hatte er solche Sehnsucht gefühlt, zu leben. Er rief um Hilfe. »Lieber Gott, ich will leben, bitte hilf mir!«

Gott antwortete sofort: »Ich werde dir helfen, mein Sohn.«

Kurz danach kam ein Nachbar in einem Kanu vorbei: »Spring rein, alter Knabe!«, rief der Nachbar.

»Dankeschön, aber Gott ist schon unterwegs!«, rief der Mann.

Die Zeit verging und die Flut stieg immer weiter. Ein völlig Fremder fuhr in einem Motorboot vorbei und dieser gute Samariter bot dem Mann an, ihn mitzunehmen.

»Dankeschön, aber Gott ist schon unterwegs«, rief der Mann.

Bald stand der Mann ganz oben auf seinem Kamin und das Wasser stieg immer noch, als aus dem Nichts ein Hubschrauber mit einem Seil kam.

»Dankeschön, aber Gott ist schon unterwegs!«, rief der Mann.

Schließlich ertrank er. Bevor er in den Himmel kam, stellte er wütend Gott zur Rede: »Warum hast du mir nicht geholfen?«, rief er. »Ich hätte gedacht, dass du von allen Leuten der wärest, der seine Versprechen wirklich hält!«

»Naja, ich habs versucht«, sagte Gott. »Ich kam in einem Kanu, einem Motorboot und einem Helikopter, aber du hast mich jedesmal weggeschickt.«

Der Mann in dieser Geschichte ist ein Symbol für das Ego, das immer alles kontrollieren will, sogar seinen eigenen Untergang. Der Mann bat um Hilfe, bekam aber keine. Drei Hilfsangebote kommen, aber er gibt dreimal seine Chance auf Rettung auf, weil sein Geist schon entschieden hat, wie die Rettung aussehen soll. Die Bereitschaft, Heilung zu akzeptieren, macht es erforderlich, dass Sie allen Versuchungen widerstehen, zu kontrollieren, wie Ihre Heilung aussehen »muss« oder »sollte.« Unterm Strich gilt …

**Sie können die eigene Heilung
nicht kontrollieren.**

Die Versuchung, Doktor zu spielen und die eigene Heilung zu kontrollieren, kann essentielle Heilungskomponenten wie Vertrauen, Offenheit, Hingabe, spontane Erreichbarkeit, Denken in Möglichkeiten und Entspannung blockieren. Kontrolle ist oft von Furcht motiviert und es ist Angst, die oft Annahme und Bereitschaft verhindert. Deshalb kann Heilung geschehen, wenn Sie die Kontrolle aufgeben, nicht, wenn Sie sie behalten.

Alles und jedes kann Ihnen helfen, Heilung zu finden, sobald Sie bereit sind, die Heilung bedingungslos anzunehmen. Geben Sie also Ihre Vorurteile auf. Hören Sie mit offenem Geist auf jedes Hilfsangebot, das Ihren Weg kreuzt. Verwerfen Sie Lösungsvorschläge nicht, bis Sie sie nicht ausprobiert haben. Antidepressiva haben ihren Wert. Beratung und Psychotherapie haben ihren Wert. Komplementärmedizin kann funktionieren. Der Arzt hört Ihnen vielleicht besser zu, als Sie denken. Vergebung könnte die Antwort sein.

Bereitwilligkeit ist wie die Elektrizität, die Ihre Haushaltsgeräte funktionieren lässt. Ohne Elektrizität sind Ihr neues Telephon, Ihre 42-Funktionen-Waschmaschine, Ihr toller Computer und Ihr 200-Kanäle-Fernseher alle nutzlos. Ganz ähnlich kann keine heilende Behandlung ohne Bereitwilligkeit funktionieren. Daher muss die Bereitwilligkeit, die Heilung für sich selbst anzunehmen, als Erstes kommen. Hat man erst die Bereitschaft, kann so ziemlich alles funktionieren, besonders wenn man im Prozess die Kontrolle aufgibt.

Sich für Wunder öffnen

Hier eine alte Geschichte aus Indien:

Eines Tages ging ein Prinz zum Jagen und wurde dabei von einem vergifteten Pfeil ins Herz getroffen. Der Pfeil schien aus dem Nichts zu kommen. Die Ärzte kamen sofort, doch bevor sie anfangen konnten, ihre Heilmittel anzuwenden, befahl der Prinz: »Sagt mir zuerst, was das für ein Gift an dem Pfeil ist.«

Nachdem das Gift identifiziert war, wollten die Ärzte mit der Behandlung beginnen, als der Prinz befahl: »Sagt mir zuerst, aus welchem Material der Pfeil besteht.« Nachdem man es ihm gesagt hatte, forderte er, man möge ihm sagen, wer den Pfeil gemacht haben könnte. Die ganze Zeit über verbreitete sich das Pfeilgift im Körper des Prinzen.

Der Prinz wurde schwächer, doch er war so aufgebracht darüber, dass man auf ihn geschossen hatte, dass er zu den Ärzten sagte: »Bevor Ihr beginnt, muss ich erst wissen, wer auf mich geschossen hat. Ihr müsst ihn zu mir bringen, sodass ich ihn fragen kann, wer ihn geschickt hat.« Der Prinz forderte dann, dass man ihm seine geistlichen Berater rufen sollte. »Ich muss wissen, warum dies geschehen ist«, forderte er. Schließlich starb der Prinz, den Pfeil noch im Herzen.

In dieser Geschichte ist der Prinz das Symbol für das Ego. Er ist nicht bereit oder willens, seine Heilung anzunehmen. Er will erst alles verstehen und erst dann dürfen die Ärzte ihn heilen. Sein stures Beharren darauf, alles verstehen zu wollen, ist es, das ihn schließlich umbringt.

Es ist ein verbreiteter Fehler zu denken, dass Heilung Verstehen erfordert. Das ist nicht der Fall. Wenn Verstehen auch durchaus hilfreich sein kann, ist es doch keine notwendige Voraussetzung für die Heilung. Allzu oft wird der Heilungsprozess blockiert, verzögert und kompliziert, weil jemand darauf beharrt (sei es nun Berater oder Patient), erst zur Wurzel des Verstehens der Angelegenheit vorzudringen. Zu viel Analyse, Sezieren, Herunterbrechen, Differenzieren und Logik kann bewirken, dass Sie sich eher verschließen als öffnen. Insofern …

**ist es wichtiger, *offen* für die Heilung zu sein,
als sie zu *verstehen*.**

Das gilt sowohl für den Klienten wie auch für den Therapeuten. Als ich mich das erste Mal fürs Heilen zu interessieren begann, reiste ich um die ganze Welt, um die größten Heiler der Welt kennenzulernen. Immer wieder fragte ich sie, wie Heilung funktioniert und ausnahmslos sagten sie mir, dass es die Heilung oft blockieren kann, wenn man versucht, sie logisch zu begreifen. Der Schlüssel, so sagten sie, ist, das Ego aus dem Weg zu schaffen. Ihr Job ist es, sich einfach nur dem Wunder der Heilung zu öffnen. Seien Sie zuerst offen und dann werden Sie verstehen.

Bei Heilung geht es um Wunder – d. h. darum, die Dinge anders zu sehen. Wenn Sie unglücklich oder krank sind, dann wird von Ihnen verlangt, Ihren gegenwärtigen Geisteszustand aufzugeben, um die Dinge anders zu sehen. Bei Heilung geht es darum, das Denken aufzugeben, das dazu führte, dass man sich unglücklich oder krank fühlt, und offen dafür zu werden, die Dinge anders zu sehen, anders zu denken, etwas anderes zu glauben, sich anders auszudrücken und anders zu handeln.

Eines der wichtigsten Prinzipien des Heilens bei The Happiness Project ist der Gedanke, dass ...

es so etwas wie »negative Emotionen« nicht gibt.

Solange Sie glauben, dass etwas »negativ« ist – beispielsweise Wut, Eifersucht, Unglücklichsein, Depression und andere »negatvie Emotionen« – werden Sie nichts Positives oder Hilfreiches aus diesen Emotionen ziehen können. Um zu genesen, müssen Sie sich dafür öffnen, Ihre Vorurteile, Ihre Konditionierung und Ihre Urteile fallenzulassen, um das Licht sehen zu können.

Wenn Sie offen für Wunder sind, dann bedeutet das, dass Sie offen für alles sind, Ihren Schmerz, Ihre Angst und Schuld eingeschlossen. Wenn Sie wirklich offen und bedingungslos sind, dann werden Sie erkennen, dass im Kern nichts »schlecht« ist oder »falsch« oder »negativ«. Alles kann, wird es richtig aufgefasst, zur Bereicherung und zum Wert Ihres Lebens beitragen.

Erinnern Sie sich noch an Joanna, die 21jährige Frau zu Beginn dieses Kapitels, die unter Depressionen litt? Nun, nachdem sie drei Monate lang zu mir gekommen war, gab ich ihr eine Hausaufgabe, die lautete: »Was ist die größte Weisheit, die du je im Umgang mit deinen Emotionen gelernt hast? Ihre Antwort war wirklich wunderschön, sie lautete:

Vor dem jetzigen Zeitpunkt hatte ich nie Zeit für meine Emotionen. Ich dachte, Emotionen wären eine absolute Schwäche. Die Wahrheit ist wahrscheinlich, dass ich zu große Angst hatte, sie mir anzuschauen. Aber was ich kürzlich lernen durfte, war, dass meine Emotionen nicht dazu da sind, mich zu Fall zu bringen. Gefühle sind keine Strafe. Gefühle sind Information. Es ist, als ob jedes Gefühl, das ich habe, versucht, mir etwas zu sagen.

Ich hätte nie gedacht, dass ich das mal glauben würde, aber ich bin tatsächlich dankbar für meine Depression. Meine Depression war ein Geschenk. Jetzt bin ich bereit, mir ein neues Leben aufzubauen.

Joanna ist begeistert davon, dass ihre Worte in diesem Buch auftauchen. Wir haben oft über das »Geschenk« ihrer Depression gesprochen. Wir verstehen beide, dass die Depression nicht das echte Geschenk dabei ist; das echte Geschenk ist Joannas Mut, ihrer Depression offen ins Gesicht zu sehen, mit Ehrlichkeit und Liebe. Ihre Bereitschaft, gesund zu werden, hat dafür gesorgt, dass Verdammen und Angst schließlich Offenheit und Vergebung gewichen sind. Ein Wunder ist geschehen.

Verschreiben Sie sich dem Glück JETZT!

Warten Sie nicht, bis all Ihr Unglück vorbei ist, bevor Sie sich dem Glück verschreiben. Verschreiben Sie sich dem Glück *jetzt*!

Es gibt keine bessere Zeit, sich dem Glück zu verschreiben, als dann, wenn Sie unglücklich sind. Sich dem Glück zu verschreiben ist jedoch das Letzte, was Sie im Sinn haben, wenn Sie auf dem Zahnfleisch daherkommen, Ihre Muskeln starr angespannt sind und Ihr Kopf ein Vorsprechen bei *High Anxiety!* probt. Dennoch gilt, dass

**sich Unglück auflöst, wenn Sie sich »jetzt«
dem Glück verschreiben.**

Wenn Sie sich jetzt gerade unglücklich fühlen, dann möchte ich Sie ermutigen, laut zu beten mit den Worten: »Ich verschreibe mich dem Glück.« Wenn Sie jetzt gerade einen Konflikt erleben, dann bekräftigen Sie: »Ich verschreibe mich dem Frieden.« Wenn Sie sich jetzt gerade niedergeschlagen fühlen, dann singen Sie: »Ich verschreibe mich der Freude.« Wenn Sie gerade Verbitterung erleben, dann sagen Sie: »Ich verschreibe mich der Freiheit.« Wenn Sie Trauer erleben, erklären Sie: »Ich verschreibe mich der Heilung.« Wenn Sie gerade Zorn fühlen, dann versichern Sie sich: »Ich verschreibe mich der Liebe.«

Ich verlange nicht, dass Sie es leugnen, dass Sie sich unglücklich fühlen. Vorzutäuschen, nicht zu fühlen, was man fühlt, ist weder ehrlich noch wahrhaftig oder hilfreich. Was ich hier andeuten will, ist, dass Sie fühlen können, was Sie fühlen und *sich entscheiden, sich dem Glück zu verschreiben.*[9] Es ist Ihre Entschlossenheit, frei zu sein, die die Gefängnistür öffnen wird. Es gilt also:

*Wenn Sie Angst haben, spüren Sie die Angst und
verschreiben sich der Liebe.*

*Wenn Sie weinen, dann vergießen Sie Ihre Tränen
und verschreiben Sie sich der Heilung.*
*Wenn Sie unglücklich sind, ehren Sie dieses Gefühl
und verschreiben Sie sich der Freude.*
*Wenn Sie in einem Konflikt stehen, dann machen
Sie ihn sich zu eigen und verschreiben Sie sich dem
Frieden.*
*Wenn Sie Schmerz leiden, drücken Sie ihn aus und
verschreiben Sie sich der Freiheit.*
*Wenn Sie zornig sind, fühlen Sie es und verschreiben
Sie sich der Harmonie.*
*Wenn Sie verbittert sind, dann seien Sie ehrlich und
verschreiben Sie sich der Vergebung.*
*Wenn Sie Kummer haben, dann kümmern Sie sich
um sich selbst und verschreiben Sie sich dem Lachen.*
*Wenn Sie am Boden sind, ruhen Sie sich aus und
verschreiben Sie sich dem Erfolg.*

Wenn Sie sich dem Glück verschrieben haben, was dann?
Die Antwort lautet: *nichts*. Vielleicht die schwierigste
Lektion, die es für uns bei unserer eigenen Heilung zu
lernen gilt, ist, dass …

**man nichts anderes tun muss, als
seine Heilung anzunehmen.**

Heilung ist keine Aufgabe. Sie ist keine Arbeit. Denken
Sie daran, Heilung bedarf keiner Mühe, keines Leidens,
keiner Kämpfe oder anderer großer Anstrengungen, sie
bedarf lediglich Ihrer Bereitwilligkeit. Sie müssen vor allem glauben, dass Ihre Bereitwilligkeit genug ist. Folgen

Sie Ihrer Bereitwilligkeit, lassen Sie sich von ihr segnen und erlauben Sie es ihr, Ihnen Heilung zu bringen.

Liebe ist die Antwort

Urteilen ist die Quelle aller Sorge.

Depression ist ein Schrei nach Liebe. Angst ist ein Schrei nach Liebe. Wut ist ein Schrei nach Liebe. Kummer ist ein Schrei nach Liebe. Eifersucht ist ein Schrei nach Liebe. Schuld ist ein Schrei nach Liebe.[10] Das wird in dem Moment klar, da man aufhört, sich selbst und sein Unglücklichsein zu verurteilen.

Unglücklichsein ist Energie plus Verurteilung. Können Sie sehen, dass alles Unglücklichsein einem Urteil wie »das ist schlecht« oder »das ist falsch« entstammt? Nichts an sich selbst kann Sie unglücklich machen, aber der Glaube, dass das, was Sie erleben, »falsch« oder »schlecht« ist, wird Ihnen garantiert Kummer machen. Eine Entlassung bspw. muss nicht »schlecht« oder »falsch« sein, aber wenn Sie darauf bestehen, dass es so sein muss, dann werden Sie deswegen sehr unglücklich sein. Werfen Sie einen Blick auf Ihre Urteile!

Es war einmal ein Mann, dem nie sein Lächeln abhanden kam.

Eines Tages wurde er aus seinem Job gefeuert.

»Das sind schlechte Neuigkeiten«, sagten seine Kollegen.

Der Mann lächelte. »Es ist so«, sagte er. Innerhalb einer Woche hatte er einen Job gefunden, wo er das Doppelte verdiente wie zuvor.

»Das sind tolle Neuigkeiten«, sagten seine Freunde.

Der Mann lächelte. »Es ist so«, sagte er.

Am ersten Tag in seinem neuen Job sprach sich der Mann, dem nie sein Lächeln abhanden kam, gegen seinen neuen Boss aus.

»Das sind schlechte Neuigkeiten«, sagten seine Kollegen.

Der Mann lächelte. »Es ist so«, sagte er. Am nächsten Tag lobte ihn sein neuer Chef dafür, ehrlich und offen mit seiner Meinung gewesen zu sein.

»Das sind gute Neuigkeiten«, sagten seine Kollegen.

Der Mann lächelte. »Es ist so«, sagte er.

Einen Monat später wurde der Mann, dem nie sein Lächeln abhanden kam, in einem Autounfall schwer verletzt. Er musste infolgedessen sechs Monate im Krankenhaus bleiben.

»Was für schlechte Neuigkeiten«, sagten seine Freunde.

»Es ist so«, sagte der Mann und schaffte es, immer noch zu lächeln. Er bekam eine fünfstellige Summe als Abfindung für die Verletzung.

»Was für tolle Neuigkeiten«, sagten seine Freunde.

Der Mann lächelte. »Es ist so«, sagte er.

Ein Jahr später verlor der Mann, dem nie sein Lächeln abhanden kam, sein gesamtes Geld beim Zusammenbruch des Aktienmarktes.

»Pech«, sagten seine Freunde.

»Es ist so«, sagte der Mann und lächelte immer noch. Bald darauf wurde er jedoch aus seinem Job entlassen.

»Schlechte Zeiten«, bemitleideten ihn seine Freunde.

»Es ist so«, sagte der Mann, der jetzt alles bis auf sein Lächeln verloren hatte.

Seine Freunde, erstaunt, dass der Mann noch lächeln konnte, fragten: »Wie kannst du noch lächeln, wo die Dinge doch so ›schlecht‹ stehen?«

Der Mann antwortete: »Ich sehe nichts als ›schlecht‹ an.«

Seine Freunde hielten ihm entgegen: »Aber wenn wir dir unser Mitgefühl aussprechen und sagen ›wie schlimm‹, sagst du ›es ist so‹, damit drückst du doch deine Zustimmung aus.«

»Nein«, sagte der Mann. »Wenn ihr ›schlecht‹ oder ›gut‹ sagt, sage ich einfach ›es ist so‹ und indem ich das tue, praktiziere ich Annahme und Freiheit vom Urteilen. Gerade weil ich mich nicht in dieses Urteilen verstricken lasse, kann ich es mir leisten, immer mein Lächeln zu behalten.«

Das Problem mit dem Urteilen ist, dass es kein *ist* gibt! Nichts *ist*, weil alles »gut« oder »schlecht« oder »richtig« oder »falsch« sein muss. Mit anderen Worten: Es findet keine Annahme statt. Sie urteilen über alles, was Sie sehen. Sehen heißt Urteilen. Denken heißt Urteilen. Sie sehen nichts, wie es ist; Sie sehen nur Ihr Urteil darüber. Es ist der Mangel an Annahme und Offenheit, der Ihnen so viel Schmerz verursacht.

Urteilen ist nicht natürlich; es ist erlernt. Urteilen ist ein Attribut des Ego und das Ego ist immer auf der Hut, bereit, seine Urteile zu fällen. Während Sie weiterhin urteilen, gibt es keine Annahme, keinen Frieden und keine Ruhe. Weil Sie einmal Angst hatten, haben Sie es sich angewöhnt, zu urteilen, aber jetzt müssen Sie feststellen, dass das Urteilen die Furcht nur erhöht. Ganz ähnlich haben Sie sich beigebracht, zu urteilen, weil es Ihnen einmal an Vertrauen gemangelt hat, aber jetzt stellen Sie fest, dass das Urteilen alle Chancen auf Vertrauen nur noch vermindert.

Wenn Sie etwas als »schlecht« beurteilen, müssen Sie sich unweigerlich »schlecht« fühlen. Wenn Sie etwas als »gut« beurteilen, werden Sie sich »gut« fühlen. Das ist solide emotionale Mathematik. Wahre Freiheit kommt jedoch aus der Bereitschaft, das Urteilen um der Liebe willen aufzugeben. Das gilt besonders dann, wenn es um Ihre Urteile über Emotionen geht. Wenn Sie bereit sind, das Verurteilen Ihrer Emotionen aufzugeben, bleibt nur Annahme zurück; und sobald Sie die haben, haben Sie auch die Liebe. Können Sie erkennen, dass:

Furcht ohne Urteilen Liebe ist,
Wut ohne Urteilen Liebe ist,
Schuld ohne Urteilen Liebe ist,
Depression ohne Urteilen Liebe ist,
Eifersucht ohne Urteilen Liebe ist,
Hass ohne Urteilen Liebe ist,
Beklemmung ohne Urteilen Liebe ist,
Traurigkeit ohne Urteilen Liebe ist,
Schmerz ohne Urteilen Liebe ist,
Liebe ohne Urteilen Liebe ist.

Weisheit besteht nicht in Urteilen, Weisheit besteht im Aufgeben des Urteilens. Können Sie sehen, dass immer wenn Sie jemanden oder etwas verurteilen, *Sie* es sind, der den Effekt des Urteils zu spüren bekommt? Das ist es, was mit dem Satz gemeint ist: »Richtet nicht, damit Ihr nicht gerichtet werdet.« Sie mögen vielleicht sauer auf Ihre Mutter sein, aber es ist *Ihr* Nervensystem, das die Wut spürt. Vielleicht regt Ihr Partner Sie auf, aber es ist *Ihr* Geist, der da aus der Ruhe gebracht wird. Ein Richtspruch verurteilt und bestraft alle, den Richter eingeschlossen.

Das Richten aufzugeben ist nur deshalb schwierig, weil Sie immer noch glauben, dass ein Urteil Ihnen Frieden bringen kann. Um das Urteilen aufzugeben, müssen Sie zuerst realisieren, dass es Ihnen keinen Frieden geben kann und wird. Mit anderen Worten …

**Richten bringt Ihnen keine Sicherheit;
es bringt Ihnen nur Angst.**

Zweitens müssen Sie, um das Richten aufzugeben, einfach verstehen, dass Sie nicht genug über irgendetwas wissen, um ein präzises Urteil zu fällen. Mit anderen Worten: Alle Ihre Richtersprüche sind halbgare Meinungen, nicht vollständige Wahrheiten. Im Handbuch von *Ein Kurs in Wundern* stehen einige wunderbare Worte, die folgendermaßen lauten:

»Es ist nötig, dass der Lehrer der göttlichen Dinge einsieht, dass er nicht nur nicht richten soll, sondern dass er es auch nicht kann. Indem er das Urteilen aufgibt, gibt er lediglich das auf, was er nicht hatte. Er gibt eine Illusion auf; oder noch besser: Er erlebt die Illusion, etwas aufzugeben. Eigentlich ist er nur ehrlicher geworden. Indem er erkennt, dass Richten von jeher unmöglich für ihn war, versucht er es auch nicht länger. Das ist kein Opfer. Im

Gegenteil, er bringt sich in eine Position, wo ein Urteil mehr durch ihn als von ihm ergehen kann. Und dieses Urteil ist weder »gut« noch »schlecht«. Es ist das einzige Urteil, das es gibt und es lautet: »Gottes Sohn ist schuldlos und die Sünde existiert nicht.«

Drittens können Sie, um das Richten aufzugeben, damit anfangen, sich selbst nicht für Ihr Richten zu verurteilen. Kürzlich wurde ich für ein Magazin interviewt und dabei gefragt: »Sind Sie ein Mensch, der richtet?« Ich gab die ehrlichste Antwort, die ich geben konnte: »In höchstem Maße. Aber ich habe es gelernt, mich nicht für meine Richtersprüche zu verdammen. Ich habe es auch gelernt, meine Richtersprüche weniger ernst zu nehmen. Die meisten Urteile sind Ängste und ich bin entschlossen, mein Leben nicht in Angst zu leben.«

Schließlich sind das Urteilen und die Liebe Gegenteile. Indem man sich der Liebe verschreibt und eine liebevollere Perspektive kultiviert, ist es mit dem Urteilen ohnehin schon vorbei. Liebe zeugt Liebe, Urteilen erzeugt Urteile. Die Wahrheit ist …

Sie können nicht urteilen und lieben!

Die Erfahrung Ihres ganzen Lebens läuft also auf eine simple Entscheidung hinaus: Lieben oder Richten? Was ist Ihnen wichtiger? Sie haben so darauf gehofft, dass Richten Ihnen Stärke und Frieden geben würde, aber in einem Geist, der ständig mit Richten beschäftigt ist, gibt es keine Stärke und keinen Frieden. Liebe ist stark. Sie ist stark weil sie frei von Angst ist und frei vom Richten. Liebe wird Ihnen den ganzen Frieden geben, nach dem Sie suchen.

KAPITEL 7

Viel Liebe!

Wo *Liebe ist,*
atmet der Schmerz,
Tränen lächeln,
Verletzungen werden weich,
Schuld verliert ihre Schärfe,
Angst fürchtet sich nicht länger,
Trennung endet.

Wo *Liebe ist,*
sind Sie.

Eines Tages kam ein Junge, der sich von der Menge entfernt hatte, zu einem alten, goldgekleideten Yogi, der
alleine auf einem offenen Feld tanzte und lachte. Es reg-
nete. Es gab keine Musik oder andere Leute, aber trotzdem tanzte der Yogi vor Freude. Der exzentrische Yogi
faszinierte den Jungen.

Nach einer Weile rief der Junge: »Warum tanzt du
allein?«

Ohne aus dem Takt zu geraten, antwortete der Yogi: »Warum denkst du, dass ich allein bin?« Der Yogi tanzte und lachte weiter. Der Junge schloss sich ihm bald an.

Die weisen Mystiker von einst haben diese Welt immer als eine Illusion bezeichnet. Sie sagten auch, dass die größte Illusion von allen ist, dass Sie und ich völlig getrennt voneinander sind. Dieses Gefühl von Trennung wird jedes Mal größer und stärker, wenn Sie sich fürchten, Sie verletzt sind, unglücklich oder Schmerz leiden. Wenn Sie jedoch wirklich geliebt haben, und sei es nur für einen einzigen Moment, dann haben Sie das allumfassende Gefühl der Ganzheit und Einheit der Liebe erlebt, das die Information Ihrer physischen Sinne Lügen straft.

Liebe ist größer als alles andere. Sie ist größer als Ihr Körper, Ihr Geist, Ihr Selbst, Ihre Ängste, Ihr Ego und Ihre Einsamkeit. Liebe ist Einssein. Wenn Sie lieben, verbinden Sie sich, schließen sich an und erleben ein Gefühl von Einssein. Bei wahrer Liebe gibt es keine Trennung, kein kleines »ich« oder kleines »du«, nicht mehr und nicht weniger, keine Distanz, kein Mangel, keine Grenzen. Liebe ist Ganzheit und Liebe ist Heilung, denn ...

**Glücklichsein beginnt mit der Liebe,
und Traurigkeit endet mit der Liebe.**

Liebe ist auch größer als Romantik! Daher ist die Liebe, von der ich rede, auch nicht für eine bestimmte Person reserviert und wird allen anderen vorenthalten. Das ist nicht die wahre Liebe. Die wahre Liebe ist die Absicht, Liebe nicht nur zur Grundlage Ihrer Ehe zu machen, sondern auch aller Ihrer Freundschaften, Ihrer Arbeit und alles anderen in Ihrem Leben. Die Liebe ist wertvoll, nicht weil sie zwischen zwei Menschen existiert, sondern weil sie Teil von uns allen ist.

Liebe ist der Himmel!

Angst ist die Hölle!

Stellen Sie sich folgendes Szenario vor:

Ich bin in einem Krankenhaus in der Mitte von England. Es ist Spätnachmittag. Ich bin gerade mit der Leitung eines eintägigen Workshops über den Zusammenhang von Gesundheit und Glück fertig, den ich für Oberärzte, Krankenschwestern, Beschäftigungstherapeuten und Verwaltungspersonal des Krankenhauses gegeben habe. Ich habe mich verabschiedet und gehe jetzt durch eine Reihe äußerst langer, dunkler, leerer, kalter Korridore und suche im Gehen verzweifelt nach den »Ausgang«-Schildern. Ich habe mich verlaufen.

Als ich in einen anderen Korridor einbiege, sehe ich, wie mir jemand entgegenkommt. Daraufhin beginnt folgende entschieden schizophrene Konversation in meinem Kopf abzulaufen:

Stimme 1: »Da kommt jemand.«
Stimme 2: »Das ist ein Fremder.«
Stimme 1: »Ich frag ihn nach dem Weg.«
Stimme 2: »Du kennst ihn nicht.«
Stimme 1: »Ich hab mich verlaufen, ich brauche Hilfe.«
Stimme 2: »Nein brauchst du nicht. Sei still.«

Stimme 1: »Ich sag jetzt hallo.«
Stimme 2: »Bist du wahnsinnig?«

Kurze Pause.

Stimme 1: »Der sieht doch freundlich aus.«
Stimme 2: »Er trägt einen weißen Kittel.
Er ist wahrscheinlich ein Arzt.«
Stimme 1: »Gut, ich frag ihn nach dem Weg.«
Stimme 2: »Es ist unprofessionell, nach dem Weg
zu fragen.«
Stimme 1: »Nein, ist es nicht.«
Stimme 2: »Halt den Blick gesenkt und vermeide
Augenkontakt. Lass es so aussehen, als
hättest du dich nicht verirrt.«
Stimme 1: »Wenn ich nach dem Weg frage, spart
das Zeit.«
Stimme 2: »Du bist wahnsinnig.«

Kurze Pause.

Stimme 1: »Ich werde lächeln, hallo sagen und nach
dem Weg fragen.«
Stimme 2: »Er wird denken, du bist ein Patient.«
Stimme 1: »Nein, wird er nicht.«
Stimme 2: »Er sieht nicht freundlich aus.«
Stimme 1: »Ich werde freundlich sein und dann wird
er es auch sein.«
Stimme 2: »Du hast keine Ahnung, wovon du redest.«

Ist das Wahnsinn, frage ich mich? Ich glaube es. Und ich
lade Sie dazu ein, über meinen Wahnsinn zu lachen, denn
Lachen ist die gesündeste Reaktion auf diesen Unsinn.

Bevor Sie jetzt jedoch eine Petition zur Aufhebung meiner Lizenz unterschreiben, schauen Sie sich für einen Moment Ihr eigenes Denken an und überprüfen Sie, ob Sie heute nicht schon so einen inneren Dialog geführt haben. Und ich meine »heute«.

Stimme 1 ist »die Stimme der Liebe.« Stimme 2 ist die »Stimme der Angst.« Die Stimme der Liebe ist natürlich, unschuldig, völlig präsent und bedingungslos. Diese Stimme ist, wenn man der Stimme der Angst glauben will, zu freundlich, zu vertrauensselig, zu liebevoll, zu offen, zu naiv, zu optimistisch und zu fröhlich. In jeder Situation, egal wie unbedeutend oder trivial, wird die Stimme der Angst immer versuchen, Ihnen die Liebe auszureden.

In jedem Moment Ihres Lebens bewegen Sie sich entweder näher auf den Himmel oder näher auf die Hölle zu. Mit anderen Worten: Sie sind entweder ängstlich oder liebevoll. Die Liebe ist der Himmel, die Angst ist die Hölle. Wenn Sie wirklich liebevoll sind, werden Sie sich himmlisch fühlen, aber wenn Sie sich fürchten und zynisch sind, fühlen Sie sich höllisch.

Im Himmel steht alles zusammen:
Glück neben der Ewigkeit; Überfluss, Visionen
und Leichtigkeit sind im Jetzt vereint.

In der Hölle ist alles getrennt:
der schreckliche Effekt des Mangels an Liebe
und Lachen, der seiner Auflösung harrt.

Liebe und Angst sind mehr als bloße Emotionen. Sie sind zwei unterschiedliche Geisteszustände, zwei entgegengesetzte Philosophien, zwei opponierende Intentionen, jede in der Lage, eine Welt von Erfahrungen zu erschaffen, die völlig getrennt voneinander sind. Jeden Tag gehen Sie zur Haustür hinaus und betreten entweder eine Welt der Angst oder eine Welt der Liebe, ganz abhängig davon, welche Geschichte Sie glauben. Sie wählen die Geschichte.

Bei The Happiness Project zitiere ich oft eine Passage aus *Ein Kurs in Wundern*, die folgendermaßen lautet:

> **»Immer, wenn Sie nicht völlig von Freude erfüllt sind, dann liegt es daran, dass Sie auf eine von Gottes Schöpfungen mit einem Mangel an Liebe reagiert haben.«**

Wenn wir lieben, ist alles gut. Wenn wir Angst benutzen, um Liebe zu bekommen, fühlen wir uns schließlich einsam, verlassen, schuldig, abgeschnitten und ängstlich. Wo früher Liebe war, ist jetzt Angst, hastig errichtete Verteidigungsstellungen, Mauern der Kontrolle, Mangel an Vertrauen, Paranoia, eine Furcht vor Intimität und eine Furcht vor dem Abgelehntwerden. Wenn Sie sich auf die Angst einlassen, ist Liebe nicht mehr realistisch, der Himmel ist ein Mythos und das Glück nur ein Traum.

Angst bellt, Liebe betet! Die Angst schreit die ganze Zeit: »Sieh dich vor!« Die Liebe singt: »Schau nach innen!« Die Angst kreischt: »Verschließ dein Herz und schütze dich!« Die Liebe bittet Sie: »Öffne dein Herz und sei stark.« Angst sagt: »Nimm, was du kannst.« Liebe sagt: »Gib was du willst.« Angst will, dass Sie sich verteidigen. Liebe will, dass Sie offen bleiben. Angst rät

Ihnen: »Fürchte dich!« Die Liebe rät Ihnen: »Sei liebevoll.« Die Angst betet: »Die Liebe ist schwach.« Die Liebe betet: »Die Liebe ist Gott.« Angst und Liebe haben zu
allem und jedem eine andere Meinung.

Machen Sie Liebe zu Ihrem Gott

Wenn Sie Ihr Leben der Liebe weihen,
werden Sie glücklich sein

Mein Vater starb, als ich 25 war. Immer wenn jemand,
den Sie lieben, stirbt, ändert das Ihr Leben für immer. Es
war eine dunkle Nacht. Kein Mond. Schwere Wolken.
Der Regen schlug horizontal gegen die Windschutzschei-
be meines Autos. Ich war schon über 200 Meilen gefahren und es muss fast Mitternacht gewesen sein, als ich im
Krankenhaus ankam. Mein Bruder David war bereits da
und war der erste, der mir sagte, dass unser Vater gestorben war. Er legte die Arme um mich und sagte: »Vater ist
tot. Er hat jetzt seinen Frieden. Hier können wir nichts
mehr tun. Lass uns nach Hause fahren.«

Ich erinnere mich noch, dass ich Traurigkeit und
Freude fühlte, als wir wegfuhren. Die Traurigkeit war
für mich, weil ich meinen Vater nie wieder in seiner physischen Gestalt sehen würde. Die Freude war für meinen
Vater. Ich hatte irgendwie gehofft, dass der Tod für ihn
ein Neubeginn sein würde. Mein Vater hatte wegen Alkoholismus unser Haus verlassen, als ich 15 war. Über
Jahre lebte er ein hartes Leben auf der Straße, in Hecken,
unter der Waterloo Bridge. David und ich verbrachten
die Hälfte jeder Woche damit, zu versuchen, dass er an-

ständige Pflege bekam. Für mich war mein Vater jedoch nie Alkoholiker; er war ein warmer, liebevoller, wunderbarer Mann, der einfach die Hoffnung verloren hatte. Nachdem wir in dieser Nacht, in der mein Vater gestorben war, wieder heimgekommen waren, redeten David, meine Mutter und ich bis weit in die frühen Morgenstunden miteinander. *Das mussten wir, weil sich der Tod so irreal anfühlt.* Ich glaube, ich spreche für die meisten Leute, wenn ich sage, dass sie, wenn jemand stirbt, das nicht begreifen. Für Tage, Wochen, Monate nach dem Tod meines Vaters erwarteten wir immer noch, er würde wie früher einfach in den Raum marschieren. Bis zur eigentlichen Beerdigung fühlt sich der Tod völlig irreal an; nach der Beerdigung fühlt sich der Tod nur noch sehr unreal an!

David und Mutter gingen schließlich ins Bett. Ich blieb auf. Mein Geist war völlig wach. Mir ging immer wieder der eine Gedanke durch den Kopf: *Was ist real?* In meinem Geist durchsuchte ich die Welt nach etwas Realem, etwas Verlässlichem, etwas Immerwährendem, das nicht stirbt. Wie ein Mantra fragte ich mich immer wieder »Was ist real?«. Ich bekam meine Antwort ziemlich unmittelbar, aber ich nahm sie nicht ernst, bis mir klar wurde, dass sie bleiben würde. Jedes Mal, wenn ich fragte »Was ist real?« war die Antwort:

»Die Liebe ist real.«

Es war kurz nach der Beerdigung meines Vaters, da weihte ich mein Leben das erste Mal bewusst der Liebe. Ich wollte dies tun, um meinem Vater aus Respekt ein

Denkmal zu setzen, aber auch für alle anderen, die ich kannte, die gestorben waren. Ich war in Trauer und tief drinnen wollte ich, dass das alles einen Sinn hatte. Und wieder war das Einzige an Leben und Tod, das sich real anfühlte ... die Liebe. Ich realisierte, dass Liebe *alles inspiriert, was ganz ist und dass die Liebe sogar nach dem Tod noch bleibt.* Der Tod meines Vaters zeigte mir, dass wir *für die Liebe leben* und dass

Liebe das Einzige ist, das Sinn ergibt!

Jeder von uns ist so beeindruckend, so attraktiv und so inspirierend, wenn wir unser Herz der Liebe öffnen. Es ist so, als würden wir strahlen, wenn wir lieben. Denken Sie an eine Zeit, als Sie wirklich voll Liebe waren. Rufen Sie sich diese Gefühle wieder vor Augen. Können Sie sich noch daran erinnern, wie Sie gegangen sind, wie Sie geredet haben, welche Haltung Sie hatten? Erinnern Sie sich noch an das Leuchten in Ihren Augen und das Leuchten in den Augen der anderen? Und erinnern Sie sich noch, wie viel Energie Sie hatten? Großzügig, kreativ, freigebig, offen und ohne Interesse, sich zu schützen – die ganze Welt wurde von Ihnen aufgerüttelt.

Es ist, als würden Sie Ihren Daseinszweck erfüllen, jedes Mal, wenn Sie sich für die Liebe entscheiden. Was für einen höheren Zweck könnte es geben als die Liebe? Können Sie sich einen besseren Grund vorstellen, am Leben zu sein, als die Liebe? Erfinden Sie von mir aus andere Gründe wie Siegen, Ruhm, Reichtum, Erfolg, sogar Glück ... aber können Sie erkennen, wie diese niederen Götter nur ein blasser Abglanz, ein bloßer Trostpreis gegenüber dem einzig wahren Gott sind, der die Liebe ist?

Oft fühlte es sich nach dem Tod meines Vaters so an, als bliebe mir keine andere Wahl, als an der Liebe zu verzweifeln. Es fühlte sich so verführerisch an, nachzugeben, aufzugeben, zynisch zu werden, sich abzuschneiden, sogar zu sterben. Zynismus war mein Protestmarsch. Die Liebe war meine Akzeptanz-Rede. Täglich rief ich die Macht der Liebe an, sie solle mich inspirieren und leiten – bei Klienten, in Seminaren, Reden, Telefonanrufen, Meetings, wenn ich Spaß hatte, spielte, mit der Familie zusammen war, mich ausruhte – bei allem.

Die Kraft der Liebe ist bedingungslos – sie ist bedingungslos weise und bedingungslos erreichbar. Die Leute vergessen manchmal, dass Sie zur Liebe um Hilfe, Stärke, Führung und Hingabe beten können. In meinen Workshop teile ich oft eines meiner Gebete mit dem Titel »Mach die Liebe zu deinem Gott«. Es lautet folgendermaßen:

Liebe und mache
die Liebe zu deinem
Gott.

Bete zur Liebe.
Verehre die Liebe.
Sing zur Liebe.
Meditiere über die Liebe.

Geh mit der Liebe.
Rede mit der Liebe.
Schau mit der Liebe.
Höre mit der Liebe.

Weihe dein
Leben der Liebe.
Weihe deine
Beziehungen der Liebe.

Weihe deine
Arbeit der Liebe.

Liebe und
mache die Liebe zu deinem
Gott.

Liebe und sei glücklich!

Um glücklich zu sein, muss Ihnen die Liebe
mehr bedeuten als alles andere.

Ich wurde einmal aus verlässlicher Quelle von einem meiner Klienten informiert, dass der einzige Ort, wo das Glück vor der Liebe kommt, das Lexikon ist. Im echten Leben kommt die Liebe zuerst. Glück ist ein Attribut der Liebe. Man könnte sagen, dass Liebe Glück ist. Wenn Ihr gegenwärtiger Glücksplan die Liebe nicht an erste Stelle setzt, dann glauben Sie nicht für eine Sekunde, dass Sie wirklich glücklich sein werden. Wenn Sie glücklich sein wollen, kommen Sie an der Liebe nicht vorbei; sie können nur *durch sie* glücklich werden.

Das fundamentale Prinzip, auf dem mein ganzes Leben und meine Arbeit beruht, ist sehr einfach: Es lautet: *Liebe und sei glücklich.* Diese vier Worte sind meine Glücksbibel. Ich glaube wirklich, dass diese Worte plus die Bereitschaft, nach ihnen zu leben, genug sind, um ein glückliches Leben unvorstellbarer Freude, Heilung, Intimität, Ganzheit und Kreativität aufzubauen. Die Liebe ist das Material, aus dem das Glück besteht. Also gilt:

**Ihre Intention, zu lieben, egal was,
ist der absolute Schlüssel zum Glück.**

Denken Sie darüber nach. Versuchen Sie, wenn Sie können, jemanden zu hassen und glücklich zu sein. Versuchen Sie, jemanden zu verabscheuen und sich zu freuen. Versuchen Sie, wütend auf jemanden und gleichzeitig friedlich zu sein. Versuchen Sie, jemanden zu kontrollieren und sich nicht kontrolliert zu fühlen. Versuchen Sie, ganz unabhängig zu sein und ganz intim. Versuchen Sie, jemanden zu betrügen und sich sicher zu fühlen. Das geht nicht, denn was Sie mit anderen machen, machen Sie mit sich selbst. *Liebe funktioniert!*

Angst erzeugt Angst. Täuschen Sie sich da nicht. Furcht hat Ihnen nur sich selbst zu bieten. So oft wir auch versuchen, uns zu überzeugen, dass »der Zweck die Mittel heiligt« und dass »das Ziel die Reise schon lohnen wird«, wissen wir doch, dass das nicht wahr ist. Das Ziel ist die Reise und Angst kann Sie nicht zur Liebe führen. Angst führt nur zu Angst. Ganz ähnlich führt Schuld zu Schuld, Richten zu Richten und Strafe zu Strafe. Liebe, andererseits, führt zu Liebe. Und Liebe führt auch zum Glück.

Bekräftigen Sie also Ihre Intention zu lieben. Machen Sie das zu Ihrem Gebet, Ihrem Mantra, Ihrer Meditation, Ihrem Morgenritual und Ihrem Abendritual. Stellen

Sie Liebe an erste Stelle – vor alles andere. Sie werden feststellen, dass wenn Sie Ihre Intention zu lieben stärken, auch die Versuchung, die Liebe mit niederen Göttern wie Kontrolle und Angst zu ersetzen, geringer wird. Wenn Sie bereit sind, sich lange genug an die Liebe zu halten, werden Sie für sich entdecken, dass …

Liebe der Schlüssel zu echter Fülle ist.

Die Liebe zuerst! *Lieben Sie und genießen Sie alles!* Wenn Sie darauf warten, glücklich zu werden, bevor Sie mit dem Lieben anfangen, werden Sie feststellen, dass Ihnen eine sehr lange Wartezeit bevorsteht. Ganz ähnlich ist es, wenn Sie darauf warten, erfolgreich zu sein, bevor Sie wirklich liebevoll und großzügig sind, dann werden Sie äußerst enttäuscht und frustriert sein. Es gibt kein Glück, dem die Liebe nicht vorangegangen wäre, keinen Erfolg, dem nicht die Liebe vorangegangen wäre, keine Gesundheit, der die Liebe nicht vorangegangen wäre, keinen geistigen Frieden, dem die Liebe nicht vorangegangen wäre und keine Freiheit, der die Liebe nicht vorangegangen wäre. *Liebe zuerst!*

Liebe
und du wirst Überfluss genießen.
Liebe
und du wirst Erfolg genießen.
Liebe
und du wirst Frieden genießen.
Liebe
und du wirst Glück genießen.

Liebe
und stell die Liebe über alles.
Liebe
und du wirst alles genießen.

Liebe ist Ihre sicherste Wette in Sachen Glück. Und so werde ich oft gefragt: »Woher weiß ich, dass ich wirklich liebe oder nicht?« Nun, die Nagelprobe, um festzustellen, ob Sie wirklich lieben ist, dass Sie sich wirklich glücklich fühlen, wenn Sie lieben. Umgekehrt gilt …

**wenn Sie nicht glücklich sind, wissen Sie,
dass Sie *nicht* lieben.**

Liebe und sei glücklich ist der Schlüssel. Daher ist es nicht wirklich wahr, zu sagen, Liebe sei die sicherste Wette in Sachen Glück. Die ganze Wahrheit ist, dass Liebe Ihre *einzige* Wette in Sachen Glück ist. Glück kann es nie ohne Liebe geben.

Die Liebe verlässt Sie nie

> *»Sie sind niemals nicht von Liebe erfüllt.«*

Ihr unkonditioniertes Selbst ist immer liebevoll, anders als Ihr Ego, das es gelernt hat, sich stets zu fürchten. Wie das Glück ist auch die Liebe ganz natürlich für Sie. Sie ist beständig. Sicher, es gibt Zeiten im Leben, wo es den Anschein haben kann, dass die Liebe von Angst und Verletzungen überwältigt ist – es kann sich wirklich ganz danach anfühlen, als wäre die Liebe verloren – aber in

Wahrheit stirbt die Liebe nicht, sie verschwindet nicht, sie ändert sich nicht. Sie bleibt für immer. Die Liebe kann nicht zerstört, sie kann nur überschattet werden.

Liebe ist die Essenz Ihres unkonditionierten Selbst und die Liebe verlässt ihre Quelle nie. Die Liebe verlässt Sie nie. Wenn Sie Ihren Besitz, Ihre Geschichte, Ihren Reichtum, Ihre Konditionierung, Ihren Schmerz und Ihren Ruhm, wenn Sie das alles weglassen würden, dann bliebe Ihnen nichts – außer die Liebe. Die Liebe bleibt. Die Liebe ist der innere Gott Ihres unkonditionierten Selbst. In Tabelle D finden Sie zwei Profile, eines für Ihr liebendes, unkonditioniertes Selbst, das andere für Ihr angsterfülltes, konditioniertes Selbst.

Unkonditioniertes Selbst	Konditioniertes Selbst
Ganzheit	Teilung
Einssein	Trennung
Liebe	Angst
Freude	Schmerz / Vergnügen
Wissen	Suche
Vertrauen	Zweifel
Überfluss	Mangel
Annahme	Richten
Freiheit	Verteidigung
Unendlichkeit	Klein
Ewigkeit	Zeitliche Begrenzung

Indem Sie Ihr Leben der Liebe verschreiben, versuchen Sie, Ihre Einstellung zu sich selbst zu verändern. In Wahrheit sind Sie voller Liebe und doch haben Sie gelernt, zu glauben, dass in Ihnen wenig oder keine Liebe ist. In dem Augenblick, als Sie angefangen haben, zu fürchten, die Liebe sei außerhalb Ihrer statt in Ihnen, war der Moment, als das Ego die Liebe zu etwas Besonderem, Beschränktem, Knappem, Schwachem, Seltenem und vor allem Flüchtigem machte.

Liebesbeziehungen sind aus Selbstannahme geboren – d. h. (1) »Ich akzeptiere es, dass ich Liebe zu geben habe«; (2) »Ich nehme die Liebe der anderen an«; und (3) »Ich akzeptiere, dass die Liebe in mir lebt.« Ohne Selbstannahme sind echte Liebesbeziehungen unmöglich. Frieden, Freude und Einssein mit dem Anderen können nur geschehen, wenn Sie den Konflikt in Ihrem eigenen Geist heilen. Selbstannahme ist daher essenziell, denn …

Sie können sich nicht gleichzeitig schuldig fühlen und lieben!

Der größte Beitrag, den Sie zu einer Beziehung leisten können, ist, dass Sie sich selbst lieben und annehmen. Solange Sie darauf bestehen, dass Sie tief drinnen der Liebe unwürdig sind und nicht gut genug für sie, werden alle Ihre Liebesbeziehungen schließlich zu einem angstvollen Kontakt von Bedürfnissen verkommen. So werden Sie feststellen, dass Sie ständig die Freunde und die Partner wechseln, um der Liebe nochmal eine Chance zu geben.

Beziehungen sind die Erfahrung projizierter persönlicher Ansichten. Mit anderen Worten: Sie bekommen die Beziehung, die Sie zu verdienen glauben. Wenn Sie bspw. der Meinung sind, dass Sie ein bisschen Liebe verdienen, dann werden Sie Beziehungen erleben, in denen es auch nur ein bisschen Liebe gibt. Wenn Sie jedoch urteilen, dass Sie Liebe ganz und gar verdienen, werden Sie Beziehungen erleben, die sich ständig selbst erneuern.

Wenn Sie breit sind, und sei es nur ein bisschen, die Möglichkeit zuzulassen, dass Sie ein ganzes, wertvolles und gutes Wesen sind, dann lassen Sie auch die Möglichkeit zu, in jeder Ihrer Beziehungen Ganzheit und Freude zu erleben. Wenn sich der Glaube an Ihre eigene Ganzheit verstärkt, wird sich auch Ihre Erfahrung ganzer, gesunder, liebevoller Beziehungen verstärken. Mit anderen Worten: Indem Sie die Schuld aufgeben, machen Sie sich für die Liebe berührbar.

Das Gesetz der Projektion verlangt, dass …

**was Sie von sich selbst glauben,
Sie auch auf Ihre Beziehungen projizieren.**

Wenn Sie sich für »nicht gut genug« halten, werden Sie schließlich immer feststellen, dass Ihr Partner und Ihre Freunde »nicht so gut sind, wie Sie zuerst gehofft hatten«. Solange Sie glauben, dass etwas an Ihnen fehlt, werden Sie auch feststellen, dass etwas in Ihren Beziehungen fehlt. Ganz ähnlich ist es, wenn Sie sich für »schlecht«, »falsch« oder »nichtig« halten, dann werden Ihnen Ihre Beziehungen sauer werden, schiefgehen und im Nichts verlaufen, es sei denn, Sie sind bereit, Ihre Einstellung zu sich selbst zu ändern.

Die Liebe, die eine Beziehung inspiriert, verschwindet nie, aber es ist möglich, sie zu übersehen. Es gibt niemals »keine Liebe«, aber oft gibt es Schmerz, Konflikt, Trennung, Missbrauch, Wut und das Bedürfnis nach Rache –

all das kann die Präsenz der Liebe verdunkeln. Wenn Sie in Ihren Beziehungen irgendeinen Schmerz erfahren, ist der Schlüssel zu Heilung und Glück, einzusehen, dass

die Quelle des Problems nicht die Beziehung ist, sondern die Projektion.

Unglücklicherweise schafft es keiner von uns, seine verdammenden Selbstverurteilungen und seine Schuld für sich selbst zu behalten. Wir ziehen stets Leute an (bewusst oder unbewusst), mit denen wir unser Leiden und unsere Konflikte teilen können (d.h. auf die wir diese projizieren können). Wenn der Schmerz und der Missbrauch zu viel werden, dann verpflichtet Sie nichts, in einer Beziehung auszuharren, aber es *ist* eine gute Idee, sich anzuschauen, warum man solchen Missbrauch anzieht. Das ist entscheidend für die Gesundheit all Ihrer Beziehungen, jetzt und in der Zukunft. Es ist immer eine Versuchung, die Schuld für alle Ihre Beziehungsprobleme auf »die andere Person« abzuwälzen. Wenn Ihre wahre Intention jedoch Heilung statt Rache ist, dann sollten Sie sich vielleicht fragen: (1) Was habe ich auf diese Situation projiziert? (2) Was ist mein Anteil an diesem Konflikt? (3) Warum habe ich diese Person in mein Leben gezogen? (4) Was kann ich tun, um hier und jetzt liebevoll zu sein?

Schuldzuweisungen sind unehrlich – niemand ist vollständig verantwortlich für Ihren Schmerz.

Wenn eine Beziehung voller Schmerz zu sein scheint, liegt das daran, dass Ihre Beziehung voller Projektionen ist. Manchmal fürchten wir uns, die Verantwortung für unsere Projektionen zu übernehmen, denn wir fürchten:

»Wenn ich mehr Verantwortung übernehme, werde ich mich schuldiger fühlen.« Sie übernehmen die Verantwortung für Ihren Anteil nicht, um sich schuldiger zu fühlen, sondern um den ersten Schritt zu machen, um Ihre Schuld aufzulösen. Bei Ehrlichkeit geht es nicht um Verdammung; es geht um die Bereitschaft, frei, liebevoll und wahrhaftig zu sein. Indem Sie ehrlich mit Ihren Ängsten, Ihren Projektionen und »Ihrem Anteil« in einem Konflikt umgehen, schaffen Sie umgehend die Möglichkeit für ehrlichere, liebevollere Beziehungen.

Auf Ihrer Suche nach dem Glück kommen Sie nie an der Tatsache vorbei, *dass Sie einen anderen Menschen nur so sehr lieben können, wie Sie sich selbst lieben.* Daran führt kein Weg vorbei. Um es sogar noch direkter zu formulieren, könnte ich sagen: *Wenn Sie nicht willens sind, liebevoll zu sich selbst zu sein, können Sie gar nicht liebevoll sein.*

So viele Beziehungen geraten in Schwierigkeiten, weil wir von unseren Partnern und Freunden etwas erwarten, was wir nicht bereit sind, uns selbst zu geben – d. h. Liebe und Annahme. Fakt ist jedoch, dass …

**niemand Sie lieben mehr lieben kann,
als Sie bereit sind, sich selbst zu lieben.**

Unterm Strich lässt sich festhalten, dass Sie nicht zulassen werden, dass jemand Sie liebt, wenn Sie nicht bereit sind, sich zu lieben. Wenn jemand in Ihrem Leben auftaucht und Sie mehr lieben will, als Sie sich selbst lieben, sind Sie vielleicht anfangs amüsiert und aufgeregt, aber Ihr Mangel an Selbstannahme wird schließlich versuchen, Ihnen die Liebe auszureden. Zu viel Liebe und zu wenig Selbstannahme führt zu zu viel Schuld. Schließlich müssen Sie entweder Ihre Meinung zu sich selbst ändern (d. h. die Schuld aufgeben) oder das Personal wechseln.

Sie werden ebenfalls herausfinden, dass *wenn die Leute Sie lieben, Sie sich nicht erlauben werden, es zu erkennen, es sei denn Sie lieben sich!* Waren Sie je in einer Situation, wo ein Partner oder ein Freund Sie mit Bouquets von »Ich liebe dich«, »Du bist wunderbar«, »Du bist überwältigend« überhäuft hat und Sie sich die ganze Zeit denken: *Er/sie liebt mich nicht wirklich?* Oder vielleicht haben Sie es andersherum erlebt und egal wie sehr Sie sich bemüht haben, einen anderen Menschen zu lieben, er oder sie das nicht zulassen konnte.

Projektionen sind mächtig. Immer wenn Sie aufgebracht sind, weil Sie urteilen, dass ein Partner oder ein Freund Sie nicht genug liebt, können Sie sicher sein, dass das, was Sie erleben, die Projektion *Ihrer eigenen Widerspenstigkeit, sich selbst genug zu lieben,* ist. Ganz ähnlich ist es, wenn Sie das Gefühl haben, nicht genug Anerkennung von jemand anderem zu bekommen, Sie in Wirklichkeit die Projektion, *sich selbst nicht genug Anerkennung zu geben,* erleben. Je mehr Sie sich selbst lieben, desto mehr sind Sie fähig zu erkennen, wie geliebt Sie sind. Es ist unheimlich, aber ganz und gar wahr, wie Sie immer wieder feststellen,

**dass die Leute Sie so behandeln,
wie Sie sich selbst behandeln.**

Was Sie mit sich selbst machen, machen auch andere mit Ihnen. Mit anderen Worten: Niemand kann etwas mit Ihnen machen, dass Sie sich nicht schon selbst antun.

Ganz ähnlich kann niemand Sie zwingen, etwas zu fühlen, was Sie sich nicht selbst zu fühlen entschieden haben. Es führt wirklich kein Weg daran vorbei. *Ihre Beziehungen sind Spiegel Ihrer Urteile.* Daher werden Sie feststellen, dass wenn Sie sich selbst ablehnen, andere das auch tun werden; wenn Sie sich selbst verurteilen, werden andere das auch; wenn Sie sich distanzieren, tun es die anderen auch; wenn Sie sich richten, tun es die anderen auch und wenn Sie sich selbst übersehen und sich selbst unterbewerten, tun es die anderen auch. Projektion ist das Gesetz von »die anderen tun es auch«.

Wenn Sie Frieden wollen, schließen Sie zuerst Frieden mit sich selbst; wenn Sie Liebe wollen, üben Sie erst Liebe mit sich selbst; wenn Sie Güte wollen, seien Sie erst gütig zu sich selbst; wenn Sie Anerkennung wollen, müssen Sie sich zuerst selbst respektieren; und wenn Sie Treue wollen, müssen Sie sich zuerst selbst treu sein. Um es anders zu formulieren:

Liebe dich selbst,
sodass du die anderen lieben kannst.
Liebe dich selbst,
sodass du keine Angst mehr projizieren kannst.
Liebe dich selbst,
damit die anderen dich lieben können.
Liebe dich selbst,
um die Leute in deine Nähe zu lassen.

Das Geschenk an Beziehungen ist, dass wir einander ermutigen können, wieder an unsere angeborene Ganzheit zu glauben. Auch wenn Sie niemand glücklich *machen* kann, kann Sie doch jeder *ermutigen*, glücklich zu sein.

Die Intention zu lieben, kann Wunder wirken. Durch Beziehungen lernen wir, Vergebung zu üben – d. h. wir entscheiden uns für Ganzheit. Wenn wir uns selbst und einander unsere Ängste und Zweifel vergeben, stärken wir unsere Entschlossenheit, der Liebe, die uns erschaffen hat, erneut zu vertrauen.

Wenn Sie Ihre Ganzheit nicht annehmen können, werden all Ihre Beziehungen von Bedürftigkeit geprägt sein. Aller Schmerz in Beziehungen hat etwas mit der Wahrnehmung persönlichen Mangels zu tun – d. h. Bedürftigkeit. Ohne Selbstannahme werden Sie schließlich immer jede Person verabscheuen und missbrauchen, von der Sie erwarten, dass sie Ihre Bedürfnisse erfüllt. Und das gilt, ob diese Person Ihre Bedürfnisse nun erfüllt oder nicht.

Ganzheit hat keine Bedürfnisse. Mit Ganzheit sind Beziehungen von Freude geprägt, nicht von Bedürftigkeit. Wenn Sie bereit sind, sich selbst zu lieben, Ihre eigene Ganzheit zu akzeptieren, öffnen Sie sich für eine ganz neue Erfahrung von Liebesbeziehungen.

Die Liebe hat Sie nie verletzt

Meine Hochzeit mit meiner ersten Frau Miranda war ein wirklich glückliches Ereignis. Wir wurden im englischen Landschaftsgarten meiner Großmutter verheiratet, umgeben von hektarweise üppigem, grünen Gras, das sich bis hinunter zum Fluss erstreckt. Uns wurde der Segen zuteil, dass Edward Carpenter, der mittlerweile Ex-Dekan von Westminster ist, und seine Frau Lillian unsere Hochzeitszeremonie eröffneten. Was folgte war eine Flut von Harfen, Gebeten, Blumen, Freundschaft und Champagner. Das ganze Ereignis war eine Liebesfeier – eine Feier der universalen Liebe.

Ich habe so viele wunderbare Erinnerungen an diesen Tag, aber eine sehr amüsante, an die wir uns oft erinnern, trug sich während der Eröffnungszeile zu, als die Gäste sich anstellten, uns zu gratulieren. Von einem nach dem anderen bekamen wir gute Wünsche und Ratschläge wie: »Genießt den heutigen Tag – besser wird es nicht« und »Macht was draus – so gut wird es nie wieder«. Andere »weise Worte« waren:

- »Es braucht mehr als nur Liebe, wisst ihr?«
- »Genießt die Liebe, solang ihr jung seid.«
- »Man kann sich nicht nur auf die Liebe verlassen, man muss auch was dafür tun.«
- »Ihr seid jung und ich weiß, dass ihr denkt, die Liebe währt ewig, aber …«
- »Die Liebe ist schwierig.«
- »Die Liebe ist niemals einfach.«
- »Liebe kommt nicht ohne Schmerz.«
- »Das erste Jahr ist am schwierigsten. Überlebt das und es wird okay sein.«
- »Denkt dran, sitzt euch nicht zu sehr auf der Pelle, verbringt viel Zeit getrennt voneinander.«
- »Jetzt sitzt ihr in der Falle.«
- »Seid realistisch – es wird nicht immer so wunderbar sein.«
- »Lasst euch von der Liebe nicht vom Spass abhalten!«

Es ging immer so weiter. Es war, als hätte jede Person einen Gedanken der Angst aus ihrem Geist gepflückt und ihn laut ausgesprochen. Man muss doch in aller Fairness zugeben, dass es hundertmal wunderbarere Gedanken der Liebe und der Hoffnung für die Liebe gab! Wovon wir jedoch Zeuge wurden, waren zwei bestimmte Einstellungen zur Liebe – die eine sehr beschränkt und ängstlich, die andere überschwänglich und hoffnungsfroh.

Ihr Ego kann alles, darunter auch die Liebe, nur so beurteilen, wie es sich selbst beurteilt. Und so sieht es die Liebe als etwas Beschränktes an, weil es nur eine kleine Vorstellung von sich selbst hat. Umgekehrt akzeptiert Ihr unkonditioniertes Selbst die Liebe als ganz, weil es selbst vollständig und ganz ist. Wieder einmal haben das Ego und der Geist einen völlig unterschiedlichen Standpunkt, wie man in Tabelle E sehen kann.

Liebe ist ...

Konditioniertes Selbst	Unkonditioniertes Selbst
beschränkt	unendlich
schwach	machtvoll
gefährlich	sicher
furchteinflößend	alles
etwas Besonderes	tröstlich
schwierig	universell
bedürftig	königlich
blind	wahr
schmerzhaft	heilend
eine Falle	Freiheit
ein Traum	real
der Tod	Leben

Vielleicht die größte Fehlwahrnehmung in Sachen Liebe ist die, dass die *Liebe schmerzhaft ist.*[1] Natürlich könnte nichts weiter von der Wahrheit entfernt sein. Alles kann nur sich selbst geben und im Fall der Liebe, kann Liebe auch nur wieder Liebe geben. Was schmerzt, ist nicht die Liebe selbst, sondern Ihre *Fehlwahrnehmungen der Liebe*, Ihre Angst vor der Liebe, Ihr Aufgeben der Liebe und besonders Ihr Widerstand gegen die Liebe. Tatsächlich kann man in aller Fairness sagen, dass …

**es vor allem Ihr Widerstand gegen die Liebe ist,
der Ihnen so wehtut.**

Für unsere Hochzeitszeremonie suchten wir uns sechs Lesungen aus, darunter eine berühmte Passage von Emmett Fox. Sie lautet:

*Es gibt keine Schwierigkeit,
die genug Liebe nicht überwinden wird;
keine Krankheit, die genug Liebe
nicht heilen wird,
keine Tür, die genug Liebe nicht öffnen wird.
Es macht keinen Unterschied,
wie tief der Schmerz sitzen mag;
wie hoffnungslos die Perspektive
oder wie verwirrt das Geflecht,
wie groß der Fehler ist.
Ist die Liebe erst wahrhaft begriffen
löst sich all dies von allein.
Wenn Sie nur genug lieben könnten,
wären Sie das mächtigste
und glücklichste Wesen auf Erden.*[2]

Das Problem ist nicht, dass die Liebe nicht funktioniert; das Problem ist, dass wir nicht darauf vertrauen, dass die Liebe funktioniert. Wenn sich das Lieben schwierig anfühlt, lassen wir uns leicht entmutigen und geben die Liebe oft zu schnell auf. Ironischerweise ist der Augenblick, in dem Sie die Liebe aufgeben, der, in dem Sie denken, die Liebe hätte Sie fallengelassen. Das ist wieder einmal Projektion. Wir suchen dann nach Ersatz für die Liebe, was größtenteils zu Verlust, Schmerz, Opfern, Angst und Illusionen von Trennung führt.

Wir haben uns zu sehr daran gewöhnt, die Liebe durch die beschränken, angsterfüllten Augen des Ego zu sehen, statt durch die ganzheitliche, freudige Sicht unseres unkonditionierten Selbst. Es ist daher wichtig, um Hilfe von seinem unkonditionierten Selbst, der Liebe selbst oder von Gott zu bitten, wenn man versucht ist, die Macht der Liebe zu beschränken.

Ein Gebet, das ich einmal für mich selbst geschrieben habe, heißt »Bewusstsein der Liebe«. Es geht so:

Geliebter Schöpfer,
Bewusstsein der Liebe.
Öffne mich für die Liebe, die ich bin.
Lass die Liebe, die ich bin,
meine Beziehung zu dir, zu _____,
zu allen erleuchten.
Lass die Liebe, die ich bin,
stets Hymnen des Göttlichen für mein
ganzes Selbst singen, sodass
mich jeder Mensch, dem ich begegne,
an dich erinnert.

Lass die Liebe, die ich bin,
mich entspannen,
inspirieren, mir helfen zu sein,
sodass diese Welt das Beste von mir genießen kann.
Lass die Liebe, die ich bin,
mich führen, die Angst austreiben,
allen Schmerz heilen,
sodass ich, und die vielen
Menschen deinen geliebten Frieden
wieder fühlen können. So sei es.

Indem Sie willens sind, Ihre Fehlwahrnehmungen und Ängste, mit denen Sie die Liebe umgeben, zu heilen, heilen Sie nicht nur Ihre Beziehung mit der Liebe, sondern auch Ihre Beziehung zu sich selbst und mit allen anderen.

Kommunizieren Sie Ihre Liebe stets!

Die Liebe ist der größte Spaß,
den Sie mit jemandem haben können.

Die folgende Geschichte dient zur Erinnerung, wie wichtig es ist, stets aus dem Herzen zu kommunizieren:

Ein Mann und seine Ehefrau, beide Ende 70, entschieden, dass es nun nach 55 Jahren an der Zeit sei, sich scheiden zu lassen. Als ihr Berater sie nach dem Grund fragte, nannte die Frau einen ganzen Katalog von Problemen: »Er fragt nie, ob ich glücklich bin«, sagte die Frau.

»Ich bin davon ausgegangen, dass du es bist«, sagte der Mann.

»Er sagt nie, dass er mich liebt«, sagte die Frau.

»Ich dachte, du wüsstest, dass ich dich liebe«, sagte der Mann.

Die Frau fuhr fort: »Er sagt nie, dass ich schön bin.«

Der Mann antwortete: »Ich schaue dich jeden Tag an und bewundere deine Schönheit.«

»Wir unterhalten uns fast nie«, sagte die Frau.

»Ich weiß, dass du gern viel liest«, sagte der Mann.

»Ich lese, weil wir nie reden«, sagte die Frau. Es gab eine Pause. »Und wir gehen niemals aus«, fügte sie hinzu.

»Ich dachte, du bliebst gern zu Hause«, sagte der Mann.

»Ich bleibe nur zu Hause, weil ich darauf warte, auszugehen«, sagte die Frau.

Der Berater machte sich weiter seine Notizen.

»Er ist auch sehr gemein zu mir«, sagte die Frau.

»In welcher Hinsicht?«, fragte der Berater.

»Er hat mir seit 55 Jahren beim Frühstück dreimal die Woche die Brotkruste serviert – und ich hasse die Brotkruste.«

Der Mann war bedrückt und klagte: »Ich gebe dir die Kruste, meine Liebe, weil das *mein* Lieblingsstück im Brot ist.«

Ich habe einmal einen Workshop für eine Gruppe Krankenschwestern im Royal Hospital mitten in England gegeben. Bei dem Workshop ging es um den Wert von Lachen und Liebe im Heilungsprozess. Der Morgen war wirklich von Freude erfüllt und kreativ gewesen, hatte großen Spaß gemacht. Eine Stunde nach dem Mittagessen waren sämtliche Leute im Raum in Tränen aufgelöst und erlebten tiefe Traurigkeit. Es gab keine Taschentücher, sodass ich eine Ladung Papierhandtücher kommen ließ. Der Auslöser für die ganzen Tränen war eine Bemerkung von mir gewesen, die ich dazu gemacht hatte, wie wichtig es für die persönliche Gesundheit und gesunde Beziehungen ist, dass wir die Liebe, die wir fühlen, offen ausdrücken. »Liebe sollte nicht unterdrückt und versteckt werden«, war mein Vorschlag. Ich sprach besonders vom Tod meines Vaters und wie sehr ich mir wünschte, dass ich ihm öfter »ich liebe dich« gesagt hätte, obwohl ich mir meiner Liebe für ihn so gewiss war. Ich fuhr damit fort, zu erzählen, dass ich nach dem Tod meines Vaters eine emotionale Operation an mir vorgenommen hatte, um mein strenges »Haltung bewahren« loszuwerden und meine britisch-konservative Konditionierung zu heilen. Von nun an wollte ich die Liebe, die ich für jedermann fühlte, offen ausdrücken. Meine Mutter und mein Bruder David sollten die ersten sein. Dann meine engen Freunde. Alle anderen würden folgen.

»Was könnte trauriger sein«, sagte ich, »als nicht den Mut zu haben, jemandem zu sagen, dass man ihn liebt.« Das war der Punkt, an dem ich bemerkte, wie die Tränen zu fließen begannen.

Einer nach dem anderen begannen diese Gesundheitsprofis ihre Geschichten zu erzählen. Eine junge Krankenschwester teilte ihren Kummer über die Tatsache, dass niemand in ihrer Familie jemals sagte, dass er die anderen liebte, mit uns. Jeder im Raum, ausnahmslos, konnte sich mit ihrem Kummer identifizieren. Eine andere Krankenschwester sagte: »Meine Eltern loben mich nie direkt oder zeigen ihre Zuneigung oder sagen mir ‚ich liebe dich‘ ins Gesicht, aber meine Schwestern erzählen mir, dass meine Eltern, sobald ich den Raum verlasse, gar nicht mehr damit aufhören, darüber zu reden, wie stolz sie auf mich sind. Wir lächelten alle, denn wir erkannten das Muster. »Ich wünschte einfach nur, wir könnten ehrlicher sein«, sagte die Krankenschwester.

Wie viele Liebesbeziehungen sind scheinbar gestorben, weil niemand sich überwinden konnte, »ich liebe dich« zu sagen? Es ist tatsächlich eine verbreitete Angst, dass das Schicksal, sobald Sie öffentlich Ihre Liebe zu jemandem bekennen, einen Zahlungsaufruf in Form von Strafe, Ablehnung oder einer anderen Form von Bezahlung ausgeben wird. Diese Angst ist nicht natürlich. Sie kann nur Ihrer erlernten Schuld und Unwürdigkeit entspringen, die so ängstlichen Aberglauben hervorbringt. Sie entscheiden sich aus Angst, Ihre Liebe zu verbergen und auf Nummer sicher zu gehen. Doch …

**indem Sie auf Nummer sicher gehen,
verlieren Sie, was Sie zu behalten versuchen.**

Sprechen Sie von Ihrer Freude! Sprechen Sie von Ihrer Liebe! Zu viele Beziehungen zerfallen, weil nicht genug von Freude, Liebe und Glück gesprochen wird und der Fokus anderswo liegt. Wenn es eine echte Liebesbeziehung ist, auf die Sie sich eingelassen haben, dann wird das Aussprechen Ihrer Liebe diese stärken, nicht schwächen.

Wenn ich Paare berate, bitte ich oft die Partner, ihr

eigenes, individuelles Bild von Glück darzustellen. Wenn dann beide Bilder verglichen werden, wird klar, dass obwohl beide Partner für sich und den anderen das Glück wollen, sie sich kaum jemals die Zeit genommen haben, offen, ehrlich und direkt über Glück zu sprechen. Es gibt nichts, was Sie davon abhalten könnte, Ihren Partner oder Ihre Freunde zu fragen: »Was ist Glück?« »Wie können wir glücklicher sein?« »Fühlst du dich von mir geliebt?« oder »Wie kann ich dich besser lieben und unterstützen?«

Sie müssen einen Freudensatz machen!

Die »Generation ich« ist das neueste Experiment unserer Gesellschaft in einer Reihe fehlgeschlagener Versuche im Streben nach Glück. Es geht dabei um Individualismus, Ego, Trennung, es allein zu schaffen, Grenzen zu setzen, das zu tun, was einem liegt, ungebunden zu sein, frei von Verpflichtungen und ganz und gar unabhängig.[3] Der Punkt jedoch ist, dass Sie nicht unabhängig sind! Unabhängigkeit ist völlig illusionär, denn Sie sind aufs Innigste mit der Gesamtheit der Dinge verbunden.

In Therapiekreisen und der populären Psychologie wird viel Aufhebens um die Heilung von »Ko-Dependenz«, die Sucht nach scheinbar externen Quellen der Liebe, gemacht. Das ist eine gute Arbeit, es sei denn, sie wird falsch unterrichtet und führt zu mehr Grenzen, mehr Verteidigungslinien, mehr Trennung und ungesunder Unabhängigkeit. Was wir jetzt brauchen, könnte eine Bewegung für »reformierte Unabhängigkeits-Abhängige« sein, die den Leuten hilft, ihre Trennung, Verletzungen und ihre Angst für eine größere Erfahrung von Verbundensein und Ganzheit aufzugeben.

Unabhängigkeit ist unmöglich – das wird Ihnen jeder Ökologe, Biologe, Quantenphysiker, Dichter, spirituelle Meister und jedes kleine Baby bestätigen. Der englische Dichter und Kleriker John Donne hat das gut in seinem »Iland Verse« ausgedrückt:

> »*Niemand ist eine Insel, in sich ganz;*
> *jeder Mensch ist ein Stück des Kontinents,*
> *ein Teil des Festlandes.*
> *Wenn eine Scholle ins Meer gespült wird,*
> *wird Europa weniger, genauso als wenn's eine*
> *Landzunge wäre, oder ein Landgut deines Freundes*
> *oder dein eigenes.*
> *Jedes Menschen Tod ist mein Verlust,*
> *denn ich bin Teil der Menschheit;*
> *und darum verlange nie zu wissen, wem die Stunde*
> *schlägt; sie schlägt dir selbst.*«[4]

Die Sehnsucht nach Unabhängigkeit verrät oft eine Anhaftung an alte Verletzungen. Daher ist Unabhängigkeit eine Verteidigungsstrategie – eine Verteidigung gegen Angst, gegen Schmerz und ein Sich-Einlassen auf die Liebe. Des Weiteren kann zu viel ungesunde Unabhängigkeit schließlich die Fähigkeit blockieren, zweisames Glück und Liebe anzuziehen. Wie könnte man unabhängig und intim mit einer anderen Person sein? Wie könnte man unabhängig sein und doch empfangen? Wie kann man unabhängig sein und gleichzeitig die Freude genießen, sich ganz und gar mit einer anderen Person zu teilen?

Unabhängigkeit als Verteidigung stammt tendenziell aus zwei fundamentalen Ängsten in einer Beziehung: (1) Die Angst vor Ablehnung und (2) die Angst vor Intimität. Beide dieser Ängste sind erlernt, sie sind nicht natürlich. Sie haben sich jedoch tief in unsere Art zu denken eingegraben. Kurz gesagt gilt also:

Jede Beziehung muss der Angst vor Intimität und der Angst vor Ablehnung ins Gesicht sehen.

Furcht vor Ablehnung und Furcht vor Intimität drehen sich nur um eingebildete Bedürfnisse, die aus einem erlebten Mangel an Ganzheit entstehen. Mit anderen Worten, sowohl die Angst vor Intimität als auch die Angst vor Ablehnung stammen von erlernter Schuld und Unwürdigkeit. So fürchten Sie sich, dass wenn Sie mit anderen Menschen intim sind, diese Sie irgendwann genauso streng beurteilen werden, wie Sie sich selbst beurteilen. Und Sie fürchten die Ablehnung durch andere, weil Sie sich bereits selbst das Urteil gesprochen haben, dass Sie unannehmbar sind und nicht an den Schmerz erinnert werden wollen.

Wo Angst vor Intimität und Ablehnung herrscht, werden Sie vielleicht einige der folgenden Verhaltensmuster bemerken:

- Sie lassen sich niemals ganz ein und bevorzugen es, sich Optionen offenzuhalten.
- Es mag den Anschein haben, dass Sie sich ganz einlassen, aber Sie wissen, dass Sie das niemals tun.
- Sie haben viele, viele Bekannte, aber niemand kennt Sie wirklich gut.

- Es dauert immer lange, bis Sie Leute kennenlernen und Sie fangen stets damit an, klare Grenzen zu setzen.
- Sie geben den Leuten Ihre Zeit, Ihr Geld und Ihre Aufmerksamkeit, aber nie *sich selbst*.
- Sie sind vorsichtig, wenn es um Verpflichtungen geht, denn für Sie fühlt es sich wie ein Verlust der Freiheit an.
- Wenn eine Beziehung wirklich gut wird, treten Sie einen Schritt zurück, testen sie und sabotieren sie.
- Sie halten sich an das Motto »Abwarten und Tee trinken«, um zu sehen, ob die Beziehung »eine Zukunft hat«, bevor Sie auf den Zug aufspringen.
- Sie fürchten sich vor Ablehnung, also weisen Sie andere zurück, bevor diese Sie zurückweisen.
- Sie stellen fest, dass Sie die Menschen, die Sie lieben, unnötig in Aufregung versetzen, mit ihnen streiten und sie verärgern.
- Sie bevorzugen es, wenn der Fokus auf anderen ist, statt auf Ihnen selbst.
- Sie befürchten, dass Sie das, was Sie geben, letztlich verlieren werden.
- Es gibt niemanden, mit dem Sie alle Ihre Teile und Ihr ganzes Selbst teilen.

Ich habe mir über Jahre etwas darauf eingebildet, »völlig unabhängig« zu sein. Ich war der sprichwörtliche »Einzelkämpfer«, der sich hin und wieder die Zeit für ein kleines bisschen Liebe nahm – gerade genug, um mich selbst davon zu überzeugen, dass ich nicht so unglücklich und einsam war, wie ich mich fühlte. Disfunktional unabhängige Leute tendieren dazu, sich beschäftigt zu halten, um zu verhindern, dass sie ihren Schmerz erkennen müssen. Unabhängigkeit sieht wie Sicherheit aus, aber die Sicherheit ist steril. Selbst jetzt noch stelle ich fest, dass wenn ich verletzt bin oder Schmerzen leide, für mich die Versuchung besteht, mich schnell zurückzuziehen und wieder unabhängig zu sein. Tatsache ist jedoch, dass ...

Intimität heilt!

Wenn das Lieben schwerfällt, ist der Schlüssel, näher zu kommen, Nase an Nase sozusagen. Je mehr Sie sich entfernen, desto leichter ist es, zu projizieren, zu trennen und steril zu sein, überlegen und einsam. Wenn es Ihre Intention ist zu lieben, egal was, dann müssen Sie nahe kommen, Ihre Abwehrhaltung aufgeben und sich öffnen. Gott weiß, dass das schwierig sein kann, denn mit der Liebe kommt die Angst. Aber je mehr Sie es schaffen, die Liebe an die erste Stelle zu rücken, desto weniger schwierig ist es auch.[5]

Ein wichtiger Schlüssel für intime Kommunikation ist, *seine Gefühle zu teilen, statt sie abzuschießen*. Mit anderen Worten: Damit die Kommunikation sicher und heilsam ist, müssen Sie sich auf die Wahrheit einlassen, dass es (1) keine Feinde gibt und (2) Ihre Gefühle nicht als Waffen verwendet werden dürfen. Eine Beziehung, die sich wirklich der Liebe verschrieben hat, kann es sich leisten, die Schuld fallenzulassen, genauso Verteidigung, Angriff und das Bedürfnis nach Trennung.

Um wieder Freude erleben zu können, müssen Sie einen Freudensatz machen. Dafür muss Ihnen Freude mehr bedeuten als Rache.

Die Kontrolle verlieren

*Wollen Sie glücklich sein
oder die Kontrolle behalten?*

Die Liebe kontrolliert nicht. Kontrolle ist nicht Liebe, Kontrolle ist Angst. Sie versuchen eine Beziehung nicht aus Freude zu kontrollieren, sondern aus Angst. Kontrolle soll Sicherheit und Gewissheit bringen, aber diese sogenannte Sicherheit ist so steril, dass sie bald anfängt, nach Angst und Tod zu riechen, statt nach Leben und Liebe. Kontrolle soll ebenfalls Verluste zu verhindern helfen, aber was auch immer Sie zu kontrollieren versuchen, werden Sie schließlich verlieren.

Liebe und Freude erfordern Freiheit, nicht Kontrolle. Das ist schwer zu verstehen für diejenigen von uns, die in einer Kultur aufgewachsen sind, die von einem verlangt, dass man versucht, das Leben zu kontrollieren, und die von dieser konditioniert wurden. Das Ego versucht immer, alles zu kontrollieren; das unkonditionierte Selbst versucht, alles zu befreien. Man kann Liebe und Freude nicht organisieren, kontrollieren und diktieren, sondern sie nur annehmen, teilen und ihnen zu sein erlauben.

Eines Tages kam ein junger Unterteufel zum Chef-Teufel gerannt und sagte: »Herr Chef-Teufel, auf dem Planeten Erde geschieht etwas Schreckliches!«

Der Chef-Teufel runzelte die Stirn und knurrte: »Was ist los?«

Der junge Teufel stotterte in seiner Angst: »Da

ist ein Typ, der heißt Jesus und der bringt allen bei, einander zu lieben. Er sagt ihnen auch, dass Gott die Liebe ist, nicht die Angst.«

Der Chef-Teufel war gerade damit beschäftigt, sein Buch *Die Freuden der Politik* zu schreiben. Er sagte dem jungen Teufel, er solle für ihn ein Auge auf die Dinge behalten und später wieder berichten. Bald kam der junge Teufel zurück und sah sogar noch besorgter aus als zuvor. »Herr Chef-Teufel«, sagte er, »jetzt ermuntert Jesus die Leute auch noch, Angst, Hass und Vorurteile aufzugeben und Vergebung zu üben.«

Der Chef-Teufel war immer noch mit Schreiben beschäftigt. Er war schon halb fertig mit dem Kapitel über »Bürokratie«. Er runzelte die Stirn und knurrte den jungen Teufel an: »Geh und halt für mich Wache.«

Binnen Kurzem kam der junge Teufel wieder und sah völlig verängstigt aus. »Es ist schlimmer geworden, Herr Chef-Teufel. Jetzt redet Jesus über Freude und darüber, dass das Königreich des Himmels innen ist.«

Der Chef-Teufel legte den Stift weg. Er war gerade mit dem letzten Kapitel über »Kontrolle« fertig. Er runzelte die Stirn und knurrte den jungen Teufel an: »Warum machst du dir so viele Gedanken? Sobald Jesus stirbt, stellen wir Leute an, die seine Lehre organisieren und kontrollieren und zu starren Glaubenssätzen machen. Wir werden eine neue Religion kreieren! Und bald wird die Liebe, von der dieser Jesus redet, in Dogmen untergehen.«

Es war der Dichter William Blake, der schrieb:

> » *Wer eine Freude an sich fesseln möchte,*
> *stutzt dem Leben die Flügel;*
> *aber wer die Freude küsst, wie sie ihm zufliegt,*
> *lebt wie im Sonnenaufgang der Unendlichkeit.*« [6]

Ich erinnere mich noch, dass ich bald, nachdem ich mich das erste Mal verliebt hatte, große Angst bekam. Zuerst erlebten wir, was ich als die Phase des Staunens bezeichnen möchte. Wir waren offen, liebevoll, ehrlich, wehrlos und unendlich dankbar, zusammenzusein. Wir vergaßen beide, uns schuldig und der Liebe unwürdig zu fühlen. *Und* wir waren beide ganz und gar präsent – das heißt, wir konzentrierten uns auf die Liebe, die wir jetzt für einander fühlten. Wir versuchten nicht, die Zukunft der Beziehung zu planen, zu organisieren oder zu diktieren. Schließlich entstanden Zweifel und Ängste und damit kam die Versuchung, die Kontrolle übernehmen zu wollen, sich zu verteidigen und Vorsichtsmaßnahmen zu ergreifen – für einen präventiven Erstschlag!

Wenn Sie einen höheren Grad von Liebe und Intimität in einer Beziehung erleben, wird das Ihren Glauben an sich selbst auf die Probe stellen (d. h.: Verdiene ich das wirklich?), aber auch Ihren Glauben an einander (d. h.: Lieben wir einander wirklich?) und an die Liebe selbst (d. h.: Ist die Liebe wirklich dauerhaft?). Wenn Ihr Glaube ins Wanken gerät, werden Sie den Drang verspüren, die Kontrolle zu übernehmen. Indem Sie das tun, versuchen Sie, größere Sicherheit, Gewissheit und Stärke zu erzeugen. Und doch führt immer mehr Kontrolle zu immer weniger Glück und Lebendigkeit. Aus diesem Grund ist mein Gebet für all meine Beziehungen:

>*Lieber Gott, ich gebe dir meine Beziehung*
zu _____ .
Ich gebe dir meine Sehnsucht, diese Beziehung
zu kontrollieren.
Lass die Liebe meine Führerin sein.
Lass die Liebe uns beide segnen.
So sei es.«

Die Wahrheit ist, dass …

Sie nicht die Kontrolle behalten und glücklich sein können.

Bei Kontrolle geht es nicht nur um Angst und Verlust. Auch wenn es vielleicht nicht ins Auge springt, ist ein weiterer Grund, warum man versucht, seine Beziehungen zu kontrollieren, die Tatsache, dass man sich auf einer bestimmten Ebene vor zu viel Liebe fürchtet. Das Ego macht Einwände gegen zu viel Liebe, da mehr Liebe letztlich weniger Angst, weniger Richten, weniger Verteidigung und weniger Trennung bedeutet. Wo es nur Liebe gibt, hat das Ego seinen Job verloren. Also muss sich das Ego entweder neu bekräftigen oder Sie müssen Ihre Einstellung zu sich selbst ändern – Sie lieben sich selbst und akzeptieren Ihre Ganzheit.

Wenn Sie es akzeptieren könnten, dass Sie bereits ganz sind, würden Sie sich nicht länger vor einem Verlust der Liebe fürchten. Die Angst führt zu Kontrolle und Kontrolle ist gleich Ärger. Ist Ihnen beispielsweise aufgefallen, dass Sie den meisten Schmerz mit Leuten erfahren, die Sie zu kontrollieren versuchen? Und ist Ihnen weiter aufgefallen, dass, je mehr Sie versuchen, Ihren Partner zu kontrollieren, er desto unattraktiver wird? Ist Ihnen außerdem aufgefallen, wie bitter und griesgrämig Sie werden, wenn jemand anderes versucht, Sie zu kontrollieren? Wie ein Schmetterling im Griff einer klebrigen Hand geht die Liebe ohne die Freiheit zu fliegen verloren. Unterm Strich lässt sich festhalten, dass ...

man nicht lieben kann, was man kontrolliert.

Entschuldigen Sie sich schnell!

Wollen Sie stolz oder glücklich sein?

Jede Beziehung, sei es eine Romanze oder eine Freundschaft, beginnt mit einer Flitterwochen- oder Staunensphase. Die neue Person in Ihrem Leben kann wirklich nichts falsch machen. Sie sind liebevoll, voller Annahme und vergeben der anderen Person komplett die Tatsache, dass sie Fußball liebt, lange arbeitet, Emotionen hat, bei ihrer Mutter lebt, auf einem eingefahrenen Gleis fährt, nur Fast Food mag, vergisst, die Toilette zu spülen, streunende Tiere hält, im Bett Chips isst und im Kino laut auf Popcorn herumkaut. Es ist leicht, in der Staunensphase zu lieben, denn Sie leben im Jetzt.

Nach einer Weile gehen Beziehungen in die zweite Phase, die ich die »Jetzt, wo du mir gehörst«- oder Vertrautheitsphase nenne. In dieser Zeit wird Ihnen die neue Person in Ihrem Leben vertraut, beginnt, »vertraut zu klingen«, Sie »an ... zu erinnern« und »sich wie ... zu benehmen.« Das Ego hält stets Ausschau nach Mustern, gegen die es sich verteidigen kann; jetzt verlagert sich das Gewicht von der Gegenwart auf die Vergangenheit, von der Vorstellung auf die Erinnerung, von Hoffnung auf Zweifel, von Liebe auf Angst, von Freiheit auf Kontrolle. Sie erinnern sich daran, wie Sie in der Vergangenheit in der Liebe etwas zu verlieren schienen, also fangen Sie an, sich zu fürchten und versuchen, die Liebe mit etwas mehr Kontrolle zu verstärken.

Als Nächstes weicht die Liebe einem Machtkampf um Kontrolle, Dominanz, dem Fahrersitz, dem Überlegenheitsgefühl und dem Rechthaben. Das ist die Phase der Kontrolle. Jetzt ist die Liebe nicht länger natürlich. Stattdessen wird das Ganze eine Lernkurve. Sie werden unvermeidlich Fehler machen, wenn Sie sich auf einen Machtkampf einlassen. Sie werden es versauen, sich schlecht verhalten, etwas falsch machen, kämpfen, angreifen, sich verteidigen, sich verletzen, kleinlich werden, durchdrehen und *sich schuldig fühlen*. Weder Sie noch Ihr Partner oder Freund werden die Schuld jedoch ausnutzen wollen, wenn Ihre Beziehung bewusst auf Wahrheit und Liebe ausgerichtet ist.

Es wird viele Gelegenheit für Sie geben, sich in einem Machtkampf zu entschuldigen. Unglücklicherweise räumt in der Phase der Kontrolle das Ziel, glücklich zu sein oft dem Ziel, Recht zu behalten, das Feld. Mit anderen Worten: Recht zu haben bedeutet Ihnen mehr, als glücklich zu sein. Sie müssen sich fragen ...

will ich Recht haben oder glücklich sein?

Je mehr Sie Recht haben wollen, desto weniger glücklich werden Sie sein. Sie werden immer mehr in Verteidigungsposition gehen, sturer, gereizter, bitterer, kleinlicher, gemeiner und kleinmütiger werden. Die Liebe ist groß; Stolz ist klein! Willkommen in der Koma-Phase. Das ist die Zeit, in der es so aussieht, als wären Sie noch zusammen, es aber schon nicht mehr sind. Der Kampf ums Rechthaben scheint Sie beide ausgelaugt zu haben. Sie sind müde, verschlossen, erschöpft und wie betäubt. Einer von Ihnen beiden wird seine Schuld-Waffen niederlegen müssen, bevor Sie beide erneut zur Liebe erwachen können, die unter dem Schlachtfeld der Angst verborgen ist.

Die Phase des Erwachens beginnt üblicherweise mit einer Entschuldigung oder Vergebung. Sie werden das Bedürfnis haben, sich zu entschuldigen, wenn die Liebe Ihnen mehr bedeutet, als Schuld, Schmerz, Fehler und die Vergangenheit. Sie werden um Vergebung *bitten* wollen und Vergebung *schenken,* wenn die Liebe für Sie größeren Wert hat als Angst und Bitterkeit. Wenn Sie wirklich klug sind, werden Sie nicht länger versuchen, Recht zu behalten; Sie werden einfach versuchen, liebevoll zu sein.

Ich verspreche Ihnen Folgendes – niemand wird auf Ihren Grabstein oder in Ihre Todesanzeige schreiben: »Er hatte immer Recht!« oder »Sie musste sich niemals entschuldigen!« Man darf jedoch hoffen, dass Worte wie *liebevoll, gütig* und *nicht nachtragend* immer wieder ausgesprochen werden. Ich verspreche auch, dass einige der süßesten Momente des Lebens die sind, die auf eine ehrliche, von Herzen kommende Entschuldigung folgen!

Vergeben Sie schnell und seien Sie JETZT glücklich!

Wollen Sie überlegen oder glücklich sein?

Ich bitte die Teilnehmer meiner Workshops oft, für einen Moment still zu werden und sich bewusst zu werden, wie es sich emotional und physisch anfühlt, an Ärger festzuhalten. Dann listen wir diese Gefühle auf, um die Kosten des Ärgers einzuschätzen. Die Kosten beinhalten »Zorn wie schwarzer Regen«, »konstante Angst und Unfähigkeit, sich zu entspannen«, »sich wie ein Opfer fühlen«, »physischer Schmerz«, »das Herz ist einem schwer«, »leere Überlegenheit«, »keine Luft, kein Atem«, »Beschäftigung mit der Vergangenheit«, »rachsüchtiger Hass«, ein »kaltes Herz« und das »Gefühl, als würde man langsam sterben«.

Die abschreckendste und akkurateste Beschreibung, die ich jemals über den nicht vergebungsbereiten Geist gelesen habe, findet sich in *Ein Kurs in Wundern*. Sie lautet folgendermaßen:

Der Geist, der nicht bereit ist zu vergeben, ist voller Angst und gibt der Liebe keinen Raum, sie selbst zu sein; keinen Raum, wo sie in Frieden ihre Flügel ausbreiten und über dem Gewühl der Welt schweben kann. Der Geist, der nicht bereit ist zu vergeben, ist traurig, ohne Hoffnung auf Rast und Befreiung vom Schmerz. Er leidet und verweilt im Unglücklichsein, späht in die Dunkelheit, sieht nichts und ist sich doch gewiss, dass dort Gefahren lauern.

Der Geist, der nicht bereit ist zu vergeben, ist zerrissen von Zweifeln, in Verwirrung über sich selbst und alles, was er sieht; ängstlich und zornig, schwach und prahlerisch, hat Angst, vorwärts zu gehen, Angst, zu bleiben, hat Angst, aufzuwachen und Angst, einzuschlafen, Angst vor jedem Geräusch und noch mehr Angst vor der Stille; fürchtet sich vor der Dunkelheit und noch viel mehr vor der Ankunft des Lichts.

Die Kosten der Verbitterung sind zu hoch. Täuschen Sie sich nicht – *Sie* sind derjenige, der den Preis für die Verbitterung, an die Sie sich klammern, zahlen muss. Es ist *Ihr* Nervensystem, *Ihre* Lungen, *Ihre* Muskeln, *Ihr* Herz, *Ihre* Wahrnehmung und *Ihr* Geist, der in jedem Moment, wenn Sie versuchen, sich mit Hass zu verteidigen, verkommt und verfällt.

Verbitterung ist eine Investition in den Hass – sie glaubt, dass Hass Ihnen etwas geben wird, das Ihnen die Liebe nicht geben kann. Verbitterung ist erlernt; sie ist nicht natürlich. Es ist das Ego, das glaubt, dass Verbitterung, Hass, Strafen und Angriffe Sie schützen und bewahren können. Dem, was Sie gelernt haben, zufolge, sind Sie mit Hass im Herzen scheinbar in Sicherheit – sicherer als Sie wären, wenn Sie vergeben oder lieben würden.

Das Problem mit Verbitterung ist, dass Sie *nicht verbittert und gleichzeitig glücklich sein können*. Es gibt ein altes Sprichwort: »Wenn dein Herz Raum für einen Feind hat, ist es kein sicherer Ort für einen Freund.« Sie können nicht hassen und lieben. Sie können nicht hassen und gewinnen. Sie können nicht hassen und frei sein. Sie können nicht hassen und präsent sein. Sie können nicht hassen und eine Zukunft haben. Unterm Strich gilt ...

**Sie können nicht Verbitterung
im Herzen tragen und gleichzeitig
geistigen Frieden erfahren.**

Solange Sie Ihrer Verbitterung noch Wert beimessen, wird Vergebung Ihnen nicht attraktiv erscheinen. Vergebung erscheint nur denen attraktiv, die ein Interesse an Freiheit, Liebe, geistigem Frieden und Freude haben.

Ihr Ego und Ihr Geist haben in Sachen Vergebung eine völlig entgegengesetzte Meinung. Das Ego, überzeugt von Ihrer Geringfügigkeit und Schwäche, rät Ihnen, dass Sie es sich nicht leisten können, zu vergeben. Schuld, Angst, Verteidigung und Angriff sind die Antworten des Ego. Vergebung ist letztlich ein Verrat am Ego und an allem, wofür es steht. Vergebung ist die Entscheidung für Ganzheit.

Bei wahrer Vergebung geht es nicht darum, etwas zu übersehen oder zu vergessen oder seinen Ärger zu unterdrücken. Bei wahrer Vergebung geht es nicht darum, das Richtige zu tun. Noch geht es darum, ein Fußabstreifer zu sein und sich selbst die Schuld zu geben. Nein! Die Wahrheit ist:

**Wahre Vergebung ist die Bereitschaft zu glauben,
dass Sie (1) ganz sind und (2) niemand Ihre
Ganzheit bedrohen oder sie Ihnen nehmen kann.**

Vergebung wird leichter, wenn die Liebe Ihnen mehr bedeutet als alles andere. Es ist auch hilfreich, wenn Sie die Kosten der Verbitterung als das erkennen, was sie sind. Siehe Tabelle F zum Kontrast zwischen dem vergebungsbereiten Geist des unkonditionierten Selbst und dem nachtragenden Geist des Ego.

Nachtragender Geist	Geist der Vergebung
Beurteilt Sie als schwach und unvollständig	Liebt Sie, ohne zu richten
Sieht Sie als abgetrennt und verwundbar	Begreift, dass die Liebe keine Trennung kennt
Glaubt, dass Sie schuldig und unwürdig sind	Liebt Sie ganz und bedingungslos
Projiziert Angst	Weitet die Liebe aus
Zieht durch seine Verteidigungsstellung Angriffe an	Ermutigt Sie, liebevoll zu sein
Benutzt Hass, Angst und Verbitterung, um Ihnen Sicherheit zu geben	Erkennt, dass Liebe Liebe anzieht
Ist mit der Vergangenheit beschäftigt	Ruft die Liebe an, um Ihnen Sicherheit zu geben Ist kontinuierlich im Prozess des Loslassens ins »Jetzt«
Misstraut dem Glück	Nimmt das Glück an

Wahre Vergebung ist ein Akt der Selbstliebe und Selbstannahme. Wenn Sie vergeben, legen Sie die Spielzeuge der Schuld weg und umarmen aufs Neue die Liebe.

Vergebung heilt den Schmerz. Schmerz ist ein angsterfüllter Alptraum, der Sie glauben lässt, dass Sie schwach, klein, isoliert, verwundbar und allein sind. Der Schmerz fühlt sich real an. Schmerz fühlt sich an, als würde er ewig dauern. Und doch werden Sie anfangen, die Dinge anders zu sehen, wenn Sie auch nur ein wenig Bereitwilligkeit zu vergeben aufbringen können, wenn Sie Schmerz erleben. In Wahrheit …

**ist Vergebung die Entscheidung,
die »ganze Wahrheit« zu sehen.**

Die Bereitschaft zu vergeben ist in Wirklichkeit die Bereitschaft zu erkennen, dass »ich nicht mein Schmerz bin«, »ich nicht meine Fehler bin«, »ich nicht meine Vergangenheit bin«. Vergebung erkennt an, dass »ich nicht dieser Schmerz bin«. Wenn Sie zu Ihrem ganzen Selbst, zu Gott oder einem anderen Symbol der Ganzheit beten, wird sich Ihre Wahrnehmung verändern, weil Sie wieder zu sehen beginnen, dass folgende Sätze wahr sind: »Ich bin vollständig.« »Ich bin kein Körper.« »Ich bin frei.« »Ich bin die Anwesenheit der Liebe.«

Vergebung ist ein Wunder – das größte Wunder von allen. Jedes Ereignis der Vergebung ist eine Stimme für größeren Frieden, Stärke, Liebe, Freiheit und Freude. Wenn Sie vergeben, dann ändern Sie wirklich Ihre Einstellung zu sich selbst. Sie geben Ihr angsterfülltes, erlerntes Selbstbild auf und tauschen es gegen das lieben-

de, machtvolle, ganze und ursprüngliche Selbst ein, das
Sie sind. Vergebung entscheidet sich für die Liebe als
Herrscherin. Glück blüht da, wo Liebe ist. Immer wenn
Sie sich niedergeschlagen fühlen, wollen Sie vielleicht
Folgendes bekräftigen:

Ich fühle mich zart und entscheide mich jetzt
für Vergebung.
Ich fühle mich ängstlich und entscheide mich jetzt
für die Liebe.
Ich fühle mich verletzt und will jetzt
geheilt werden.
Ich fühle mich wütend und bestärke mich jetzt
im Frieden.
Ich fühle mich traurig und wünsche
mir jetzt Glück.

Ich lasse jetzt meine Angst vor der Vergebung los.
Ich erkläre den heutigen Tag zu einer Amnestie,
bei der ich dankbar und freiwillig all meine
Verbitterung und meinen Kummer loslasse.
Eins nach dem anderen lasse ich alle Ängste,
Narben, Schuldgefühle und allen Hass los,
denn ich will nicht das behalten,
was in Wahrheit nicht zu mir gehört.

Ich entscheide mich jetzt für Ganzheit.
Ich werde mir und den anderen nicht länger
beibringen, dass wir schuldig sind.
Wir sind frei. Wir sind frei.

Ich bete um Frieden und werde Güte ausstreuen,
Liebe ausstrahlen und Freude verbreiten,
wo auch immer ich hingehe.
Und möge Gott mir helfen,
mit all dem Glück fertigzuwerden,
das unvermeidlich folgen muss!
So sei es.

KAPITEL 8

Mit leichtem Gepäck reisen

O *Licht auf der Reise, gehüllt in Dunkelheit,*
das du dich immer noch an die Angst klammerst
und von deiner Schuld überzeugt bist,
immer noch vom Tod träumst.
Wach auf!
Wach auf und sei jetzt glücklich!

Gehen Sie mit Ihrem Geist zurück zur ersten Erinnerung des heutigen Morgens. Würden Sie die Art und Weise Ihres Aufwachens heute als wunderbaren, friedlichen Vorgang beschreiben oder einfach nur als Vorgang? War es friedlich oder fürchterlich? Sind Sie mit einem Lächeln aufgestanden oder mit einer Grimasse? Sind Sie erfrischt aufgewacht oder wie ein Automat? Hatten Sie jemals den Eindruck, dass die Mühe des Aufwachens für den Rest des Tages erschöpft?

Wie haben Sie den neuen Tag begrüßt? Sind Sie beispielsweise einer der Menschen, der morgens aufwacht und sagt: »Guten Morgen, Gott!« oder flucht »Guter Gott, Morgen!«? Vielleicht beginnen Sie den Tag mit einem Lächeln, um durchzukommen. Wie bereiten Sie sich auf jeden neuen Tag vor?

Versuchen Sie sich an spezifische Entscheidungen zu erinnern, die Sie während der ersten Stunde des Tages getroffen haben. Es mag Ihre erste Entscheidung gewesen sein, den »Snooze«-Knopf auf Ihrem Wecker zu drücken. Was dann? Ein schneller Kaffee vielleicht? In die Dusche gehüpft? Eine Zigarette? Auf die Suche nach den Socken gegangen? Frische Unterwäsche? Die Unterwäsche von gestern? Die Kinder aufgescheucht? Make up aufgetragen? Ein schnelles Frühstück? Die neuesten Schlagzeilen gelesen? Den Geldbeutel gesucht? Das »Finde den Schlüssel«-Spiel gespielt? Mit dem Hund rausgegangen? Schnell joggen gewesen?

Die meisten morgendlichen Entscheidungen drehen sich um Duschen, Make up, Kleidung, Kinder, Essen, Zeit und Beförderung. Es sind »Tun-Entscheidungen«, im Gegensatz zu »Seins-Entscheidungen«. Woran ich wirklich interessiert bin, ist nicht Ihre »To Do«-Liste, sondern Ihre »To Be«-Liste. Mit anderen Worten, haben Sie irgendwelche Entscheidungen getroffen, wie Sie heute »sein« wollten? Anders formuliert:

Für was für eine Art von Tag haben Sie sich heute entschieden?

Prozentual, wieviel Zeit haben Sie darauf verwendet, Ihren Körper auf den heutigen Tag vorzubereiten, d.h. ihn zu waschen, zu füttern und anzukleiden und dann im Kontrast, wie viel Zeit haben Sie darauf verwendet, Ihren *Geist* auf den heutigen Tag vorzubereiten. Welches

Verhältnis kommt heraus? Körper 95 Prozent, Geist 5 Prozent vielleicht? Oder Körper 25 Prozent, Geist 75 Prozent vielleicht? Wie bereiten Sie sich, allgemein gesprochen, gern geistig und spirituell auf jeden neuen Tag Ihres Lebens vor?

Die erste Stunde nach dem Aufwachen ist das Ruder eines Schiffes, insofern sie dazu dient, den Rest Ihres Tages zu steuern. Um es präziser auszudrücken: Es ist während dieser Zeit, dass Sie sich entscheiden, welche Art von Tag Sie haben werden. Mit anderen Worten: Sie legen Ihre Intention für den Tag fest, bewusst und unbewusst. Denken Sie also noch einmal an die erste Stunde dieses Morgens zurück und fragen Sie sich: *Für welche Art zu sein habe ich mich heute entschieden? Welche Art von Tag habe ich entschieden, dass ich haben würde?*

Entscheidungen bedeuten Macht! Entscheidungen sind noch viel mehr als Umstände der Schlüssel dazu, *jetzt* glücklich zu sein. Wissen Sie also, dass Ihre Entscheidung zählt. Sie können wirklich entscheiden, was für eine Art von Tag Sie heute haben werden. Nichts, wirklich gar nichts, kann ohne Ihre Entscheidung geschehen.

Glück kann es nicht geben ohne Ihre Entscheidung, glücklich zu sein.
Liebe kann nicht wachsen ohne Ihre Entscheidung, liebevoll zu sein.
Frieden kann nicht blühen ohne Ihre Entscheidung, friedlich zu sein.
Wunder können nicht entstehen ohne Ihre Entscheidung, offen zu sein.

Wonne kann nicht gedeihen ohne Ihre Entscheidung,
schuldlos zu sein.
Der Himmel kann keine Früchte tragen ohne Ihre
Entscheidung,
sie zu empfangen.

Alles beruht letzten Endes auf Ihrer Entscheidung, darunter Schmerz, Angst, Leiden und Tod. Ihr Geist ist wie ein Fernseher mit hundert unterschiedlichen Kanälen und *Sie* sind es, der entscheidet, welchen Kanal Sie sich ansehen. Sie können sich bspw. zwischen dem Opfer-Kanal und dem Freiheits-Kanal entscheiden, zwischen dem Verbitterungs-Kanal und dem Vergebungs-Kanal, dem altersbeschränkten Schuld-Kanal oder dem Glücks-Kanal, zwischen dem »Wiederhole die Vergangenheit«-Kanal und dem Jetzt-Kanal, zwischen dem Ego-Kanal und dem Geist-Kanal. Sie können sich heute jede Show ansehen, die Sie nur wollen. Die Fernbedienung ist Ihre Intention.

Manchmal stellen Sie vielleicht fest, dass Sie sich bewusst für einen glücklichen Tag entschieden haben, sich aber dennoch eine absolut miserable Erfahrung einstellt. Das ist eine verbreitete Erfahrung. Was geschehen ist, ist, dass Sie sich bewusst fürs Glücklichsein entschieden haben, aber dennoch unterbewusst das Unglücklichsein gewählt haben. Oft gewinnt unterbewusste Konditionierung, wenn es zu einer Stichwahl kommt. Was wirklich hilft, ist Vergebung, die Entscheidung für Ganzheit und die Entscheidung, alle Schuld und Unwürdigkeit loszulassen. Was auch immer geschieht, entscheiden Sie sich weiterhin für die Freude.

Meditation, Gebet, Stille, Ruhe, Mantras, Yoga und das Lesen inspirierender Texte können beispielsweise alle dabei helfen, Ihre Intention für den Tag festzulegen. Es gibt keine strikte Formel, Technik, kein Dogma, an das man sich halten oder Ritual, das man befolgen muss. Letztlich ist Intention ein einziger Gedanke, der, wenn man ihn höher schätzt als alles andere, Ihren ganzen Tag erhellen kann.

Der Schlüssel, um *jetzt* glücklich zu sein, ist, zu erkennen, dass Intention Ergebnisse erzeugt. Mit anderen Worten:

Ihre Intention legt alles fest.
Sie birgt große »Macht«.

Ich sitze jeden Morgen auf meinem »fliegenden Teppich« – einem wunderschönen Seidenteppich, den ich auf meinen Reisen durch Indien gekauft habe. Während ich auf ihm sitze, lege ich durch Gebet und Meditation meine Intention für den Tag fest. Manchmal rezitiere ich festgesetzte Gebete und manchmal bete ich einfach spontan. Ich folge allem, was sich natürlich anfühlt. Eines meiner liebsten persönlichen Gebete ist mein »Friedensgebet«. Es lautet folgendermaßen:

Friede sei mit meinem Geist.
Friede sei mit meinen Gedanken.
Friede sei mit meinem Körper.
Friede sei mit meinen Sinnen.
Friede sei jetzt mit mir.
Friede sei stets mit mir.
Friede sei hier mit mir.

Friede sei mit mir überall.
Friede sei mit mir und mit dir.
Friede sei mit mir und mit allen.
Friede sei mit einem und allem.

Dieses Gebet legt ganz klar eine Intention für den Frieden fest. Zu anderen Zeiten bete ich bspw. »*Lieber Gott, was willst du heute als Intention für mich?*« Auch hier gibt es wieder keine Formel. Doch immer ziele ich darauf ab, Führung von meinem unkonditionierten Selbst zu bekommen. Das Jetzt ist neu. Heute ist neu. Ich will also mehr als alles andere für alles, was ist und alles, was ich bin, spontan erreichbar und offen sein. Das ist meine Intention.

Aus ganzem Herzen!

Ein Mönch fragte Chao-chou:
»Wenn ein Armer kommt, was soll man ihm geben?«
»Ihm mangelt es an nichts«, sagte der Meister.
– Zen Mondo

Als meine Freunde und ich das erste Mal in Indien ankamen, hatten wir alle das Gefühl, wir seien während des Fluges aus dem Orbit der Erde geschleudert worden und auf einem anderen Planeten gelandet. Alles war völlig anderes, als was wir kannten – alles!

Der gesamte Trip war eine Mischung aus Schock, Überraschung, Staunen, Ehrfurcht, Durchfall, Armut, Frieden, Ashrams, Hotels, Abenteuern, Verzweiflung und auch großartiger Schönheit. Die Geographie und Landschaft Indiens sind wahrhaft wunderschön, aber nichts war schöner für uns als die Momente, in denen wir von den Ortsansässigen begrüßt wurden.

Die Begrüßung ist in Indien heilig. Für viele Inder sind das Begrüßen des Tages und die Begrüßung anderer Menschen geschätzte Ereignisse, die achtsam mit großer Sorgfalt und positiver Absicht vollzogen werden. Wenn Inder Sie also begrüßen, dann *halten Sie an, um mit Ihnen zusammen zu sein*. Sie verschränken die Hände, lächeln, starren Ihnen tief in die Augen und singen »Namaste!«, was bedeutet »Ich verbeuge mich vor dem Licht in Dir«. Das ist doch ein gewisser Kontrast zu »Hey, Mann!«, »Jau, Kumpel«, »Hallo, Süße« und »Wie zum Teufel geht's dir?«.

Seit unserer Reise nach Indien habe ich Begrüßungen wie »Namaste« aus der ganzen Welt gesammelt. In Zentralafrika gibt es beispielsweise eine Begrüßung, wo eine Person zur anderen sagt: »Ich bin hier, um gesehen zu werden«, worauf man antwortet »Ich sehe dich«. Im fernen Osten gibt es einen alten gnostischen Gruß, der bis heute überlebt hat und der übersetzt bedeutet »Ich bin das Licht in Dir«. Diese Begrüßungen sind ein echter Segen. Sie sind Segnungen der Liebe und helfen, eine bestimmte Intention und einen Zweck für die gemeinsam verbrachte Zeit festzulegen.

Die Schönheit dieser heiligen Begrüßungen ist, dass Sie sowohl den Empfänger wie den Spender segnen. Sie sind auch wunderbare Bekräftigungen und Lehren unserer eingeborenen Ganzheit und Einheit miteinander. Das ist hilfreich, denn ich glaube, dass die *wahre Funktion der Freundschaft darin besteht, dass wir einander an un-*

sere Ganzheit erinnern. Auf diese Art ist die Funktion der Freundschaft dieselbe wie die von Therapie und Medizin.

Diese heiligen Begrüßungen feiern das Geschenk der Freundschaft. Sie erinnern Sie auch, dass *jede* Person, die vor Ihnen steht, ein Lehrer ist. Wenn es eine Gewissheit im Leben gibt, auf die Sie sich verlassen können, dann ist es die, dass …

wenn eine Person Teil Ihres Lebens ist,
Sie beide Gaben für einander haben.

Ja! Die Leute, die Sie kennen – nicht die, die Sie zu kennen *hoffen* – sind diejenigen, die ein Geschenk für Sie haben, ein Geschenk, das darauf wartet, *jetzt* angenommen zu werden. Fragen Sie sich bei jeder Person, der Sie nahestehen »Was ist ihre Gabe für mich?« und »Was ist meine Gabe für sie«? Stellen Sie diese Fragen nicht nur bei den Leuten, bei denen Sie sich leicht tun, sie zu lieben, stellen Sie sie bei den Leuten, wo es eine größere Herausforderung ist!

Machen Sie es heute den ganzen Tag zu Ihrer Intention, präsent und bereit zu sein, um zu lernen, um zu empfangen und den Leuten, denen Sie begegnen, ganz das zu geben, was Sie zu geben haben. Es ist unmöglich, den Wert der Person, die vor Ihnen steht, zu überschätzen. Sehen Sie sorgfältig hin. Allzu oft haben wir in der Vergangenheit die Person, die vor uns stand, übersehen, weil wir zu beschäftigt damit waren, nach einer »geeignetere« Person »da drüben« zu suchen, die »als Nächstes« kommt.

Mehr als alles andere ist die Wichtigkeit von Begrüßungen darin begründet, dass Sie niemals einfach *irgend-*

wem begegnen. Sie begegnen stets sich selbst. In *Ein Kurs in Wundern* steht geschrieben:

> Wenn du jemandem begegnest, denke daran,
> dass es eine heilige Begegnung ist.
> So wie du diese Person siehst, wirst du dich
> selbst sehen.
> So, wie du sie behandelst, wirst du dich selbst
> behandeln.
> Wie du von ihr denkst, wirst du von dir selbst
> denken.
> Vergiss dies niemals, denn in ihr wirst du dich
> finden oder verlieren.[1]

So viel von unserem Schmerz stammt aus unseren ständigen Versuchen, bei dem Grundsatz zu betrügen, den viele alte Philosophen die goldene Regel genannt haben, die da lautet: »Alles was ihr von anderen erwartet, das tut auch ihnen.« Eine andere Version lautet: »Handelt an anderen, als ob ihr die anderen *wäret*« und eine weitere: »Gebt acht bei dem, was ihr anderen antut, denn ihr *seid* die anderen!«

Der Punkt ist:

Sie können nicht glücklich sein und sich um die goldene Regel drücken!

Was Sie nach einer anderen Person werfen, trifft *Sie selbst*! Sie können also nicht Hass nach jemand anderem werfen und sich friedlich fühlen. Sie können nicht Wut nach jemand anderem werfen und Liebe genießen. Sie können nicht irgendeinen Angriff auf jemanden starten und in Sicherheit sein.

Die goldene Regel funktioniert auch umgekehrt. Solange Sie sich beispielsweise selbst als »nicht gut genug« beurteilen, werden auch unvermeidlich die Leute, die Ihnen am nächsten sind, Sie als »nicht gut genug« beurteilen. *Das ist der Segen des Ego.* Nichts erstaunt das Ego mehr, als wenn ein Freund, den man kennt, etwas Wunderbares und Weises von Weltklasse tut. »So toll kann er nicht sein, ich kenne ihn doch«, sagt Ihr Ego. Immer wenn Sie also jemanden grüßen, machen Sie sich klar, woher Sie kommen – vom Ego oder vom Geist.

Ihre Begrüßung ist sowohl eine Affirmation und eine Unterrichtsstunde in »Wer ich bin«. Was Sie sich selbst lehren, lehren Sie auch andere. Was sind Sie also heute? Sind Sie schuldig, unwürdig und ein Opfer oder sind Sie Ihr liebendes, freies, ganz und gar von Freude erfülltes unkonditioniertes Selbst? Woher kommen Sie? Die Entscheidung liegt bei Ihnen. Eine schöne Art, jeden Tag zu beginnen, ist, sich zu fragen:

Was soll heute meine Lehre sein?

Was auch immer Ihre Entscheidung ist, lassen Sie Ihre Begrüßung eine Demonstration Ihrer Lehre sein. Übrigens liegt die Macht Ihrer Begrüßung nicht unbedingt in den Worten, die Sie benutzen, sondern in dem Bewusstsein, mit dem Sie die Worte *sprechen*. Auf diese Art kann auch eine simple Begrüßung ein wunderbares Instrument der Lehre, Inspiration und Heilung werden. In der Tat ist ein einfaches »Hallo« oft genug, um ein Erleben von Angst in eines von Liebe zu verwandeln, ein Erleben von

Mangel in eines von Ganzheit und ein Erleben von Isolation in eines von Einheit.

Neue soziale Untersuchungen zeigen, dass 70 Prozent der Menschen nicht die Namen ihrer unmittelbaren Nachbarn kennen. Ganz richtig – 70 Prozent! Wir sitzen aufeinander und doch fühlen wir uns zunehmend isoliert.[2] Ich erinnere mich noch wie meine Familie, als ich noch ein Kind war und die Zeiten sehr hart, zusammen mit 80 anderen Familien in einem riesigen Wohnblock lebte. Wir saßen buchstäblich aufeinander. Ich erinnere mich insbesondere, wie wir die Schritte kennenlernten, die zu 14a, 14b und 14c gehörten, aber niemals die Gesichter und die Namen. Wir waren so nahe beisammen … und doch so getrennt voneinander.

Ich glaube, es ist an der Zeit, dass Sie und ich die Kunst des Grüßens wiederbeleben. Denken Sie daran, dass Sie in toller Gesellschaft sind, egal, wo Sie hingehen. Halten Sie Ausschau danach und Sie werden es sehen!

Seien Sie, was Sie wollen!

Sie werden niemals glücklich werden –
Sie können nur glücklich sein.

Es gibt eine alte Sufi-Geschichte über eine Konversation, die einmal zwischen Mulla Nasrudin und einem guten Freund von ihm geführt wurde:

»Ich heirate morgen, Mulla«, erklärte sein Freund und lächelte von einem Ohr zum anderen. Mulla Nasrudin war still und nachdenklich. »Ist die Ehe nicht wunderbar, Mulla? Sie ist wirklich so ziemlich das Allerbeste! Hast du je daran gedacht, zu heiraten, Mulla?«

Mulla Nasrudin seufzte. »In meiner Jugend habe ich an nichts anderes gedacht. Tatsächlich wollte ich so sehr die perfekte Frau finden, dass ich auf der Suche nach ihr die ganze Welt bereiste. In Damaskus traf ich eine Frau, die wunderschön, spirituell und liebevoll war, aber leider hatte sie kein weltliches Wissen. In Isphahan traf ich eine Frau, die wunderschön, liebevoll und weltlich war, aber leider hatte sie kein Interesse am spirituellen Leben.«

»Wohin bist du als Nächstes gereist, Mulla?«, fragte sein Freund.

»Ich habe es vergessen, aber ich traf eine Frau, die spirituell war, liebevoll und in weltlichen Dingen bewandert, aber leider war sie nicht schön. Schließlich ging ich nach Kairo und dort fand ich nach langem Suchen die perfekte Ehefrau. Sie war alles, was ich mir erträumt hatte. Sie war perfekt«, seufzte Mulla Nasrudin.

»Wenn sie so perfekt war, warum hast du sie dann nicht geheiratet, Mulla?«, fragte sein Freund.

»Ach«, sagte Mulla Nasrudin und schüttelte den Kopf, »sie war leider auf der Suche nach dem perfekten Ehemann!«

Oft verlangen wir von anderen, was wir selbst nicht zu sein bereit sind, ganz besonders dann, wenn wir zu viel Zeit damit verbringen, nach der richtigen Person zu *su-*

chen, statt die richtige Person zu *sein*. Die Geschichte von Mulla Nasrudin und seinem Freund erhellt sehr gut, wie man das *sein* muss, was man *will*. Tatsächlich ist eine der hilfreichsten und hoffnungsvollsten Lehren aus meiner Arbeit mit The Happiness Project:

Sie können das sein, was Sie sich wünschen!

Hat Ihnen jemand erzählt, als Sie aufgewachsen sind, dass Sie das sein können, was Sie sich wünschen? Hoffentlich gab es, wenn Sie Glück hatten, mindestens eine Person in Ihrem Leben, die Sie zum Träumen ermutigt hat, dazu, etwas zu wagen und zu sein. Die Worte *Sie können das sein, was Sie sich wünschen*, klingen so positiv, hoffnungsfroh und affirmativ. Sie sind auch ein wahrhaftiges Statement, denn sie illustrieren ein sehr wichtiges Prinzip des Daseins, das ich in einem Affirmations-Gedicht mit dem Titel »Du kannst sein, was du dir wünschst« skizziere. Es lautet folgendermaßen:

Wenn du dir Liebe wünschst, sei liebevoll.
Wenn du dir Zuwendung wünschst, sei fürsorglich.
Du kannst sein, was du dir wünschst.

Wenn du dir Freude wünschst, sei freudvoll.
Wenn du dir Frieden wünschst, sei friedlich.
Du kannst sein, was du dir wünschst.

Wenn du dir Glück wünschst, sei glücklich.
Wenn du dir Güte wünschst, sei glücklich.
Du kannst sein, was du dir wünschst.

Wenn du dir Vergebung wünschst, vergebe.
Wenn du dir Annahme wünschst, nimm die
Menschen an.
Du kannst sein, was du dir wünschst.

Das Sein ist proaktiv. Es ist buchstäblich das, was Sie sich wünschen. Es geht allerdings auch darum, den ersten Schritt zu machen. Wenn Sie also beispielsweise Ehrlichkeit wollen, seien Sie zuerst ehrlich; wenn Sie Loyalität wollen, seien Sie zuerst loyal; wenn Sie Vertrauen wollen, vertrauen Sie zuerst; wenn Sie Enthusiasmus wollen, seien Sie als Erster enthusiastisch; wenn Sie Mut wollen, seien Sie zuerst mutig; wenn Sie Inspiration wollen, seien Sie als Erster ein Licht! Seien Sie, was Sie sich wünschen und halten Sie sich daran! Ihr Mut wird belohnt werden.[3]

Wenn Sie nicht *sind*, dann warten Sie entweder oder Sie suchen. Ich habe in meiner Arbeit in The Happiness Project schon oft gesagt, dass …

**ein Riesenunterschied zwischen der Suche
nach dem Glück
und der Entscheidung für das Glück besteht.**

Zwischen Suchen und Entscheiden liegen Welten. Nach dem Glück zu suchen, gebiert Erfahrungen der Angst, des Mangels und der Schuld. Sie suchen nur nach dem, von dem Sie fürchten, dass Sie es nicht haben oder nach dem, von dem Sie nicht zu akzeptieren bereit sind, dass Sie es bereits haben. Suche ist Selbstverleugnung. Mit Selbstannahme ist die Suche vorüber. Jetzt können Sie *sich entscheiden, das zu sein, was Sie sich wünschen.* Jetzt entdecken Sie die *Macht des Seins.*

Im Leben gibt es im weitesten Sinne drei Routen, bei denen der Wegweiser »Glück« steht, aber nur eine dieser Routen führt wirklich ganz zum Ziel. Diese drei Routen sind: (1) die Route des Tuns, (2) die Route des Habens und (3) die Route des Seins.

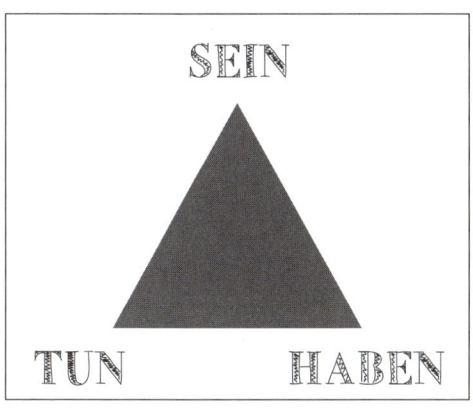

Die »Route des Tuns« basiert auf der großen Hoffnung, dass genug Leistung, Produktion und gute Taten Sie glücklich machen werden. Das Schlüsselwort ist *Leistung.* Die »Route des Habens« basiert auf der großen Hoffnung, dass das, was Sie kaufen, sammeln und besitzen, Sie glücklich machen wird. Das Schlüsselwort ist *Anhäufung.* Tatsächlich kann keine dieser beiden Routen Sie glücklich machen, aber beide können Sie *ermutigen,* glücklich zu sein. Das Geheimnis ist, dass Sie nicht »glücklich tun« und nicht »glücklich haben« können, wohl aber »glücklich sein« können!

Sein ist der Schlüssel zu dauerhaftem Glück. Die »Route des Seins« dreht sich ganz und gar um den Mut, das zu sein, was Sie sich wünschen. Das Schlüsselwort dabei ist *Annahme.* Der Inspirationspsychologe Carl Rogers hat den Großteil seines Lebens einer Studie über *Annahme* und *Sein* gewidmet. Er begriff, dass die Macht des »Seins« real ist – viel realer als jede mögliche Menge von »Tun« oder »Haben«. Er schrieb einmal:

Das Individuum bewegt sich auf das »Sein« zu, wissend und voller Akzeptanz, denn das ist der Prozess, der es im Inneren wirklich ist. Es bewegt sich weg von dem, was es nicht ist, bewegt sich weg von seinem fassadenhaften Dasein. Es versucht nicht mehr, mehr zu sein, als es ist, mit den Gefühlen der Schuld und Selbstherabsetzung als Begleitern. Es hört zunehmend auf die tiefsten Winkel seines physiologischen und emotionalen Seins und stellt fest, dass es zunehmend seinswillig ist, mit größerer Genauigkeit und Tiefe, das Selbst, das es am wahrhaftesten ist.[4]

Ihr Ego, das aus Mangel geboren wurde, hat eine »Tu oder stirb«-Mentalität. Es will Sie ermutigen, erst zu »tun«, um dann zu »haben« und so zu »sein«. Beispielsweise: *Mach* einen guten Job, *hab* ein großes Einkommen, um glücklich zu *sein.* Ihr unkonditioniertes Selbst will, dass Sie zuerst *sind,* denn dann können Sie auch *tun,* was Sie wollen und *haben,* was Sie wollen. Seien Sie zuerst!

Es war der große russische Romancier Leo Tolstoi,

der schrieb: »Wenn du glücklich sein willst, sei.«[5] Zu sein heißt, seine ursprüngliche Ganzheit anzunehmen und aus ihr zu leben. Zu sein ist Weisheit.

Geben Sie, was Sie wollen!

Geben ist Gewinn, nicht Verlust.
Geben Sie großzügig!

Einer der Heilungsprozesse, die ich am liebsten während meiner Workshops benutze, heißt »komplimentärmedizinische Therapie«. Dieser Prozess erkennt das enorme Heilungspotenzial gütiger, liebevoller und ermutigender Komplimente an.

Die »komplimentärmedizinische Therapie« hat drei Phasen. Vielleicht wollen Sie jede Phase für sich ausprobieren. Die erste Phase besteht darin, fünf Komplimente aufzuschreiben, die Sie wahrscheinlich von anderen Leuten bekommen würden. Diese Komplimente heben vielleicht eine bestimmte Qualität hervor, ein Talent, eine Fähigkeit oder einen Wert, der Ihnen teuer ist. Sobald die Teilnehmer dies aufgeschrieben haben, bitte ich sie, sich die Komplimente selbst laut vorzulesen. Warum? Weil …

das, was Sie von anderen hören wollen,
das ist, was Sie momentan nicht zu sich selbst sagen.

Andere Leute können Ihnen abertausende Komplimente machen, aber Sie werden nur das wirklich von anderen hören (d. h. empfangen), was Sie sich selbst zu geben willens sind. Es kann Ihnen also helfen, von anderen zu empfangen, wenn Sie sich selbst etwas geben. Halten Sie sich die Liste mit den Komplimenten griffbereit. Lesen Sie sie nicht nur einmal, sondern dreimal täglich vor, sieben Tage lang.

Das zweite Stadium der »komplimentärmedizinischen Therapie« ist, an jemanden in Ihrem Leben zu denken, bei dem ein ehrliches Kompliment Ihrerseits überfällig ist. Der Name oder das Gesicht dieser Person wird sich fast sofort einstellen. Denken Sie jetzt sorgfältig darüber nach, wofür Sie dieser Person gern ein Kompliment machen würden. Warum das Ganze? Erstens, weil Lieben Ihr Lebenszweck ist; zweitens, es macht großen Spaß; und drittens …

**stärken Sie das in sich selbst,
was Sie einer anderen Person als
Kompliment aussprechen.**

Komplimente sind Bestärkungen. Wie heilige Begrüßungen segnen sie sowohl den Spender als auch den Empfänger. Es ist eine gute Methode, alle möglichen freudvollen Eigenschaften in sich zu stärken, indem man sie zuerst in anderen erspäht. Was Sie in anderen sehen, dem geben Sie Leben in sich selbst. Die Buddhisten bezeichnen diese Praxis als »mitfühlende Freude«. Das Ego, geboren aus Mangel, kann es sich nicht leisten, großzügig zu sein, doch *Sie* können es. Erinnern Sie sich: Geben ist Gewinn, nicht Verlust.

Das dritte Stadium besteht darin, an eine Person zu denken, von der Sie glauben, dass ein liebevolles Kompliment von ihr überfällig ist. Auch hier werden Name oder Gesicht der Person sich mehr oder minder sofort einstellen. Denken Sie einen Moment nach ... was würden sie am liebsten von dieser Person hören? Als Nächstes nehmen Sie Kontakt mit dieser Person auf und machen Sie ihr das Kompliment, das Sie am liebsten bekommen würden. *Geben* Sie, was *Sie* sich wünschen. Warum? Weil ...

oft das, was wir nicht bekommen,
das ist, was wir anderen vorenthalten.

Andere Leute sind *Sie*. Sie sind Ihre Spiegel. Und ganz so, wie es völlig unvernünftig wäre, vor einem Spiegel zu stehen und etwas zu sehen zu verlangen, was Sie nicht präsentieren, ist es ebenso unvernünftig, von jemandem etwas zu erwarten, was Sie nicht zu geben bereit sind. Viele Leute haben während dieses dritten Stadiums große Durchbrüche in ihren Beziehungen erlebt (sowohl mit lebenden wie mit toten Personen).

Lieben ist leicht, wenn wir wahrnehmen, dass wir geliebt werden. Es kann jedoch sehr verführerisch sein, unsere Liebe zu entziehen, wenn wir uns irgendwie schlecht behandelt, angegriffen oder enttäuscht fühlen. Ganz ähnlich kann es – selbst wenn wir liebevoll sein wollen – schwierig sein, wenn jemand, den wir kennen, unehrlich, illoyal oder kleinlich ist, nicht auf dasselbe Spiel einzusteigen. Wir protestieren, kontern Angriff mit Angriff. Und doch ...

entziehen wir uns selbst die Erfahrung der Liebe,
sobald wir einem anderen die Liebe entziehen.

Der Augenblick, indem Sie Ihre Liebe entziehen, ist der, in dem *Sie* zu leiden beginnen. Sie sind in Wahrheit die Anwesenheit der Liebe und es ist unmöglich für Sie, authentisch, frei und nicht liebevoll zu sein. Sie müssen sich die Konsequenzen dieses Entzugs klar vor Augen führen. Wenn Sie beispielsweise Liebe entziehen, kann Angst Wurzeln schlagen; wenn Sie Güte entziehen, erkaltet die Liebe; entziehen Sie Vergebung und Verbitterung wird Sie ersticken; entziehen Sie Annahme, dann wird der Frieden Sie fliehen; entziehen Sie Vertrauen und unvermeidlich wird Verrat die Folge sein; entziehen Sie sich selbst ... und Sie werden allein bleiben.

Um es anders zu formulieren:

Entzieh deinem Bruder die Liebe und du beraubst dich selbst des Gefühls der Gegenwart der Liebe.
Enthaltet einander eure Güte vor und ihr werdet nicht länger die süßeste Essenz der Güte erleben.
Enthalte jemandem deine Annahme vor und dein Richten wird mit dir durchgehen und dir allen Frieden rauben.
Enthalte jemandem deine Vergebung vor und du wirst an der Verbitterung sterben, die du dich loszulassen weigerst.
Enthalte mir dein Lächeln vor und du wirst meine Tränen auf deinem eigenen Gesicht fühlen.
Enthalte mir deinen sanften Blick vor und du wirst deine eigene Anmut übersehen.

Nur Ihr Ego kann angegriffen werden. In der Tat muss es sogar angegriffen werden, denn es ist selbst stets in der

Offensive. Das Ego ist stets rührig, denn es muss stets Dinge ausgleichen, die es als mangelhaft empfindet. Das Ego kann nicht großzügig geben, denn es glaubt, *dass Geben gleich Verlust ist.* Es gibt jedoch einen Ort in Ihnen, der ganz, sicher und jenseits aller Bedrohung ist. Das ist Ihr unkonditioniertes Selbst.

Ihr unkonditioniertes Selbst begreift, dass Geben eine Multiplikation ist, keine Subtraktion. Was Sie geben, wird vervielfacht. Es denkt auch nicht in Begriffen von »geben und empfangen«, sondern vielmehr »geben ist empfangen«. Aus Ihrer Ganzheit zu geben ist der Schlüssel zum Überfluss. Wenn Sie bedingungslos geben, sind die einzigen Kosten die des Empfangens. Schauen Sie sich also heute um und geben Sie, was Sie wollen.

Heute ist dein Geschenk an die Welt.
Gib das, was zu fehlen scheint.
Gib, was du nicht zu bekommen scheinst.
Gib, was du zu suchen glaubtest.
Gib, worauf du zu warten glaubst.
Gib großzügig, ohne Gedanken an Verlust
*   und Opfer.*
Gib offenherzig, sodass du das empfängst,
*   was du dir wünschst.*
Gib freimütig, sodass du findest, was dein Ziel ist.
Gib mit vollen Händen, sodass dein Warten ein
*   Ende findet.*
Vor allem gib, was du dir wünschst.

Denken Sie an das Wichtigste!

Bei echten Zielen geht es nicht um die Zukunft,
es geht um das Leben genau hier und jetzt.

»Ich weiß, wer Sie sind! Sie sind der Glücks-Doktor«, sagte der Taxifahrer.

Ich lächelte höflich. »Ich bin über die Jahre schon als vieles bezeichnet worden, aber das ist eine der besseren Formulierungen. Danke Ihnen.« Ich war auf dem Weg in ein Fernsehstudio und Simon, der Taxifahrer, hatte mich vom Bahnhof abgeholt. Die Konversation, die wir führen sollten, sollte sich als höchst erhellend herausstellen.

»Komm, setz dich nach vorn zu mir, Kumpel«, sagte Simon mit seinem starken Cockney-Akzent. Ich hatte kaum den Sicherheitsgurt umgelegt, als Simon sagte: »Ich habe das Geheimnis des Glücks gefunden, weißt du.«

»Wirklich?«, sagte ich und versuchte, nicht allzu überrascht zu klingen.

»Ja, ich kenne das Geheimnis«, sagte er.

Nennen Sie mich einen Hellseher, aber irgendwie wußte ich, dass ich Simon nicht um sein Geheimnis würde fragen müssen!

»Ich verrat' dir mein Geheimnis, wenn du willst«, sagte Simon.

»Ja, bitte«, nickte ich.

Simon machte einen Moment Pause und sagte dann: »Dreifache Bypass-Operation!«

»Was?«, fragte ich.

»Das Geheimnis des Glücks ist eine dreifache Bypass-Operation!«

»Das ist mir neu, Simon«, sagte ich.

»Ich sag dir, meine Leben war vor meiner dreifachen Bypass-Operation ein einziges Chaos, Kumpel. Ob du's glaubst oder nicht, mir gehörte dieses Auto, 15 andere, zwei Rolls Royce-Motoren und noch so einiges andere vor meiner Herzattacke. Da lag ich also auf dem Operationstisch, rief meinen Geschäftspartner an und verkaufte ihm den ganzen Mist. Ich sagte ›ich bin froh, das loszusein.‹ Jetzt besitze ich nichts. Aber dank meiner dreifachen Bypass-Operation bin ich ein glücklicher Mann.«

»Seit meiner dreifachen Bypass-Operation«, fuhr Simon fort, »sehe ich mehr blauen Himmel, mehr Sonnenschein, mehr Schönheit, mehr grüne Felder, mehr Freunde, mehr West Ham … mehr von allem.«

Jetzt war ich wirklich aufgeregt. »Bist du West Ham Fan?«, fragte ich.

»Meine ganzes Leben schon«, sagte er.

»Ich auch«, sagte ich. Jetzt waren wir wirklich Freunde!

»Wie auch immer«, fuhr Simon fort, »ich sehe jetzt alles anders.«

Genau als er das sagte, hupte uns ein Fahrer von hinten mit einem langgezogenen Signal an. Ohne aus dem Tritt zu geraten, sagte Simon: »Schau dir mal den Typen hinter uns an. Vor der dreifachen Bypass-Operation hätte ich gedacht, der Kerl will mich anmachen, aber jetzt ist mir klar, dass er hupt, um meinen wunderbaren Fahrkünsten in den verkehrsreichen Londoner Straßen zu applaudieren!« Ich zog den Gurt fester.

Simon fuhr fort: »Das kannst du in dein nächstes Buch schreiben, wenn du willst, aber vor der dreifachen Bypass-Operation war alles, woran ich dachte, die Zukunft. Ich arbeitete so hart, dass ich mich verirrte. Ich war 18 Stunden täglich von zu Hause weg. Ich habe meine Frau regelmäßig daran erinnert, wer ich bin. Ich habe zwei wunderschöne Töchter, die mittlerweile erwachsen sind und beide haben zwei Kinder. Ich bin Großvater! Aber ich habe meinen eigenen Kindern nie beim Aufwachsen zugeschaut. Ich war zu beschäftigt. Ich habe mich verirrt. Ich habe mich wirklich verirrt.«

»Was ist also das wahre Geheimnis des Glücks?«, fragte ich.

»Nur eines«, sagte Simon. »Wach jeden Tag auf und frag dich: ›Was ist wichtig?‹ Vergiss niemals, was wichtig ist. Mein einziges Ziel jeden Tag ist es zu wissen was wichtig ist, und mich dann darum zu kümmern. Das Leben ist zu kurz für alles andere.«

Simon hielt einen Moment inne und ich packte die Gelegenheit beim Schopf. »Und was ist wichtig, Simon?«

Simon lächelte. Dann wurde er ganz still und ziemlich schüchtern. Er lehnte sich zu mir hinüber und sagte mit einer weicheren, gedämpfteren Stimme: »Halt mich nicht für komisch, wenn ich das jetzt sage, okay?«

»Nein«, sagte ich.

»Nun, die Liebe, nicht wahr? Die Liebe ist wichtig.«

Für mich können Gespräche kaum besser sein als die, die ich mit Simon geführt habe. Ich habe größtenteils zugehört und habe es gern getan. Simon war ein weiser Mann. Er erinnerte mich daran, dass …

**der Schlüssel zum Glück darin besteht,
sich an das zu erinnern, was einem wichtig ist.**

Während meiner Zeit in der Stress Busters Klinik, fiel mir auf, dass die Leute krank und unglücklich werden, weil (1) sie vergessen, was wichtig ist oder sie (2) wissen, was wichtig ist, sie aber ihre Zeit, Energie und Aufmerksamkeit auf anderes lenken. Wir planen, uns um die wichtigen Dinge in unserem Leben zu kümmern, aber oft drängen sich die kleinen Details nach vorne und überdecken das Gesamtbild. Wir sind beschäftigt, gedankenverloren, überfordert, vergesslich. Wie ein Reisender ohne Sterne oder Kompass verirren wir uns schließlich.

The Happiness Project konzentriert sich zu großen Teilen darauf, die Ziele neu zu stecken. Der Unterschied ist, dass wir uns auf das konzentrieren, was ich Ziele in der Gegenwart nenne. Die meisten Ziele drehen sich nur um das Morgen, Ihre Zukunft und um ein Leben, von dem Sie hoffen, dass es eines Tages toll sein wird. Es geht um das Hier und Jetzt. Bei Ihren stärksten Zielen geht es also nicht um Ihr zukünftiges Glück; es geht darum, *jetzt* glücklich zu sein!

**Bei Glücklichsein *jetzt* geht es
um *Ziele in der Gegenwart.***

Es war der Schweizer Psychologe Carl Jung, der geschrieben hat: »Die meisten Leute, die ich sehe, leiden nicht an physischen Krankheiten, sondern an spiritueller Ziellosigkeit. Sie haben Ihr Ziel verloren. Sie haben aus dem Blick verloren, wer sie wirklich sind und was wirklich wertvoll ist.«[6] Ein Schlüssel zum Glück ist also, nicht zu warten, bis man eine dreifach Bypass-Operation braucht, bevor man sich an das erinnert, was wichtig ist. Machen Sie Freude zu Ihrer Lernkurve, nicht nur Schmerz.

Bei Glück und Heilung geht es darum, sich zu erinnern, was wichtig ist – und den Rest aufzugeben. Vielleicht möchten Sie eine simple Übung machen, die ich benutze. Schreiben Sie zunächst zehn Dinge auf, die Sie lieben. Manche Leute haben sich so sehr verirrt, dass ihnen keine zehn mehr einfallen. Schreiben Sie jetzt neben jedes dieser zehn Dinge das Datum, wann Sie es zuletzt getan haben. Schreiben Sie danach die Namen der zehn wichtigsten Menschen in Ihrem Leben auf und schreiben Sie neben jeden Namen ein Datum, wann Sie zuletzt wirklich Zeit mit dieser Person verbracht haben. Schauen Sie genau hin und sehen Sie, ob Sie sich *jetzt* um das kümmern, was wirklich wichtig und wertvoll für Sie ist!

Heute findet Ihr ganzes Leben statt und Ihr einziges wirkliches Ziel ist es, heute gut zu leben. Erinnern Sie sich also dessen, was wirklich wichtig ist. Die Formel für die Ziele in der Gegenwart lautet folgendermaßen:

Wenn Gesundheit Ihnen wichtig ist, fragen Sie sich:
Wie kann ich heute wirklich gesund sein?
Wenn Ihnen Balance wichtig ist, fragen Sie sich:
Was sind heute meine wirklichen Prioritäten?
Wenn Ihnen die Liebe wichtig ist, fragen Sie sich:
Wie werde ich heute meine Liebe zeigen?
Wenn es Ihnen wichtig ist, zu dienen, fragen Sie sich:
Wozu kann ich heute meinen Beitrag leisten?
Wenn Ihnen die Wahrheit wichtig ist, fragen Sie sich:
Wie kann ich heute Raum für Weisheit schaffen?
Wenn Ihnen Erfolg wichtig ist, fragen Sie sich:
Wie sieht heute für mich Erfolg aus?
Wenn Ihnen Frieden wichtig ist, fragen Sie sich:
Welchen Kampf kann ich heute loslassen?
Wenn Ihnen das Leben wichtig ist, fragen Sie sich:
Wie kann ich heute gut leben?

Seien Sie weise

Vor ein paar Jahren hielt ich die Eröffnungsrede bei der Annual Mental Health Conference in Wales. Bei dieser Konferenz sprach ich über »Heilung, Zuhören und Weisheit«. Mir ging es darum, dass die Erfahrung, dass einem eine andere Person mit ganzer Aufmerksamkeit zuhört, eines der größten Geschenke des Lebens sein kann. Ich sagte, dass Zuhören darin der Liebe gleicht, dass es uns verbindet, und wenn man wirklich zuhört, das Getrenntsein endet und die Weisheit beginnt.

Als ich genauer über die Bedeutsamkeit der Stille im täglichen Leben zu sprechen begann, fiel mir auf, wie still der Raum war. Jeder war still – zutiefst, zutiefst still. *Warum sind sie so still?*, fragte ich mich. *Was hat es mit dieser Stille auf sich? Sie sind nicht beeindruckt*, fürchtete ich. Weitere angsterfüllte Gedanken stellten sich ein – *Wechsle das Thema! Das hat keinen Wert! Mach einen Witz. Du wirst sterben. Lauf weg. Verlasse Wales auf der Stelle!* – und so weiter.

Aus irgendeinem Grund entschied ich mich, darauf zu vertrauen, dass alles ok war. Ein Teil meines Geistes vertraute; der andere Teil hatte Panik. Niemals war ich einem so stillen Publikum begegnet. An einem Punkt fühlte ich mich versucht, im Publikum herumzugehen und nach dem Puls bei den Leuten zu suchen! Ich beherrschte mich. Irgendwie konnte ich erkennen, dass ich meiner eigenen Angst und Unsicherheit in Sachen Stille, Zuhören und Weisheit Auge in Auge gegenüberstand.

Ich entschied mich, den Weg zu Ende zu gehen. Später, als ich die Aufzeichnung der Konferenz abspielte, hörte ich mir den Abschluss meiner Rede über »Heilung, Zuhören und Weisheit« an, der mit folgenden Worten endete:

Unsere größte Angst ist, dass wenn wir innehalten und auf unser Selbst hören würden, da nichts als Stille wäre. Fürchten Sie sich nicht – denn in Ihnen ist Stille – eine ewige Stille, die sowohl leer als auch erfüllt ist. Sie ist leer von Furcht, Kritik und den Urteilen, die Sie gequält haben; und sie ist voll der Liebe, die Sie retten kann. Vertrauen Sie dieser

Stille! Diese Stille ist nicht kalt, sondern warm. Hören Sie, wie diese Stille zu Ihnen spricht, wie Sie von Ihrem Selbst spricht, das immer völlig frei, ganz und gar wertvoll und ganz und gar gesund sein wird. Fürchten Sie die Stille nicht – denn sie ist weise und bringt großen Frieden.

Dann sagte ich »Danke fürs Zuhören« und setzt mich hin, wobei ich mich sehr unsicher fühlte. Eine Person begann zu klatschen und dann stand zu meiner Überraschung das ganze Publikum auf und spendete mir eine großzügige Ovation. Ich stand zweimal auf, um den Applaus zu akzeptieren, und es ging immer noch weiter. Wenn ich heute zurückschaue, kommt es mir fast so vor, als wäre der Applaus eine Belohnung für mich gewesen, und zwar dafür, dass ich meine Wahrheit gesprochen hatte, obwohl ich mich davor fürchtete. Der Applaus nahm sich auch wie eine kollektive Affirmation der erneuerten Intention aus, auf unsere innere Führung zu hören, öfter dem eigenen Herzen zu folgen und für das einzustehen, was am wichtigsten ist.

Direkt nach meiner Rede kam ein Mann mit einem Newsletter über geistige Gesundheit zu mir, der das folgende Gedicht mit dem Titel »Zuhören« enthielt. Es war von einem Klienten aus einer örtlichen Einrichtung für psychische Gesundheit verfasst worden. Sein Name ist Mike und sein Gedicht lautet folgendermaßen:

When God gave out brains
I thought He said trains
– so I missed mine.

When God gave out looks
I thought He said books
– so I didn't want any.

When God gave out noses
I thought He said roses
– so I ordered a big red one.

When God gave out chins
I thought He said gins
– so I ordered a large double one.

When God gave out legs
I thought He said kegs
– so I asked for large fat ones.

When God gave out heads
I thought He said beds
– so I asked for a big soft one.

Gosh, am I in a mess!

Als Gott die Gehirne vergab / verstand ich Züge /
– also verpasste ich meins.
Als Gott gutes Aussehen vergab / dachte ich,
er hätte Bücher gesagt / – also wollte ich keins.
Als Gott die Nasen vergab / dachte ich, er hätte
Rosen gesagt / – also verlangte ich eine große, rote.
Als Gott das Kinn vergab / dachte ich, er hätte Gin
gesagt / – also verlangte ich einen großen doppelten.
Als Gott die Beine vergab, / verstand ich Bierfässer /
– also verlangte ich große, dicke.
Als Gott die Köpfe vergab, / dachte ich, er hätte

Betten gesagt / – also verlangte ich ein großes weißes.
Gott, was für ein Schlamassel!)

Das Leben ist ein Akt des Zuhörens. Die Qualität Ihres
Lebens ist abhängig von der Qualität Ihres Zuhörens.[7] In
jedem Augenblick hören Sie entweder auf die Stimme
der Angst (Ihr Ego) oder die Stimme der Liebe (Ihr unkonditioniertes Selbst). Angst führt immer nur zu mehr
Angst. Liebe führt immer zu mehr Liebe. Wenn man es
lernt, die Stimme der Angst abzustellen, ist das eine
Kunst. Was nicht hilfreich ist, ist jedoch, der Angst Widerstand zu leisten, Sie anzugreifen oder sich gegen sie zu
verteidigen. Eine Antwort ist einfach nur, sich auf die
Liebe zu fokussieren und die Liebe höher zu schätzen als
die Furcht. Je mehr Sie die Liebe schätzen, desto weniger
werden Sie auf die Angst hören.

Einer der Gründe, warum wir uns danach sehnen,
dass andere uns zuhören, ist, dass wir uns nicht immer
selbst zuhören. Wir haben aufgehört, auf uns selbst zu
hören, weil wir gelernt haben zu glauben, dass in uns
nichts ist, auf das zu hören sich lohnen würde. Ganz so,
wie wir uns zu glauben weigern, dass Glück, Liebe und
Frieden in uns sind, so weigern wir uns auch zu glauben,
dass in uns irgendwelche Weisheit wäre. Oft frage ich in
meinen Workshops: »Wo ist die Weisheit?« Mein Publikum weiß schon, dass es antworten soll: »Die Weisheit
ist innen.« Aber wenn ich die Leute dann auffordere,
aufzustehen und zu verkünden: »Ich bin ein weiser
Mensch«, machen das ganz wenige. Meistens bekommt
der, der sich traut, aufzustehen, eine Runde Applaus für
seinen Mut und sein Vorbild.

So wie die durstigen Fische im Wasser, sind auch Sie umgeben von Weisheit, Sie schwimmen in ihr und sind mit ihr geschaffen. Weisheit ist jedoch Blasphemie für Ihr Ego. Und so auch Liebe, Frieden und Glück. Um weise zu sein, müssen Sie also erst Ihre Einstellung zu sich selbst ändern. Mit anderen Worten:

**Um Weisheit und Führung anzunehmen,
müssen Sie erst
Ihren Glauben an die Schuld aufgeben.**

Sie sind nicht schuldig. Sie müssen willens sein, das aufzugeben, was Sie über sich selbst gelernt haben. Als Nächstes müssen Sie auch willens sein, Ihre angsterfüllten, beschränkenden Glaubenssätze zu Weisheit und Führung aufzugeben. Beispielsweise ist Weisheit nichts Besonderes; sie ist etwas ganz natürliches. Ganz ähnlich ist es mit Führung: Sie ist nicht selten, sondern allgegenwärtig. Sowohl Weisheit als auch Führung verdient man nie; man nimmt sie einfach an. Wenn Sie es irgendwie akzeptieren können, dass Ihr Selbst vollständig ist, wertvoll und gut, dann werden Sie es leicht finden, Weisheit für sich selbst anzunehmen. Selbst ein klein wenig Bereitwilligkeit kann ungeheure Mengen von Weisheit freisetzen.

Weisheit ist bedingungslos. Weisheit ist beständig. Sie sind niemals nicht weise. Weisheit ist überall. Und alles, was jemals wirklich abläuft, ist, dass Sie *entweder auf Ihre Weisheit hören oder sie ignorieren.* Weisheit ist umsonst. Sie bedarf keiner besonderen Techniken, keiner besonderen Studien und keines besonderen »guten Benehmens«. Weisheit bedarf keinerlei Anstrengungen, keines Opfers und keines Leidens. Jene, die an Weisheit glauben, finden Weisheit, denn …

**Weisheit ist denen zugänglich,
die sich für die Weisheit zugänglich machen.**

Wie oft haben Sie sich selbst verraten, weil Sie sich geweigert haben, auf Ihre eigene, angeborene Weisheit zu hören, auf Ihre innere Führung? Oft haben Sie aus der Rückschau gesehen, dass Sie die Antwort auf die Herausforderungen, denen Sie sich gegenübersahen, schon wussten. Es fehlte nicht an Weisheit. Alles, woran es gebrach, war der Glaube, dass Sie weise sein könnten, dass Sie frei und glücklich sein können.

Wenn Sie sich Zeit nehmen, auf die Weisheit Ihres unkonditionierten Selbst zu hören, beginnen Sie, eine vertraute Melodie zu hören. *Ein Kurs in Wundern* spricht von dieser Melodie in einem inspirierten Gedicht mit dem Titel »Der vergessene Gesang«. Hier ein paar Zeilen daraus:

*Horch! – vielleicht erahnst du den Hauch eines
Urzustands, den du nicht ganz vergessen,
undeutlich vielleicht und doch nicht gänzlich
unbekannt, wie ein Gesang, dessen Name dir
längst entfallen ist und ebenso die Umstände,
in denen du ihn annahmst.*

*Horch! – nicht der vollständige Gesang
ist dir geblieben, nein, nur der kleinste Fetzen*

einer Melodie, weder mit einem Menschen noch
einem Ort oder irgendetwas verbunden und
dieser kleine Fetzen nur erinnert dich daran, wie
schön er war, dieser Gesang, wie wunderbar die
Umgebung, wo du ihn hörtest und wie sehr
du die liebtest, die da waren und ihn mit dir
hörten – horch …!

Glauben Sie es und wissen Sie! Das ist der Schlüssel zur Weisheit. Wenn Sie zuhören und Schwierigkeiten haben, eine Antwort zu finden, ist es, weil Sie das Szenario ausspielen, dass Weisheit schwierig ist. Wenn Sie zuhören und keine Antwort hören, ist es, weil Sie den Glauben ausspielen, dass Sie über keinerlei Weisheit verfügen. Wenn Sie zuhören und sich fürchten, der Antwort zu folgen, liegt das daran, dass Sie den Glauben ausspielen, dass Ihre Weisheit nicht korrekt sein könnte. Geben Sie Ihre Schuld auf, nehmen Sie Ihre Projektionen zurück und lassen Sie die Weisheit wieder zum Naturzustand für Sie werden.

Die Leuten fragen mich immer wieder: »Woher soll ich wissen, ob meine Führung richtig ist?«

Weil das Ego so fest daran glaubt, dass Sie unwürdig sind, ist es besessen von der Frage »was ist richtig?« und »was ist falsch?«. Heute lasse ich »richtig« und »falsch« beiseite und bete stattdessen: »Was ist das Liebevollste, was ich hier tun kann?« Oder: »Wie kann ich genau jetzt die Gegenwart der Liebe sein?« Wenn ich in Schwierigkeiten bin, rufe ich immer die Liebe an, denn Liebe ist Weisheit.

Schreiten Sie heute in Liebe einher.

Springen!

Es war einmal ein Mann, der am Rand einer Klippe spazierenging. Er kam vom Weg ab, verlor den Halt und fiel von der Klippe. Als er auf das tiefe, blaue Meer zustürzte, bekam er einen dornigen Zweig zu fassen.

Als er da hing und sich nicht traute loszulassen, begann der Mann zu beten: »Hört mich jemand?«

»Ja«, kam die Antwort.

»Wer ist da?«, fragte der Mann.

»Gott.«

»Hilf mir, Gott«, betete der Mann.

»Lass los und spring«, sagte Gott.

Der Mann dachte einen Moment darüber nach, dann betete er: »Ist da noch jemand?«

Der Mann in der Geschichte will beides: Er will sich an den Schmerz klammern *und* frei sein! Beides geht aber nicht.

Allzu oft weigern wir uns, unsere Ängste loszulassen, bis wir die Liebe sehen können, aber wir können die Liebe nicht sehen, bis wir nicht zuerst willens sind, unsere Ängste loszulassen. Ganz ähnlich werden wir nicht unsere Verteidigungsstellungen aufgeben, bis wir in Sicherheit sind; aber wir können nicht in Sicherheit sein, wenn wir nicht erst unsere Verteidigungsposition aufgeben. Wieder klammern wir uns an unsere schmerzvolle Vergangenheit, bis wir uns einer strahlenden Zukunft sicher sind, aber es kann keine strahlende Zukunft geben, wenn wir nicht unsere Vergangenheit loslassen. Wir sind so widerspenstig, wenn es darum geht, unser Leiden loszulassen, bevor wir wieder glücklich sind, aber das Glück kann nicht eintreten, bis wir nicht unser Leiden loslassen.

Erst, wenn Sie bereit sind, Ihre Illusionen loszulassen, kann sich die Wahrheit entfalten; erst, wenn Sie bereit sind, Ihren Schmerz loszulassen, kann die Freude Fuß fassen. Erst, wenn Sie bereit sind, Ihren Kummer loszulassen, kann der Frieden herrschen; erst wenn Sie willens sind, Ihre Beschränkungen loszulassen, werden Sie wieder frei sein. Heilung ist ein einziges großes Loslassen.

Glück ist ein großes Loslassen!

Ego oder Loslassen, lautet die Devise. Für das Ego nehmen sich Liebe, Wahrhaftigkeit und Glück wie ein ungeheures Risiko aus, aber das liegt daran, dass es nicht klar sehen kann. Denken Sie daran, Sie können Ihre Heilung nicht kontrollieren und Sie können nicht die Kontrolle behalten und glücklich sein. Sie müssen Kontrolle und Angst loslassen. Loslassen fühlt sich wie ein Risiko an, aber in Wahrheit, ist das Einzige, was zu verlieren Sie riskieren, Ihr Ego.

Liebe ist kein Risiko, jedenfalls nicht, wenn Sie bereit sind, die Schuld aufzugeben. Frieden ist kein Wagnis, wenn Sie willens sind, alle Gedanken an Konflikt aufzugeben. Glück ist nicht unbeständig, wenn Sie auf festem Boden stehen. Vertrauen ist nicht gefährlich, wenn Sie es bedingungslos schenken. Freiheit wird nie gebrochen, wenn Sie sie aus ganzem Herzen annehmen.

Es läuft alles darauf hinaus, worin Sie Ihr Vertrauen setzen. Ihr unkonditioniertes Selbst ist unvernünftig froh, weil es bedingungslos vertraut. *Vertrauen ist pro-*

aktiv. Egal, worauf Sie völlig vertrauen – und das heißt sowohl bewusst wie unbewusst – es muss genau dies eintreten. Wenn Sie also völlig auf die Freude vertrauen, muss die Freude eintreten; wenn Sie voll auf die Liebe vertrauen, muss sie eintreten; wenn Sie voll auf den Frieden vertrauen, muss er eintreten.

Wahre Freude ist Vertrauen. Es ist das Vertrauen, dass Sie im Geist bereits frei und glücklich sind. Es ist ein Vertrauen, dass Sie im Herzen völlig unschuldig und liebevoll sind. Es ist das Vertrauen, dass Sie in Wahrheit völlig in Sicherheit und gesund sind. Es ist auch das Vertrauen, dass Sie immer mit Stärke, Inspiration und Macht gesegnet sind, die größer sind als jede Herausforderung, der Sie sich gegenübersehen können.

Ich erinnere mich noch, wie ich mich eines Nachmittags an einen überlaufenen Strand in Griechenland hinsetzte. Ich war wütend und leckte meine Wundern. Vor ein paar Stunden hatte ich gerade einen fast tödlichen Autounfall überlebt – ein Lastwagenfahrer mit einem großen Laster hatte mich von der Straße abgedrängt. Ich hatte Glück, noch am Leben zu sein. Ich setzte mich hin, um zu beten, und der folgende Dialog entspann sich:

»Was ist Weisheit?«, fragte ich.
»Weisheit ist Freude«, kam Die Antwort.

»Und was ist Freude«, fragte ich.
»Freude ist das Wissen, dass nichts,
das in diesem Universum oder einem
anderen passiert, dir deine Freiheit
nehmen kann«, kam Die Antwort.

»Nichts?«, fragte ich.
»Nichts«, kam Die Antwort.

»Und was ist Frieden?«, fragte ich.
»Frieden ist es, allen Widerstand gegen
die Freude aufzugeben«, antwortete Die Antwort.

Der Schritt in die Freiheit

Seien Sie groß!
Sie haben sich viel zu lang kleingemacht.

Die folgende Geschichte illustriert perfekt den einzigen
»echten Schlüssel«, den Sie brauchen, um den Schritt in
die Freiheit zu machen:

Harry Houdini kannte kein größeres Vergnügen,
als ein Loch für sich zu schaufeln und dann nach
einer Möglichkeit zu suchen, wieder herauszu-
kommen. Seine Fähigkeit, sich aus Handschellen,
verschlossenen Kisten, Zwangsjacken, Fußfesseln
und allerhand verschlossenen Containern zu befreien, brachten dem ungarischen Entfesslungs-
künstler weltweiten Ruhm ein. Es gab nichts, wo
er nicht rauskam. Naja, fast nichts.

Auf dem Höhepunkt seines Ruhms sprach
Houdini die Herausforderung aus, ein Gefängnis
zu bauen, aus dem er nicht fliehen könnte. Houdini brach innerhalb von Augenblicken aus sämtli-
chen Gefängnissen aus. Es gibt jedoch eine Ge-

schichte aus einem Gefängnis, wo etwas äußerst schief ging. Dieses Gefängnis war wir alle anderen – Betonböden- und Mauern, eine Reihe Gitterstäbe, keine Möbel. Harry trat ein und die Tür wurde hinter ihm zugemacht. Die Stoppuhr fing an zu klicken und Houdini fing an, das Schloss mit einem Stück Metall zu bearbeiten, das er in seiner Kleidung versteckt hatte.

Harry musste bald feststellen, dass dieses Schloss ungewöhnlich war. Eine Stunde verging und er hatte kein Glück. Es verging eine weitere Stunde und immer noch war er eingesperrt. Schweißtropfen bildeten sich auf seiner Stirn. Alle seine Bemühungen brachten dem großen Houdini nichts. Ermattet von Müdigkeit und frustriert ließ er sich schließlich gegen die Tür fallen und … sie schwang auf. Die Gefängnistür war nie verschlossen gewesen.

Wir haben uns so an unser Ringen gewöhnt, an unser Leiden und unsere Opfer, dass wir oft die leichte Option übersehen. Unsere Suche nach Frieden ist so verzweifelt, dass wir es oft übersehen, wenn etwas zur freien Verfügung steht. Wenn wir unglücklich sind, fühlen wir uns eingeengt, in der Falle und mental und emotional eingesperrt. Die Gitterstäbe aus Schmerz, Angst, Schuld und Kummer fühlen sich so real an, dass wir es nicht zu glauben wagen, dass wir einfach frei davongehen können.

Einmal hat mir ein Mann, der eine zehnjährige Gefängnisstrafe verbüßt hatte, gesagt, dass »der Tag, der einem Häftling am meisten Angst macht, der Tag ist, bevor er seine Freiheit wiederbekommt.« Ich erinnere mich auch noch, dass er mir sagte: »Die Gitterstäbe sind mir so vertraut geworden, dass ich nicht mehr wusste, ob ich ohne sie leben könnte.« Was sich vertraut anfühlt, fühlt sich real an. Was sich unvertraut anfühlt, macht Angst.

Wenn Sie sich eine lange Zeit eingesperrt und in der Falle gefühlt haben, kann sich die Freiheit unvertraut und furchteinflößend anfühlen. Wenn Sie ein Weile depressiv und voller Schmerz waren, kann die Freude furchteinflößend sein. Wenn Sie zu lange einsam waren, können Liebe und Intimität furchteinflößend sein. Wenn Sie sich Ihr Lebtag aufgeopfert haben, fühlt sich die Idee, etwas zu empfangen, wie die Hölle an. Und wenn Sie sich zu oft kleingemacht haben, dann ist der Gedanke, auf großem Fuß zu leben, zu aufregend, furchteinflößend und unmöglich.

Sie sehnen sich nach Freiheit und fürchten sich gleichzeitig davor. Bei Glücklichsein *jetzt!* geht es ganz darum, die Furcht vor der Freiheit zu spüren und trotzdem den Schritt in die Freiheit zu machen.

Ihr unkonditioniertes Selbst wurde frei geboren.

Sie sind frei geboren. Trotz Ihres Glaubens an das, was Sie denken und gelernt haben mögen, sind Sie immer noch frei. Wenn Sie das nur glauben könnten, würden Sie sehen, dass es so ist. Wie Glück und Liebe auch, wartet die Freiheit darauf, willkommengeheißen zu werden, nicht auf einen bestimmten Zeitpunkt. Freiheit wartet stets auf Ihre Entscheidung. Und wenn es nur für einen Moment ist: Lassen Sie sich jetzt frei fühlen. Fühlen Sie es. Fühlen Sie sich frei! Glück ist die Entscheidung, jetzt frei zu sein. *Seien Sie jetzt frei!*

Leisten Sie sich selbst keinen Widerstand mehr. Geben Sie der Freiheit nach. Nehmen Sie das an, was in Wahrheit bereits Ihnen gehört, und tun Sie den Schritt in die Freiheit.

Du hast lange genug gelitten. Sei jetzt frei.
Du hast dein ganzes Leben geschuftet.
 Tu jetzt deine Schritte in Freiheit.
Du hast überall gesucht. Sei jetzt frei.
Du hast so viel gerungen.
 Tu jetzt deine Schritte in Freiheit.
Du hast so viel geopfert. Sei jetzt frei.
Du hast dich zu lange schuldig gefühlt.
 Tu jetzt deine Schritte in Freiheit.
Du hast vergebens gewartet. Sei jetzt frei.

Genießen Sie Ihre Freiheit. Leben Sie aus ganzem Herzen, lachen Sie laut, lieben Sie viel, verbreiten Sie Freude, seien Sie wahrhaftig und geben Sie sich allem hin. Sie, der Sie bereits voll sind, können nichts verlieren. Ihr Ego mag hin und wieder einen Sturz erleiden, aber *Sie* werden das nicht tun. Führen Sie ein Leben in Größe! Denken Sie an Gott und werden Sie zum Method-Actor. Suchen Sie sich ein Vorbild wie Jesus oder Buddha und seien Sie brillant. Entscheiden Sie sich, glücklich zu sein, denn …

wer glücklich ist, hat ein Geschenk für die Welt.

Sie sind nicht hier, um zum Wahnsinn dieser Welt beizutragen. Sie sind hier, um frei zu sein. Und Sie sind nicht mit leeren Händen gekommen, denn Sie haben viele Gaben mitgebracht, die Sie verteilen können. Verstecken Sie Ihr Licht also nicht – lassen Sie es erstrahlen. Halten Sie Ihre Liebe nicht zurück – lassen Sie sie fließen. Mäßigen Sie Ihre Freude nicht – inspirieren Sie damit. Sperren Sie Ihre Vorstellungskraft nicht ein – setzen Sie sie frei. Zügeln Sie nicht Ihre Kreativität – lassen Sie ihr freien Lauf. Maskieren Sie Ihre Verspieltheit nicht – lassen Sie sie spielen. Leisten Sie Ihrem Geist keinen Widerstand – lassen Sie ihn heilen.

Der Ruf, zu leben und frei zu sein, ist zu mächtig, um ihm für immer Widerstand zu leisten. Seien Sie jetzt liebevoll und Sie werden frei von Furcht sein; seien Sie jetzt erfüllt von Freude und Sie werden frei von Schmerz sein; seien Sie jetzt voller Liebe und Sie werden frei von Furcht; seien Sie jetzt friedlich und Sie werden sich von jedem Konflikt befreien; seien Sie jetzt präsent und Sie werden Ihre Schritte in Freiheit tun.

Der »wahre Schlüssel« zum Glück ist also, dass *es keinen Schlüssel gibt*! Das mag nach schlechten Neuigkeiten klingen, aber fürchten Sie sich nicht! Die gute Nachricht ist, dass es kein Gefängnis gibt, keine Tür und kein Schloss. Das Glück hat immer offen und wenn Sie willens sind, sich für das Glück zu öffnen, dann können Sie das Glück *jetzt* genießen!

EPILOG

Es gibt keine Zukunft!

Was für ein Epilog fängt schon mit dem Titel »Es gibt keine Zukunft!« an – besonders in einem Buch über Glück?

Nun, es ist offiziell. Die Nachricht ist da – »Es gibt keine Zukunft!« Bitte begreifen Sie, dass das keine Verzweiflungsbotschaft ist; es ist einfach eine wahre Aussage. Ich wiederhole: »Es gibt keine Zukunft!« Heben Sie sich also das Beste nicht für die Zukunft auf. Warten Sie nicht darauf, das Beste in Ihrem nächsten Job, beim nächsten Mal, bei der nächsten Person oder der nächsten Gelegenheit zu geben. Geben Sie *jetzt* Ihr Bestes!

Manche Dinge ändern sich nie. Ihre größte Chance auf Glück war immer, ist und wird immer *jetzt* sein. Unglücklicherweise treiben Sie sich zu oft in Vergangenheit und Zukunft herum, um zu erkennen, dass alles bereits da ist. Geben Sie die Vergangenheit auf, geben Sie die Zukunft auf und geben Sie dem Glücklichsein *jetzt* nach. Es ist wirklich alles hier. Es muss so sein, denn *Sie* sind hier.

Die eine gute Nachricht, die immer gilt, ist …

die Gegenwart ist *jetzt* hier!

Wenn Sie auf der Suche nach Weisheit sind, beziehen sich Linguisten oft auf Wortwurzeln und Verbindungen von Worten von prähistorischen Zivilisationen. Sie erforschen alte Sprachen wie Sanskrit, Aramäisch und Latein um die verlorenen Juwelen der Weisheit auszugraben. Nun, mit etwas mehr Bezug zur Heimat und zur gegenwärtigen Zeit sei gesagt, dass in der deutschen Sprache das Wort »präsent« bzw. »Präsent« drei unterschiedliche Bedeutungen hat: »gegenwärtig«, »anwesend« und »Geschenk«.

Ist das nur ein Zufall oder könnte es sein, dass die *größten Geschenke des Lebens immer hier und jetzt für Sie erreichbar sind?!* Das Wort *Präsent* verbindet sich mit »Präsenz«, »Sein« und »präsent sein«. Das ist ein weiterer Hinweis. Geben Sie sich dem *Jetzt* hin! Die Zukunft ist nicht Ihre Antwort – sie hat keine wirkliche Macht. *Das Jetzt*, genau hier, ist gut genug für Sie. Alles, woran Sie denken müssen, ist, dass *es Ihnen an nichts gebricht und hier und jetzt an nichts mangelt.*

Das Heute ist brandneu. Das Heute ist noch nicht vorüber. Geben Sie also dem Heute noch eine Chance. Die Welt ist mit dem Gestern fertig, wenn Sie es sind. Und die Welt kann Ihre Zukunft nicht trüben, wenn *Sie* es nicht tun. Seien Sie dankbar für das Heute. Sagen Sie »danke« zum gegenwärtigen Moment. Denken Sie daran, die Gabe ist …

**je mehr Sie dem *Jetzt* geben,
desto mehr bekommen Sie vom *Jetzt*.**

Dankbarkeit ist ein Geschenk für sich. Sie inspiriert Sie, offen zu sein, präsent zu sein und zu empfangen. Dankbarkeit ist eine gute Medizin. Eine einzelne Portion Dankbarkeit ist oft schon genug, den Körper zu energetisieren, sich die Haare locken zu lassen, die Knochen zu wärmen, den Schritt elastisch zu machen, zu summen anzufangen und Sie wie ein Baby lächeln zu lassen! Auch ist es unmöglich, dankbar und einsam, dankbar und depressiv oder dankbar und unglücklich zu sein.

Lassen Sie Ihre Dankbarkeit bedingungslos sein und erlauben Sie es sich, ihre wundertätigen Kräfte zu erleben. Entscheiden Sie sich, dankbar für *alles* zu sein, selbst für das, was sich »schlecht« oder »falsch« anfühlt. Seien Sie einfach dankbar. Und lassen Sie Ihre Dankbarkeit die verborgenen Geschenke in jeder Situation enthüllen. Bevor Sie Dankbarkeit üben, stecken Sie im Dunkeln fest, und es scheint wenig zu geben, für das man dankbar sein kann; sobald Sie damit anfangen, dämmert ein neues Licht, manchmal ein strahlendes, manchmal eines, das so hell ist wie der Himmel selbst.[1]

Wenn es den Anschein hat, es gäbe nichts, für das man dankbar sein könne, liegt das wahrscheinlich daran, dass Sie es sich nicht erlauben, es zu empfangen. Nur weil Sie etwas *nicht empfangen*, bedeutet das nicht, dass es nichts zu empfangen *gibt*. Im Gegenteil, es gibt immer etwas Wunderbares zu empfangen. Egal, wie Sie sich fühlen, seien Sie einfach trotzdem dankbar und halten Sie sich offen und präsent für »andere Möglichkeiten«. Verschließen Sie sich niemals.

Es ist so unfair, nicht wahr, dass die *Leute, die Dankbarkeit üben, immer etwas haben, über das sie glücklich sein können!* Wahre Dankbarkeit entsteht spontan in uns allen; jedoch nur, wenn wir einsehen, dass die wahren Geschenke nicht aus der Welt kommen, sondern aus unserem eigenen Herzen. In Wahrheit …

**ist Glück nichts,
was man in die Finger bekommen kann;
es ist etwas, das man im Herzen trägt.**

Wäre es nicht wunderbar, wenn man einfach nur glücklich sein könnte? Stellen Sie sich einfach nur mal für heute vor, wie es wäre, das Ringen aufzugeben, etwas langsamer zu machen, Ihre Pläne zu canceln, Ihre »To Do«-Liste wegzuwerfen und sich einfach zu entscheiden, glücklich zu sein. Stellen Sie sich vor, wie es wäre, zu sagen: »Nur heute werde ich einmal nicht kämpfen.« Und: »Nur heute werde ich nicht leiden« oder »nur heute werde ich nicht in Opferhaltung gehen« und »nur heute werde ich aufhören, zu suchen.«

Stellen Sie sich vor, wie es wäre, wenn Sie mit allem aufhörten und es sich einfach nur erlaubten, glücklich zu sein. Was für ein verrückter Gedanke! Stellen Sie sich vor, Sie würden sich *grundlos glücklich sein lassen*. Stellen Sie sich jetzt einfach mal 60 Sekunden lang vor, dass Sie es dem Glück erlauben, ganz von alleine hochzublubbern. Sie meditieren nicht über Glück, beten nicht dafür, affirmieren es nicht und bitten nicht darum – Sie sind *einfach nur glücklich*.

Meine Herausforderung an Sie ist folgende: »Suchen Sie die Liebe heute nicht, seien Sie einfach nur liebevoll. Suchen Sie den Frieden nicht, seien Sie einfach nur friedlich. Suchen Sie heute nicht nach Freude; seien Sie einfach froh.« Ich weiß es klingt ein bisschen zu einfach, zu dämlich, zu verrückt – aber es könnte doch einfach funktionieren! Vielleicht können Sie einfach *nur glücklich sein.*

Bitte heute nicht um Liebe; nein, bete lieber,
dass du heute die Präsenz der Liebe bist.
Bitte heute nicht um Ruhe, nein, bete lieber,
dass du heute die Präsenz der Ruhe bist.
Bitte heute nicht um Güte, nein, bete lieber,
dass du heute die Präsenz der Güte bist.
Bitte heute nicht um den Sieg, nein, bete lieber,
dass du heute die Präsenz des Sieges bist.
Bitte heute nicht um Lachen, nein, bete lieber,
dass du heute die Präsenz des Lachens bist.
Bitte heute nicht um Frieden, nein, bete lieber,
dass du heute die Präsenz des Friedens bist.

Danksagung

Dankbarkeit inspiriert die Freude. Insofern schreibe ich die folgende Danksagung mit großer Freude. Zunächst gilt mein Dank Miranda, der Geburtshelferin dieses Buches! Als Nächstes dem Team von The Happiness Project: Danke, David Holden, für deine große Liebe und deine tollen Fähigkeiten; danke an Ben Renshaw für seine Vision und seine Unterstützung; danke, Alison Atwell, für deine Freude und Kreativität; und danke, Candy Constable, dafür, dass du so anmutig in den Geist des Projekts eingetreten bist.

Danke an Tom und Linda Carpenter. Dieses Buch ist so sehr inspiriert von eurer Freundschaft. Danke an Diane Berke und Tony Zito, denn ihr seid wahrhaft die Gegenwart der Liebe. Danke an Avanti Kumar für seinen Weckruf! Danke an Helen Schucman, die Autorin von *Ein Kurs in Wundern*. Danke auch an die Lehrer von Liebe und Freude, die mein Leben so bereichert haben. Dazu zählen Marika Borg, Deirdre Ahern, Graham Taylor-Chilton, Nick und Anne Davis, Mark Reynolds, Brian Little, Eddie und Debbie Shapiro, Nick Williams,

Robert und Anne Redfern, Bob und Cathy Colman, Stephanie Bennett, Ian Patrick und Jacqueline Heron.

Für dieses Buch danke ich besonders Robert Norton, dessen inspirierendes Album »Painting the Ocean« ständig gespielt wurde, während ich schrieb. Danke wiederum an Candy Constable für deine Hilfe bei der Recherche. Danke an meine Herausgeberin Rowena Webb, für deinen Enthusiasmus, deine Unterstützung und Geduld. Danke auch an Laura Brockbank und Rachel Connolly für dasselbe.

Danke auch an das Hodder Team von Rowena Webb, Laura Brockbank und Rachel Connolly für eure Arbeit an der Erstausgabe von *Happiness Now!* Und danke auch an das Team von Hay House UK von Michelle Pilley, Jo Lal, Jo Burgess, Duncan Carson und Kim Bishop für eure Arbeit an dieser Ausgabe.

Danke an meine Mutter, meinen Vater, meine Familie, meine Freunde, meine Klienten, meine beiden Katzen Great und Wonderful und an alle anderen, die mich Glücklichsein und Liebe gelehrt haben!

HINWEISE UND FUSSNOTEN

Weitere Informationen
Zu weiteren Informationen zu *The Happiness Project und Success Intelligence* und zu mehr Details über (1) *Be Happy – the 8 Week Programme* (bekannt geworden durch die BBC-Dokumentation How to be Happy) und (2) *Coaching Happiness* – einem zertifizierten Trainingsprogramm – kontaktieren Sie bitte The Happiness Project, Two Birches, The Harris Estate, laleham Reach, Chertsey, Surrey, KT16 8RP Tel.: + 44 (0)845 430 9236 Website: www.happiness.co.uk und www.robertholden.org E-Mail: info@happiness.co.uk
Für eine wunderschöne Abhandlung zum Begriff der Aufmerksamkeit, siehe *Wherever You Go There You Are* von Jon Kabat-Zin, Hyperion (1994).

Anm. d. Übers.: Die deutsche Übersetzung sämtlicher in der englischen Originalausgabe verwendeter Zitate (biblische Zitate ausgenommen) stammt vom Übersetzer dieses Buches, sofern nicht explizit anders angegeben.

ENDNOTEN

Kapitel 1: Längst Glücklich!
1 Der Soziologe James Gleick hat ein großartiges Buch mit dem Titel *FASTER – The Acceleration Of Just About Everything*, Little Brown (1999) veröffentlicht. Das Buch zählt detailliert die vielen genialen und wahnsinnigen Versuche auf, das Leben zu beschleunigen.
2 Zu einer wunderbaren Abhandlung über das Prinzip der Aufmerksamkeit, siehe *Wherever You Go, There You Are* von Jon Kabat-Zinn, Hyperion (1994).
3 Diese Worte sind inspiriert von *A Course in Miracles*, Arkana (1997) (Dt. *Ein Kurs in Wundern*, Greuthof, 2012), die folgendermaßen lauten: »Die Liebe wartet auf ein Willkommen, nicht auf eine Zeit und die echte Welt ist nur Dein Willkommenheißen dessen, was schon immer war.« (Dt. Maximilian Knauer)
4 Die britische Presse hat in den letzten Jahren eine Handvoll Artikel über folgende Themen gebracht: (1) Glück ist eine disfunktionale Reaktion auf die Welt; und (2) Glück führt zu Ineffizienz bei der Arbeit. Obwohl die Medien versucht haben, diese Sache aufzublasen, gibt es kaum eine reale Basis für diese Ideen.
5 Herbert Spencer, der englische Philosoph und Autor von *The Princip-*

les of Psychology (1855) aus dem 19. Jh., führte zwei Begriffe ein: »Objektive Psychologie«, d. h. das, was sich beobachten lässt, und »subjektive Psychologie«, d. h. das, was sich nicht beobachten lässt. Seine Arbeiten inspirierten den Behaviourismus und das Studium externer Faktoren. Zur Messung von Glück und subjektivem Wohlbefinden, siehe auch *Social Indicators of Well-Being: Americans' Perception of Life Quality* von F. Andrews und S. Withey, New York, Plenium (1976) und das QED Büchlein *How To Be Happy*, BBC (1997).

6 »Upanishaden« sind die spirituellen Lehren aus Indien, von denen die ältesten zwischen 800 und 400 v. Chr. zusammengestellt wurden. Das Sanskrit-Wort *Upanishaden* bedeutet »zu Füßen des Meisters sitzen«. Alles in allem gibt es über 100 alte Upanishaden, die im Druck erhältlich sind. Das *Mandaya Upanishad* ist eines der verbreitetsten. Es gibt viele hervorragende Übersetzungen dieser »Sitzungen«, von denen eine englische (*The Upanishads*) von Juan Mascaro für Penguin Classics übersetzt und ausgewählt wurde.

7 Lesen Sie *The Uses Of Enchantment – The Meaning And Importance Of Fairy Tales* von Bruno Bettelheim, Penguin Books (1975).

8 Zu einer hervorragenden Anthologie spiritueller Dichtung, lesen Sie *The Enlightened Heart*, herausgegeben von Stephen Mitchell, Harper Perennial (1989).

9 Siehe etc.

10 Siehe *Stress Busters* von Robert Holden, Thorsons (1998).

11 Es sind viele Bücher über die Werke von Sri Ramakrishna geschrieben worden. Empfehlen würde ich *The Gospel of Sri Ramakrishna*, übersetzt von Swami Nikhilananda, herausgegeben von Joseph Campbell (1988); und *Sayings Of Sri Ramakrishna*, Amra Press, Madras. Sie können auch nach »Sri Ramakrishna« im Internet suchen. (Dt. hier G. Maximilian Knauer).

12 Zu einem guten Überblick heiliger Schriften und Weltreligionen empfehle ich *The Illustrated Book Of Sacred Scriptures,* herausgegeben von Timothy Freke, Thorsons (1998); *The Complete Book Of World Mysticism*, Timothy Freke, Piatkus (1977); und *The World's Religions,* Huston Smith, Harper San Francisco (1991).

13 Ein spiritueller Glaube kann sicherlich eine Hilfe zu großem Glück sein. Siehe *The Psychology of Happiness* von Michael Argyle, Methuen (1986); *Religious Involvement And Subjective Well-Being* von C. Ellison; *Journal of Health And Social Behaviour*, 32, pp. 80-99 (1991); *Man's Search For Meaning* von Viktor Frankl, Beacon Press (1962); und *Is There a Religious Factor in Health?* von J. Levin und P. Schiller, *Journal Of Religion And Health*, 26, pp. 9-36 (1987). Zu

weiteren Informationen über spirituellen Glauben und Wahrnehmungen von Gott, siehe *A History of God* von Karen Armstrong, Harper Collins (1993).

14 *Ein Kurs in Wundern* ist auf Deutsch 1994 im Greuthof Verlag (Gutach i. Br.) erschienen. Zuerst publiziert wurde es 1976, die Niederschrift erfolgte, ein wenig widerwillig, durch Helen Schucman, eine Psychologin von der Columbia University, New York, die eines Tages eine innere Stimme hörte, die ihr sagte: »Dies ist ein Kurs in Wundern. Bitte gib acht.« Anfangs wehrte sie sich, aber mit Hilfe ihres Kollegen Bill Thetford, hörte sie auf die Worte, die ihr diktiert wurden.

Ein Kurs in Wundern ist ein bemerkenswertes System des Selbststudiums, das ewige Weisheit mit den Prinzipien spiritueller Psychologie verbindet. Das Buch besteht aus drei Teilen – einem Text, einem Handbuch für Lehrer und einem Arbeitsbuch mit 365 Lektionen, eine für jeden Tag des Jahres. Der Fokus liegt auf der täglichen Einübung der Prinzipien, darunter das Loslassen von Angst, das Beseitigen der Blockaden, Wahrnehmung der Gegenwart der Liebe, das Einüben einer Geisteshaltung, die für Wunder offen ist, die Teilnahme an heiligen Beziehungen und das Erfahren von Vergebung.

Zu weiteren Informationen bezüglich *Ein Kurs in Wundern,* d. h. Newslettern, Workshops und Postbestellungen, kontaktieren Sie The Miracle Network, 12a Barnes Court, 6/8 Westbourne Terrace, London, W2 3UWm tel/fax: 0171 262 0209; Foundation for A Course in Miracles, 1275 Tennanah Lake Road, Roscoe, New York, 12776-5905, (607) 498 4116; sowie Miracle Distribution Center, 1141 East Ash Avenue, Fullerton, California 92831, tel: (714) 738 8380.

15 Übers. D.h. Fischer.

16 Siehe *A Return To Love* von Marianne Williamson, Thorsons, revidierte Ausgabe, 1996.

17 Siehe *The Dhammapada,* übersetzt von Juan Mascaro, Penguin Classics (1987)

18 Siehe *Seasons Of Your Heart: Prayers and Reflections* von Macrina Wiederkehr, Harper Collins, New York (1991). (Dt. G. Maximilian Knauer)

19 Siehe Fn. 10.

20 Siehe *Pythagoras And Early Pythagoreanism* von J. Philip, University of Toronto (1967).

Kapitel 2: Die Suche aufgeben

1 Eddie und Debbie Shapiro sind inspirierende Lehrer der Heilkunst, Spiritualität und Freude. Sie sind die Autoren mehrerer Bücher, darunter *Meditation For Inner Peace: Discovering The Joy Of Relax-*

ation And True Happiness, Piatkus (1997); und *Out Of Your Mind, The Only Place To Be*, Element (1992). Zu mehr Informationen zu ihren Workshops kontaktieren Sie 3 Norton Park Cottages, Dartmouth, Devon TQ6 ONH, U. K.

2 In moderner Zeit wurde »das Streben nach Glück« formell von der amerikanischen Unabhängigkeitserklärung festgeschrieben, wo es heißt: »Wir halten diese Wahrheiten für ausgemacht, dass alle Menschen gleich erschaffen worden, dass sie von ihrem Schöpfer mit gewissen unveräußerlichen Rechten begabt worden, worunter sind Leben, Freiheit und das Bestreben nach Glückseligkeit.« Diese Erklärung führte nicht zum »Bestreben nach Glückseligkeit«; sie spiegelte nur wider, was ein Großteil der Welt bereits dachte und noch immer denkt.

3 Wenn die Leute gefragt werden, was sie brauchen, um glücklicher zu sein, ist die verbreitete Antwort: »Mehr Geld.« Mittlerweile gibt es eine überwältigende Menge von Forschungsergebnissen, die belegen, dass mehr Geld keine Garantie für mehr Glück ist. Siehe *The Sense of Well-Being in America* von Angus Cambell, McGraw-Hill, New York (1981); *Happiness Of The Very Wealthy* von Ed Diener *et al, Social Indicators*, 16pp. 263–74 (1985); und *Does Money Buy Happiness?* von R. Easterlin, *Public Interest*, 30, pp. 3-10 (1973).

4 Siehe *The Pursuit Of Happiness – Discovering The Pathway To Fulfillment, Well-Being, And Enduring Personal Joy* von David G. Myers, Ph.D., Avon Books, New York (1993).

5 Es gibt eine große Menge an Beweisen, die zeigen, dass Training mentale Fitness, Harmonie und Wohlbefinden ermutigen kann. Siehe *Personality Correlates Of Physical Fitness* von J. Hogan, *Journal Of Personality And Social Psychology, 56, pp. 284-288* (1989); *The Role Of Aerobic Exercise In The Treatment of Depression* von E. Martinsen; *Stress Medicine*, 3, pp. 93-100 (1987); und *Physical Activity And Mental Health In USA And Canada* von T. Stephens, *Preventive Medicine,* 17, pp. 35-47 (1988).

6 Siehe *Mental Health & Illness – The Nutrition Connection* von Patrick Holford & Carl Pfeiffer, ION Press (1996). Für weitere Informationen kontaktieren Sie das Institute of Optimum Nutrition, Blades Court, Deodar Road, London SW15 2NU.

7 Siehe *The Effects Of 72 Hours Of Sleep Loss On Psychological Variables* von M. Mikulincer *et al., British Journal of Psychology,* 80, pp. 145-162 (1989).

8 Siehe *Living Wonderfully: A Joyful Guide to Conscious Creative Living – for Today!* von Robert Holden, Thorsons (1994).

9 Zu einem exzellenten Überblick über Psychotherapie und Psychologie heute empfehle ich das *Handbook Of Individual Therapy*, herausge-

geben von Windy Dryden, Sage Publications (1996); *Innovative Therapy In Britain*, herausgegeben von John Rowan und Wendy Dryden, Open University Press (1988); und *The Theory And Practice Of Counseling Psychology*, von Richard Nelson-Jones, Cassell (1990).

10 Zu einer exzellenten Einführung in Rumis Werk empfehle ich *The Essential Rumi*, Übersetzung von Coleman Barks mit John Moyne, Harper San Francisco (1995).

11 Siehe *How To Be Happy* von John Pepper, Gateway Books (1992).

12 Zu mehr Informationen über die Entwicklung der Gelächter-Klinik, lesen Sie *Laughter, The Best Medicine* von Robert Holden, Thorsons (1998).

13 Zu mehr Informationen über Workshops, professionelles Training, Bücher und andere Produkte kontaktieren Sie The Happiness Project.

14 Exemplare der *QED How To Be Happy* DVD und Programmheftchen sind bei The Happiness Project erhältlich.

Kapitel 3: Gut genug sein

1 In der psychologischen Forschung ist die Beziehung zwischen hohem Selbstwertgefühl und Glück wohl dokumentiert, genau wie die Beziehung zwischen niedrigem Selbstwertgefühl und Depression. Siehe *The Psychology Of Happiness* von Michael Argyle, Methuen (1986); *Depression And Components Of Self-Punitivenes: High Self-Standards, Self-Criticism, And Overgeneralization* von C. S. Carver *et al.*, Journal of Consulting and Clinical Psychology, 92, pp. 330-337 (1983); *Increasing Rates Of Depression* von G. L. Klerman *et al*, *JAMA*, 261, pp. 229-235 (1989); *The Changing Rate Of Major Depression* von G. L. Klerman, *JAMA*, 268, pp. 3098-3105 (1992); *Living Conditions In The Twentieth Century* von D. J. Smith in *Psychological Disorders In Young People* von M. Rutter *et al*, Jon Wiley, London (1995); and Social Trends von D. J. Smith, HMSO (1997).

2 Zu mehr Informationen über die Verbindung von Glück und Leistung, siehe *Happy People* von Jonathan Freedman, New York: Harcourt Brace Jovanovich (1978); *The Sense Of Well-being In America* von Angus Campbell, McGraw-Hill, New York (1981); und *Happiness Is An Inside Job* von John Powell, Tabor Press (1989).

3 Zu mehr Informationen über den Zusammenhang von Glück, Umständen und Einstellung, siehe *Environmental And Dispositional Influences On Well Being* von Costa *et al*, *British Journal Of Psychology*, 78, pp. 299-306 (1987); »Personality Correlates pf Subjective Well-Being« von R. Emmons und E. Diener; Personality and Pschology Bulletin, 11, pp. 89-97 (1985); »Dispositional Optimism and Physical Well-Being« von M. Scheier und C. Carver, *Journal of Personal-*

ity, 55, pp. 169–210 (1987); *The Social Psychology Of Subjective Well-Being*, herausgegeben von Fritz Strack *et al*, Pergamon Press (1990); *15 Principles For Achieving Happiness* von A. D. Hart, Dallas: Word (1988); und *Happiness Is A Decision* vn Marianne Williamson, Simon and Schuster Audio Casette Series (1990).

4 Siehe *Paradise Lost* von John Milton, Longman (1971).

5 Zu mehr Informationen zum Zusammenhang von Glück und Liebesbeziehungen, siehe die relevanten Kapitel in *Britain On The Couch – Why We're Unhappier Than We Were In The 1950s – Despite Being Richer* von Oliver James, Century Books (1997); *Happy People* von Jonathan Freedman, Harcourt Brace Jovanavich new York (1978); *The Psychology Of Happiness* von Michael Argyle, Methuen (1986); *The Changing Relationship Of Marital Status To Reported Happiness* von N. Glenn und C. Weaver, *Journal Of Marriage And The Family*, 50, pp. 317-324 (1988); und *The Effect Of Marriage On The Well-Being Of Adults*« von W. Grove *et al, Journal of Family Issues*, 11, pp. 4–35 (1990).

6 Die Theorie des sozialen Vergleichs wurde von vielen Psychologen in den 1950er Jahren entwickelt, einer von ihnen war Leonard Festinger. In den letzten paar Jahrzehnten hat ein großer Corpus psychologischer und soziologischer Forschung überzeugend gezeigt, dass Sie nicht sehr glücklich mit dem sein werden, was Sie tun, was Sie haben und mit wem Sie zusammen sind, wenn Sie nicht glücklich mit sich selbst sind. Zur Beziehung zwischen Glück, Reichtum und sozialem Vergleich, siehe *Happiness Of The Very Wealthy* von E. Diener *et al, Social Indicators*, 16, pp. 263-274 (1985); *Will Raising The Incomes Of All Increase The Happiness Of All?*« von R. A. Easterlin, *Journal Of Economic Behavior And Organization*, 27, pp. 35-47, (1995), *A Theory Of Social Comparison Processes* von L. Festiger, *Human Relations*, 7, pp. 117-40 (1954); *Social Comparison And Depression* von F. Gibbons, *Journal Of Personality And Social Psychology*, 51, pp. 140-148 (1986); *Depression And Anxiety In Relation To Social Status* von J. M. Murphy *et al, Archives of General Psychiatry*, 48 pp. 223-229 (1991); *Physical Attractiveness, Need For Approval, Social Self-Esteem And Maladjustment* von K. E. O'Grady, *Journal Of Social And Clinical Psychology*, 8, pp. 62-69 (1989); *Social Comparison And Negative Self-Evaluation: An Application To Depression* von S. R. Swallow *et al, Clynical Psychology Review*, 8, pp. 55-76 (1987).

7 Siehe *Die Bibel, Mt. 16.26.*

8 Siehe *Aldous Huxley, A Biography*, von Sybille Bedford, Papermac (1993).

9 Das Werk des amerikanischen Psychiaters Gerald Jampolsky bietet

eine klare, konzise Einführung in das Thema Vergebung als Werkzeug der Selbstheilung und als Entscheidung zur Ganzheit. Sein Attitudinal Healing (dt. etwa: Heilung durch Einstellung, Anm. d. Übers.) Programm ist besonders von *Ein Kurs in Wundern* inspiriert. Siehe *Goodbye To Guilt: Releasing Fear Through Forgiveness* von G. Jampolsky, Bantam Books (1985).

Kapitel 4: Akzeptanz üben

1 Kontaktieren Sie The Happiness Project zu den relevanten Publikationen.

2 Siehe *Laughter, A Theological Reflection* von Karl-Josef Kuschel, SCM Press (1994). Zu einer exzellenten Abhandlung über die Verbindung von Gesundheit, Glück, Schuld und einfaches Vergnügen kontaktieren Sie ARISE – Associates for Research into the Science of Enjoyment, P. O. Box 11446, London SW 18 5ZH.

3 Siehe *Guilt Is The Teacher, Love Is the Lesson* von Joan Borysenko, Ph. D., Warner Books (1990).

4 Zu einer guten Einführung in die Welt der Mythologie, siehe *Gods And Goddesses – 130 Deities And Tales From World Mythology*, Herausgeberin Elizabeth Hallam, Blandford Press (1996).

5 Die Arbeit von Matthew Fox und Creation Centered Spirituality konzentriert sich auf das Konzept des *Erbsegens*. Siehe *Creation Spirituality – Liberating Gifts For The Peoples Of Earth* von Matthew Fox, Harper Collins (1991).

6 Siehe *Die Bibel,* Joh. 15.11.

7 Siehe *Die Bibel*, Matth. 5.14.

8 Siehe *Die Bibel,* Joh. 10.34.

9 Siehe *The Protestant Work Ethic As A Cultural Phenomenon* von L. Giorgi *et al, European Journal Of Social Psychology*, 20, pp. 499-517 (1990).

10 Siehe *Present Moment, Wonderful Moment* von Thich Nhat Hanh, Rider Books (1993). Dies ist eine der vielen exzellenten Buchreihen, die von Rider Books veröffentlicht werden.

11 Die British Telecom und das »BT Forum« haben eine exzellente Studie über den Wandel der Arbeitswelt und der Gesellschaft im Europa der 1980er und 1990er Jahre durchgeführt. Zu weiteren Informationen kontaktieren Sie das BT Forum, Telephone House, 2-4 Temple Avenue, London EC4Y OHL.

12 Hören Sie sich *Relaxation For Happniess* von Ben Renshaw (1997) an, erhältlich bei The Happiness Project.

13 Siehe *End The Struggle And Dance With Life* von Susan Jeffers Ph.D., Hodder & Stoughton (1996).

14 Siehe *Psychological And Biological Approaches To Emotion*, ed. N. Stein *et. al*, Erlbaum Publishers (1990), in dem sich ein Kapitel mit dem Titel: *The Influence Of Positive And Negative Affect On Cognitive Organization* von A. Isen befindet; *Emotional And Social Judgements*, ed. J. Forgas, Pergamon Press (1991) und »Happiness and Helpfulness« von D. Myers in *Social Psychology*, zweite Auflage, McGraw-Hill (1987).

Kapitel 5: Bedingungslos leben

1 Wenn Sie etwas Interessantes zum Thema Sein, Flow und Glück lesen wollen, lesen Sie *Flow – The Psychology Of Happiness* von Mihaly Csikszentmihalyi, Rider Books (1992).

2 Siehe *Cognitive Therapy And The Emotional Disorders* von A. T. Beck, International Universities Press, New York (1976); *The Cognitive Therapy Of Depression* von A. T. Beck *et al*, Guildford Pressm New York (1979); *The Psychology Of Personal Constructs – Vols. I and II*, Norton, New York (1955); *Feel Good: The New Mood Therapy* von David Burns, Avon (1980); *Learned Optimism* von Martin Seligman, Alfred A. Knopf Publishers (1991).

3 Siehe *A Guide To Personal Happiness* von Dr Albert Ellis & Dr Irving Becker, Wilshire Book Company (1982).

4 Siehe *Joy Is Not A Carrot* von Linda Carpenter, *Miracle Worker*, 19 (Nov / Dec 1997). *Miracle Worker* wird publiziert von The Miracle Network, 12a Barness Court, 6/8 Westbourne Terrace, London W2 3UW, tel/fax: 01712620209.

5 Siehe *Britain On The Couch – Why We're Unhappier Than We Were in the 1950s – Despite Being Richer,* Oliver James, Century Books (1997).

6 Siehe *How To Have What You Want* von Timothy Miller, Ph.D., Henry Holt and Company (1995).

7 Siehe *Happiness Is An Inside Job* von John Powell, Tabor Press (1989); *Britain On The Couch – Why We're Unhappier Than We Were In The 1950s – Despite Being Richer,* Oliver James, Century Books (1997); *The Pursuit Of Happiness – Discovering The Pathway To Fulfillment, Well-Being And Enduring Personal Joy* von David G. Myers, Ph.D., Avon Books, New York (1993); und *15 Principles For Achieving Happiness* von A. D. Hart, Word, Dallas (1988).

8 Zu Studien zur Beziehung von Alter und Glück, siehe *Happy People* von Jonathan Freedman, Harcourt Brace Jovanovich, New York (1978); *Age And Subjective Wellbeing* von W. Stock *et al, Evaluation Studies: Review Annual*, 8 (1983); *Life-Course And Satisfaction, Equal For Everyone?* von J. J. Latten, *Social Indication Research*, 21,

pp. 599-610 (1989); und *The Sense Of Well-being In America* von Angus Campbell, McGraw-Hill, New York (1981).

9 Siehe *Wordsworth, Complete Poetical Works*, ed. Thomas Hutchinson, University Press (1996).

10 Siehe *How Proust Can Change Your Life* von Alain De Botton, Picador (1997).

11 Siehe *The Joyful Christ: The Healing Power Of Humor* von Cal Samra, Harper San Francisco (1985).

12 Siehe *Quotations to Cheer You Up When the World Is Getting You Down* von Allen Klein, Wings Books (1991).

13 Siehe *Lessons Of St. Francis of Assisi* von John Talbit, NAL – Dutton (1995).

14 Siehe *Dialogues On Awakening* von Tom Carpenter, Carpenter Press (1992). Zu weiteren Informationen über Workshops, Bücher und Kasetten von Tom und Linda Carpenter, kontaktieren Sie The Carpenters' Press, P. O. Box 3437, Princeville, Hawaii, 96722.

15 Viele der Konversationen zwischen Robert Holden und Tom und Linda Carpenter sind auf CD erhältlich, darunter *My Brother; My Self, Freedom From Projection, Happiness* und *Returning To Awareness.* Kontaktieren Sie The Happiness Project.

16 Siehe *Laughter, The Best Medicine* von Robert Holden, Thorsons (1998).

Kapitel 6: Unglücklichsein heilen

1 Siehe *Weight Loss For The Mind* von Stuart Wilde, Hay House (1995).

2 Siehe »Social Comparison and Depression« von F. Gibbons, *Journal Of Personality And Social Psychology*, 51, pp. 140-148 (1986); und *Effects Of Upward And Downward Social Comparison On Mood States«* von F. Gibbons and Gerard, *Journal Of Social And Clinical Psychology*, 8, pp. 14-31 (1989).

3 Siehe *Tao Te Ching* von Lao Tzu, trans. D. C. Lau, Penguin Classics (1963) [Dt. hier v. G. M. Knauer].

4 Siehe *Exploring The Limits Of Self-Reports And Reasoned Action«* von D. Hessing *et al, Journal Of Personality And Social Psychology,* 54, pp. 405-413 (1998); und *The Construct Validity Of Subjective Well-Being Measures«* von M. Okun und W. Stock, *Journal Of Community Psychology*, 15, pp. 481-92 (1987).

5 Aus *Solitude* von Ella Wheeler Wilcox (1855-1919).

6 Zu mehr Literatur zur Frage »Medikamente oder Therapie«, siehe *Britain on the Couch – Why We're Unhappier Than We Were In The 1950s – Despite Being Richer,* Oliver James, Century Books (1997), *Combined Pharmacotherapy And Psychotherapy For Depression«*

von D. W. Manning *et al, American Psychiatric Press* (1990); *Evolutionary Psychiatry* von A Stevens *et al,* Routledge, London (1996); und *The Treatment Of Depression: Prescribing Patterns Of Antidepressant Medications«* von J. M. Donoghue *et al, British Journal Of Psychiatry,* 168, pp. 164-168 (1996).

7 Hesse, Quelle unbekannt.

8 Siehe *Die Bibel,* Joh. 16.24.

9 Siehe *Feel the Fear And Do It Anyway* von Susan Jeffers, Ph.D., Rider (1997).

10 Siehe *Love Always Answers* von Diane Berke, Crossroad (1994).

Kapitel 7: Viel Liebe!

1 Siehe *If It Hurts, It Isn't Love* von Chuck Spezzano, Arthur James Publishers, revised edition (1996).

2 Für eine schöne Sammlung inspirierender Sprüche zu Liebe und Beziehungen, siehe *A Lively Flame* von Eileen Campbell, Thorsons (1992).

3 Zu mehr Informationen über Individualismus und Wohlbefinden, siehe *Individualism And Collectivism* von H. Triandis *et al. Journal Of Personality And Social Psychology,* 54, pp. 323-328 (1988); *Reching Out: The Three Movements Of The Spiritual Life* von Henri Nouwen, Doubleday Books (1975); *Habits of the Heart: Individualism And Commitment In American Life* von R. Bellah *et al,* University of California Press (1996); *Loneliness: A Sourcebook Of Current Theory, Research And Therapy,* ed. L. Peplau and Daniel perlman, Wiley, New York (1982); *Psychological Individualism And Romantic Love* von Karen Dion und Kenneth Dion, *Journal Of Social Behaviour And Personality,* 6, pp. 17-33 (1991); *Pressures Of Modern Life Bring Increased Importance To Friendship* von L. DiStefano, *Gallup Poll Monthly* Nr. 294 (März 1990); *Individualism And Collectivism* von U. Kim, Sage Publishers (1994); *The Origins Of English Individualism* von A. Macfarlane, Blackwell, Oxford (1978); *Social Trends* von D. J. Smith, HMSO (1997).

4 Siehe *John Donne: Meditation XVII.* Übersetzung entnommen v. Wikipedia (18. 08. 2014), Übers. nicht angegeben.

5 Siehe *The Gentle Smile: Practising Oneness In Daily Life* von Diane Berke, Crossroad (1995).

6 Dt. Übersetzer nicht festzustellen. (Anm G. Maximilian Knauer)

Kapitel 8: Mit leichtem Gepäck reisen

1 Zu einer exzellenten Einführung in *Ein Kurs in Wundern,* siehe *Gifts from A Course In Miracles,* ed. Frances Vaughan et Roger Walsh, Tarcher/Putnam Books (1995).

2 Siehe *The Need To Belong: Desire For Interpersonal Attachments As A Fundamental Human Motivation* von R. F. Baumeister *et al*, *Psychological Bulletin*, 117, pp. 497-529 (1995); »Loneliness and Social Contact« von W. H. Jones, *Journal Of Social Psychology*, 113, pp. 295-296 (1981); und *Responses To Social Exclusion: Social Anxiety, Jealousy, Loneliness, Depression, And Low Self-Esteem«* von M. R. Leary, *Journal Of Social And Clinical Psychology*, 9, pp. 221-229 (1990).

3 Siehe *Being Peace* von Thich Nhat Hanh, Rider Books (1990).

4 Siehe *The Carl Rogers Reader*, ed. Howard Kirshenbaum und Valerie Land Henderson, Constable (1990).

5 Siehe *Good Advice For A Happy Life*, ed. Armand Eisen, Ariel Books (1995).

6 Siehe *Carl Jung: Selected Writings*, eingeleitet von Anthony Storr, Fontana (1990).

7 Eine exzellente Sammlung inspirierender Sprüche zu Stille und Einsamkeit findet sich in *A Fabulous Gift* von Eileen Campbell (1994).

Epilog: Es gibt keine Zukunft!

1 Siehe *14,000 Things To Be Happy About* von Barbara Ann Kipfer, Workman Publishing (1990).